6판

CERTIFIED PRIVATE BANKER

포트폴리오 설계

집필_ 이승희

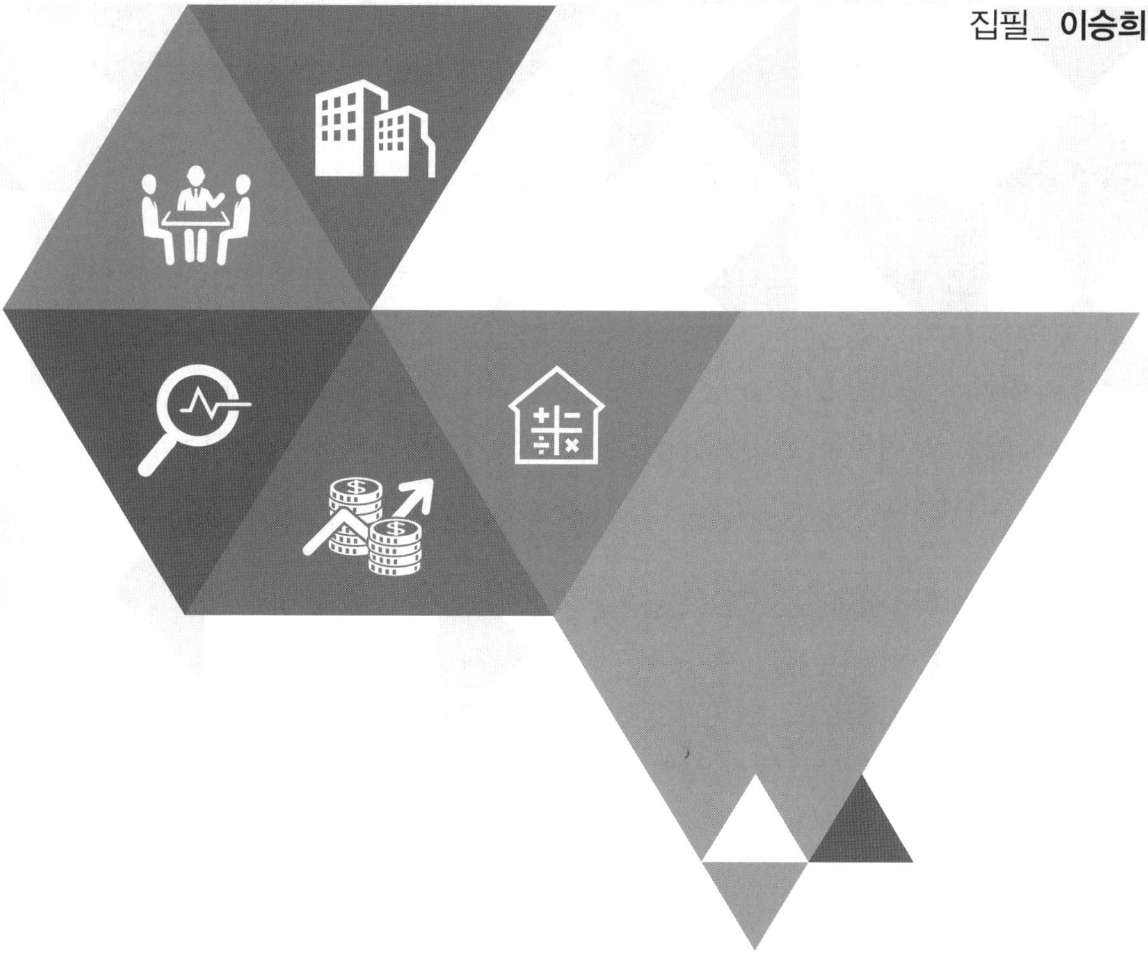

발간사

글로벌 금융위기 이후 저성장, 저금리를 특징으로 하는 뉴노멀(New Normal)이 등장한 지 5년 후인 2014년에 세계최대 채권운용회사인 핌코는 "이제 뉴노멀도 가고 뉴뉴트럴(New Neutral) 시대가 왔다."라고 진단한 적이 있습니다. 여기서 뉴뉴트럴은 회복되지도 침체되지도 않은 새로운 경제상황을 표현한 말로 뉴노멀보다 더 부정적인 의미를 갖고 있습니다.

그만큼 어려운 경제상황이 지속되면서 금융회사 간의 경쟁이 더욱 치열해지고 금융회사의 수익확보도 녹록치 않게 되었습니다. 이러한 상황 하에서 자산관리 시장은 은행산업에 있어서 커다란 잠재력을 가진 새로운 성장 동력으로 부상하고 있으며 이에 따라 금융회사들은 자산관리와 관련한 전문역량을 강화하는 데 많은 노력을 쏟고 있습니다.

이러한 추세에 부응하여 한국금융연수원에서는 금융회사 자산관리 담당인력의 전문성 향상 및 실무역량 강화를 견인하기 위해 2018년 9월 금융위원회의 승인을 얻어 국가공인 자산관리사(FP: Financial Planner)의 상위 자격인 '프라이빗뱅커(CPB: Certified Private Banker)' 자격을 신설하였으며, 이번에 동 자격시험에 대비한 참고도서들을 발간하게 되었습니다.

본 도서는 전체 총 7권으로 「금융상품 및 투자분석」, 「포트폴리오 설계」, 「보험설계 및 컴플라이언스」, 「은퇴설계」, 「부동산 투자설계」, 「세금설계 및 상속설계」, 「자산관리 실무사례」로 구성되어 있으며, 프라이빗뱅커(CPB)가 갖추어야 할 고급이론 및 실무지식을 보다 깊고 보다 체계적으로 담고자 하였습니다.

또한 자기주도형 학습이 용이하도록 수록내용을 최대한 이해하기 쉽게 기술하는 한편, 「자산관리 실무사례」 도서를 제외한 모든 책자에서 각 장별로 서두에 [학습개요]와 [학습목표]를 명시하여 해당 장에서 도달하여야 할 학습목표를 제시하였고, 각 장 말미에는 [주요내용 종합정리]와 [연습문제와 해설]을 수록하여 학습내용을 복습하고 학습결과를 측정·확인해 볼 수 있도록 구성하였습니다.

아울러 자산관리사(FP) 자격 참고도서와 달리 각 도서별 내용들을 복합적으로 심화학습할 수 있도록 「자산관리 실무사례」라는 사례형 문제집을 추가로 제작했습니다. 현장에서 자주 접하게 되는 상황을 부문별 단일사례 및 복합사례로 구성하였습니다.

끝으로 이 책이 나오기까지 많은 노고를 아끼지 않은 집필자들, 자문위원들, 그리고 우리 원 직원 여러분께 깊이 감사드리며, 앞으로 본 도서가 최고 수준의 금융자산 설계전문가를 지향하는 금융인들에게 나침반 역할을 하고, 더 나아가 우리나라 금융산업의 발전에도 공헌할 수 있기를 바랍니다.

한국금융연수원 원장 문재우

머리말

2007~2008년 금융위기를 기점으로 선진국뿐만 아니라 그동안 빠르게 성장하던 신흥국들도 성장률이 둔화되어 세계경제에서 저성장·저금리·저물가·고실업률·정부 부채 증가·규제 강화 등의 현상이 일상화되고 있다. PB 입장에서 저성장·저금리를 극복하고자 고객을 위해 주식과 같은 위험자산에 투자하는 것을 권유하였지만, 2007~2008년이나 2018년 말과 같이 변동성이 커진 시기에는 고객의 원성을 듣기도 하였다.

저금리를 극복하고 고객에게도 편안한 자산관리를 하기 위해서는 포트폴리오 설계가 필수적이다. 여러 자산에 골고루 투자하는 포트폴리오를 구성하지 않고 과거 수익률이 높았던 특정 자산에 집중투자하여 낭패를 본 경험이 있는 투자자라면 포트폴리오 설계가 얼마나 중요한지 잘 알 것이다.

본 교재는 포트폴리오 설계를 위한 실무적 접근을 하도록 다음과 같이 구성되었다.

제1장 포트폴리오 투자설계에서는 투자설계 프로세스, 고객의 위험감내도 파악, 투자제안서 작성 및 사례를 다루고 있다. 포트폴리오 설계를 위한 기본적인 투자설계 프로세스를 이해하고 고객의 위험감내도를 3가지 측면(위험감수성향 · 위험감수능력 · 인지된 위험)으로 파악하는 방법, 투자설계 결과에 따라 고객이 적합한 금융상품을 구입하여 투자를 실행할 수 있도록 이끄는 투자제안서 작성 방법을 살펴본다.

제2장 경제분석과 포트폴리오 구성에서는 본격적인 자산배분에 앞서 필요한 요인들을 파악하는 내용을 다루고 있다. 포트폴리오 구성에 필요한 경제지표를 예측하고, 경기순환분석 및 포트폴리오 구성을 활용하는 방안을 설명한다.

제3장 포트폴리오 자산배분에서는 구체적인 자산배분 방법이 기술되어 있다. 전략적 자산배분과 전술적 자산배분의 공통점과 차이점을 여러 사례를 통해 이해할 수 있게 하였다.

나아가 모니터링과 자산재배분 방법을 소개하여 지속적인 포트폴리오 관리가 이뤄지도록 하였다. 무엇보다도 고객에게 초점을 맞추고 고객에게 편안한 포트폴리오 구성을 돕도록 기술하였다.

제4장 포트폴리오 투자성과평가에서는 모니터링 단계에서 가장 중요한 투자성과평가에 필요한 내용을 제시하였다. 투자성과평가 기본요소를 파악하고 벤치마크에 대해 살펴보며, 투자성과를 세밀하게 분석하는 방법과 위험을 조정한 성과평가 방법을 소개하였다.

본 교재에는 포트폴리오를 구성하는 데 필요한 내용이 대부분 언급되어 있으며, 선진국에서 주로 사용하는 방법이 제시되어 있다. 그러나 아직 미흡한 부분이 많다. 이론보다 실무에 중점을 두었지만, 아직 국내에 생소한 개념이 있어 충분한 사례 데이터가 축적되지 못했기 때문이다. 앞으로는 CPB들이 실무에서 접하는 사례를 더 많이 반영하여 좀 더 발전된 교재가 제시될 필요가 있다. 본 서가 발간되는 데 아낌없는 지원을 해준 한국금융연수원 관계자들에게 진심으로 감사드린다.

2019년 4월

저자 이승희

목 차

제1장 포트폴리오 투자설계

제2장 경제분석과 포트폴리오 구성

목 차

제1장

포트폴리오 투자설계

제1장 포트폴리오 투자설계

학습개요

포트폴리오 투자설계와 관련하여 투자설계 프로세스, 고객의 위험감내도 파악, 투자제안서 작성에 대해 살펴본다.

투자설계의 프로세스는 고객 기본정보 파악, 고객 재무상황 파악 및 경제 환경 분석, 자산배분전략을 포함한 투자제안서 작성, 투자 포트폴리오 수립 및 개별상품 선정, 투자실행, 투자성과 평가 및 수정 순으로 이뤄진다.

학습목표

- 투자설계 프로세스상의 각 단계에서 수행하여야 할 내용을 이해한다.
- 위험감수성향, 위험감수능력, 인지된 위험에 대해 이해하고 설명할 수 있다.
- 행동재무학을 통해 투자자의 편향을 이해하고 설명할 수 있다.
- 투자제안서의 필요성과 구성요소를 이해한다.

제1절 | 투자설계 프로세스

1 고객 기본정보 파악

1-1 고객 기본정보 파악

CPB는 효율적인 포트폴리오 투자설계를 위해 우선 고객의 기본정보를 파악해야 한다. 고객알기제도(know your customer rule)는 금융회사가 투자권유를 하기 전에 면담, 질문 등을 통해 투자자의 투자 목적, 자산 규모나 과거 투자경험 같은 정보를 파악하여 투자자 성향을 파악해야 한다는 것을 의미한다. 금융회사는 이러한 과정을 통해 투자자에게 적합한 상품을 권유해야 하고, 투자자에게 적합하지 않다고 인정되는 투자권유를 해서는 안 된다. 고객의 정보 이외에 가족의 정보도 같이 파악해야 폭넓은 투자설계를 수행할 수 있다.

CPB는 본인의 역량과 지식, 경력을 활용하여 고객이 원하는 서비스를 제공할 수 있는지와 이해상충 여부를 점검하여야 한다. 또한 본인이 제공하는 서비스와 자산관리사로서 역량이 고객의 요구사항을 충족할 수 있을지를 판단하여야 한다. 만약 CPB가 고객이 원하는 수준을 맞추기 어렵거나 고객의 기대수준이 너무 높으면 현실적 또는 합리적인 수준으로 조정해야 한다.

경우에 따라서는 고객의 요구를 그대로 받아들이는 것이 고객을 위한 것이 아니라 무리한 투자설계를 시작하는 것일 수도 있다. 예를 들어 고객이 16% 수익률을 기대하였는데 8% 수익률을 달성했다면 기대치의 절반밖에 못 미치는 결과다. 그에 비해 고객이 4% 정도의 수익률을 기대하였는데 8% 수익률을 달성했다면 기대치의 두 배에 달하는 성과다. 높은 투자수익률이 고객의 만족도를 높일 것이라고 볼 수 있지만, 실제로 투자실적과 고객 만족도 간에는 상관관계가 높지 않다. 오히려 고객들이 가장 중요하게 여기는 것은 자산관리사가 자신의 주관적인 기대를 얼마나 충족시켰느냐에 달려 있다는 연구 결과가 있다. 안정적인 포트폴리오 관리를 기대한 고객이라면 공격적인 자산운용으로 높은 수익률을 달성한 것을 불편하게 느낄 수도 있다.

포트폴리오 관리 결과가 고객의 주관적인 기대치를 웃돌면 만족, 밑돌면 불만족으로 평가될 수 있다. 이를 기대불일치(disconfirmation)라고 한다. 기대불일치로 고객의 불만이 생기지 않게 하려면 고객의 기대치를 높이는 과도한 약속을 절대로 하지 말고, 꾸준히 한결같은 서비스를 제공하는 것이 현명하다. 고객의 기대치를 충족하지 못하면 고객의 불만족을 초래하고 이는 장기적인 관점에서 CPB에게 부정적일 수밖에 없다.

1-2 고객의 재무목표 및 투자우선순위 결정

가. 재무목표 수립

포트폴리오 투자설계는 고객의 재무목표를 잘 파악하고 재무목표 달성에 가장 적합한 형태로 자산을 구성하고 관리하는 것이다. 이를 위해서는 투자자산의 선정에서 자산배분 전략의 수립, 실행에 이르기까지 각 단계의 설계가 고객의 재무목표에 적합한지 적합하지 않은지를 늘 점검해야 한다. 포트폴리오 투자설계는 재무목표를 달성하기 위해 활용 가능한 자원을 이용해서 장기간 수행해야 하는 과정이므로, 계획을 잘 세우는 것이 매우 중요하며 체계적인 접근과 전략을 필요로 한다.

포트폴리오 투자설계에서는 주로 재무적 목표를 다룬다. 하지만 비재무적 목표도 중요하게 반영되어야 한다. 재무적인 목표의 달성은 투자제안서를 통해 직접적으로 이루어지고, 비재무적인 목표의 달성은 재무적 목표가 실현됨으로써 직접 또는 간접적인 영향을 받아 이루어질 수 있기 때문이다.

나. 재무목표 설정 방법

1) 구체적이고 현실성 있는 재무목표 설정

재무목표를 설정할 때는 구체적이고 실현 가능성이 있는 목표를 정하는 것이 중요하다. 또한 가계의 재무목표를 설정할 때는 가계 구성원 모두가 이해할 수 있도록 잘 정의되어야 한다. '여유 있는 노후생활을 보내고 싶다'라든지 '내 집을 갖고 싶다' 등과 같이 막연하고 추상적인 목표는 바람직하지 않다. '주택 마련을 위해 10년 후까지 3억 원의 종잣돈을 마련하겠다'와 같이 구체적인 수치로 표현되는 목표가 적합하다. 목표가 구체적이지 못하면 투자제안서를 도출하고 실행하는 데 어려움이 따르기 때문이다.

2) 생애주기를 고려한 재무목표 설정

생애주기(life cycle)는 인간이 살아가면서 경험하는 경제활동, 결혼, 출산, 육아, 노후 등의 각 단계에 걸쳐 시간적으로 연속되는 과정을 의미한다. 생애주기 각 단계에 따라 개인과 가계의 소득과 지출이 변화하고, 재무적·비재무적 요구와 관심사가 달라지며, 그에 따라 재무목표와 투자활동이 달라질 수 있다.

〈표 1-1〉 생애주기에 따른 이슈와 재무목표

생애주기	주요 이슈	주요 재무목표
사회 초년기(20대)	취업 및 창업, 결혼	결혼 자금 마련, 독립 및 주거 자금 마련
가족 형성기(30대)	자녀 출산 및 육아, 내 집 마련	자녀 양육 자금, 주택 구입 자금, 부채 상환(결혼, 주택 관련), 자동차 구입
자녀 성장기(40대)	자녀 교육, 재산 형성	자녀 교육비, 주택 넓히기
가족 성숙기(50대)	자녀 결혼, 은퇴 및 노후 대비 점검	자녀 대학 교육비, 자녀 결혼 자금 마련, 노후 준비
노후생활기(60대 이후)	노후생활 시작	은퇴 후 생활 시작, 건강유지 비용 및 병원 진료비

다. 투자 우선순위 결정

개인과 가계는 모든 재무목표를 동시에 달성할 만큼의 자원을 가지고 있지 못하므로, 재무목표가 정해지면 그 목표들 간의 우선순위(priority)를 정해야 한다. 현실적으로 달성 가능한 것에 우선순위를 둘 수도 있고, 가족 중 다수가 원하는 것에 우선순위를 둘 수도 있다.

재무목표의 우선순위를 정할 때는 현재의 재무상태를 파악하고, 미래의 잠재성을 예측하여 정한다. 개인과 가계가 가지고 있는 제약조건을 고려하고, 재무 계획을 실행하는 과정에서 예상되는 법적·행정적 규제는 없는지 등 세부적인 제한 요소들을 정확히 파악한 후 결정하도록 한다. 또한 우선순위를 정할 때 중요하게 고려되어야 하는 것이 생애주기이다. 생애주기 단계에 따라 개인과 가계가 직면하는 상황과 특성이 변화하고, 사용할 수 있는 자원이 달라지며, 가족 구성원들의 요구수준 역시 달라지기 때문이다.

〈표 1-2〉 생애주기에 따른 재무목표의 우선순위

생애주기	1차 목표	2차 목표	3차 목표	4차 목표
가족 형성기(30대)	주택 마련	수입지출관리	비상자금 마련	세금관리
자녀 출산, 양육기(30대)	수입지출관리	비상자금 마련	부채관리	교육자금 마련
자녀 교육기(40대)	교육자금 마련	부채관리	노후준비	위험대비
자산 축적기(40~50대)	자산관리	세금관리	노후준비	위험대비
은퇴기(60대 이후)	노후준비	상속계획	자산관리	세금관리

출처: Kapoor, J., L. Dlabay and J. Hughes(2012). Personal Finance (10th). New York: The McGraw Hill

1-3 투자기간 파악

투자기간(time horizon)은 현재 시점부터 투자자금의 일부 또는 전부를 회수하고자 예정하는 시기까지를 의미한다. 투자기간은 위험의 분산과도 관련이 있을 뿐 아니라 자산배분 전략에도 직접적인 영향을 미친다. 일반적으로 투자기간은 개인의 재무목표가 라이프사이클상에서 어디에 위치하느냐에 따라 달라진다. 투자할 수 있는 기간이 길다면 상대적으로 높은 위험을 감수할 수 있어 장기성장형 포트폴리오를 선호하고 자본이득에 초점을 맞출 수 있다. 반면 투자할 수 있는 기간이 짧다면 되도록 위험을 회피하려 할 것이고 안정적으로 수입이 확보되는 형태로 자산을 구성하고자 할 것이다. 따라서 장기적인 목표에 맞는 투자전략을 세우기 위해서는 투자기간을 길게 설정하는 것이 매우 중요하다. 자산관리사는 재무목표 설정 시 각 목표마다 분명한 투자기간을 설정해야 한다는 필요성과 투자기간이 길수록 위험분산이 가능하다는 논리를 고객에게 이해시켜야 한다.

가. 기간별 재무목표 설정

재무목표를 세울 때는 우선 장기 재무목표와 단기 재무목표를 나누어서 생각해야 한다. 장기 재무목표는 장기간 동안 혹은 일생에 걸쳐서 이루기를 원하는 목표다. 예를 들면 내 집 마련, 자녀교육비 마련, 노후준비 등이 이에 해당한다.

전형적인 가계가 생애주기를 거치면서 일반적으로 경험하는 대규모의 지출은 주택자금, 자녀교육자금, 자녀결혼자금, 노후생활자금 등이다. 이러한 재무목표는 가계가 생애주기 중 어느 단계에 있느냐에 따라 그 중요성이 증가하기도 하고, 감소하기도 한다. 개인과 가계는 이러한 자금이 언제, 얼마만큼 필요할 것인지를 미리 예측하여 장·단기 재무 목표를 설정하고, 이를 달성할 수 있는 합리적인 방법을 찾아야 한다.

1) 재무목표 기간의 설정

1개월, 6개월, 1년, 5년, 10년, 그 이상의 기간 등으로 구분하여 재무적인 관심사를 고려해보는 것은 재무목표를 설정하는 데 도움이 된다. 시간에 따라 변화하는 재무자원과 재무과업을 고려하여 단기 재무목표(1년 이내에 달성해야 할 목표), 중기 재무목표(1~5년 사이에 달성해야 할 목표), 장기 재무목표(5~10년 사이에 달성해야 할 목표), 최장기 재무목표(10년이 초과되는 목표)를 구분한다.

가계의 재무목표를 설정할 때는 우선 장기적인 목표부터 세우고, 그 목표를 달성하는 데 필요한 단기 목표들을 다시 구체적으로 세우는 것이 바람직하다. 내 집 마련이나 자녀결혼 등 명확한 장기 목표를 설정하고, 구체적 달성시기와 필요금액을 산정한다. 그런 다음 그 목표를 달성하기 위해 이번 달 혹은 올해 예산이 어떻게 바뀌어야 하는지, 언제까지 어떤 방법으로 얼마를 모아야 하는지 등 구체적인 단기 목표를 세워야 목표가 현실화될 수 있다.

2) 장기 재무목표

장기 재무목표는 자산 축적, 내 집 마련, 보장, 교육, 결혼과 같이 5~10년 사이에 달성해야 할 목표다. 자산 축적, 내 집 마련과 보장은 가계의 안정을 위해, 교육과 결혼은 가족 구성원의 성장을 위해 고려되어야 할 재무목표라고 할 수 있다. 각각의 재무목표에 대해 달성 기간과 필요자금을 결정한다.

3) 단기 재무목표

단기 재무목표는 단기간, 주로 1년 이내에 이루기를 원하는 목표를 말한다. 바람직한 소득 분배를 통해 지출 비목 간에 균형을 맞추기 위해 매달 예산을 세우는 것이 가장 대표적인 단기 재무목표가 된다. 휴가, 부모님 회갑잔치, 집수리 등을 위한 비용 마련도 단기 재무목표라고 할 수 있다. 장기 재무목표가 대부분의 가계에서 유사한 경향을 띠는 데 반해, 단기 재무목표는 개인이나 가계의 상황에 따라 차이가 크다.

나. 기간별 재무목표의 우선순위 결정

기간별 재무목표를 설정한 후에는 그 목표를 수치화하여 측정 가능한 것으로 나타낼 수 있어야 한다. 모호하거나 추상적인 표현 또는 일반적인 목표가 아니라 금액으로 수치화할 수 있어야 하며, 언제부터 언제까지라는 목표 달성 기간이 반드시 명시되어야 한다.

또 다양한 목표를 동시에 달성할 수는 없으므로 재무목표의 중요성, 달성 기간과 실현 가능성을 고려하여 우선순위를 결정해야 한다.

1) 고객이 작성한 재무목표 리스트 분석

고객이 작성한 재무목표 리스트의 내용을 충분히 검토하고, 개방형 질문을 통해 고객의 재무상태, 재무자원, 재무과업이 재무목표 리스트와 부합하는지 분석하고 판단한다.

2) 기간별 재무목표 리스트 작성

고객이 작성한 재무 목표 리스트의 내용을 단기 재무목표(1년 이내에 달성해야 할 목표), 중기 재무목표(1~5년 사이에 달성해야 할 목표), 장기 재무목표(5~10년 사이에 달성해야 할 목표), 최장기 재무목표(10년이 초과되는 목표)로 구분한다.

〈표 1-3〉 목적별·기간별 재무목표 체크리스트(예시)

구분	재무목표	단기(1년 이내)	중기(1~5년)	장기(5~10년)	최장기 (10년 이상)
생애주기별 과업	결혼자금 마련		V		
	주택구입자금 마련			V	
	자동차, 내구재 구입자금 마련		V		
	비상자금 마련	V			
자녀 관련	육아비용 마련		V		
	교육자금 마련			V	
	유학자금 마련			V	
	자녀결혼자금 마련			V	
부채관리	단기부채 상환	V			
	장기부채 상환			V	
노후준비	은퇴자금 마련				V
	임대부동산 구입			V	
	조기은퇴 계획				V
	상속, 증여 계획				V
기타					

출처: NCS 금융·보험, 금융, 금융영업, PB영업, 고객정보 수집·분석

2 고객 재무상황 파악 및 경제 환경 분석

2-1 고객이 가진 자원에 대한 파악

가. 재무정보 수집 방법

재무목표를 설정한 후 적합한 투자제안서를 도출하기 위해서는 고객의 정확한 재무정보를 수집해야 한다. 정확한 자료를 수집하는 것은 성공적인 포트폴리오 투자설계와 투자결정을 하는 데 중요한 과정이다.

고객의 재무정보를 수집하는 방법은 직접적인 1차 자료를 이용하는 방법, 질문지를 이용하는 방법, 대면면접을 통해 자료를 수집하는 방법이 있다.

1차 자료로는 은행 잔고증명서나 수익증권 잔고증명서, 증권계좌 잔고증명서 등과 같은 증명서나 거래내역서 등이 있다. 그러나 개인정보가 포함된 모든 금융거래의 자료를 수집하기란 쉽지 않다.

질문지를 만들어 고객이 직접 작성하도록 하는 방법을 사용할 때는 고객이 이해하기 쉽도록 간단하고 명료하게 만들어야 한다. 내용이 모호하거나 너무 길면 응답의 정확성이 떨어지게 된다.

고객과 투자설계 전문가가 대면면접을 하면 직접적인 의사소통이 가능하기 때문에 보다 정확하고 다양한 정보를 수집할 수 있다. 그러나 개인의 소득과 자산 자료를 다른 사람에게 공개하는 것은 쉬운 일이 아니기 때문에 고객이 주저할 수도 있다. 투자설계 전문가는 정보 수집의 중요성을 설명하고, 고객으로부터 신뢰를 확보할 수 있도록 정직하고 성실한 자세로 업무를 수행해야 한다.

자료 수집 시에는 1차 자료와 질문지, 대면면접을 적절하게 활용해야 한다. 질문지를 이용하여 비교적 간단하고 응답이 용이한 항목들을 조사하며, 고객이 기억하지 못하거나 이해하기 어려운 부분은 1차 자료와 대면면접을 통해 보완하는 것이 바람직하다.

나. 정량적 재무정보 수집

1) 소득 자료

소득은 일정 기간 내에 가계로 유입되어 순자산을 증가시키는 화폐가치의 총량을 말한다. 소득은 가계의 목표를 달성하는 데 필요한 가장 기본적인 투입 요소 중 하나로 가계 구성원의 욕구 충족, 노동력 재생산에 필요한 소비용 재화와 서비스를 획득하는 데 사용된다. 또한 소득은 자산으로 축적되어 그 자체가 스스로 또 다른 소득을 형성하는 특징을 가지므로, 가계의 미래 위험을 감소시키고 장래의 생활을 보장하는 가치축적의 수단으로서도 중요하다.

2) 지출 자료

지출 자료에는 일정한 금액을 정기적으로 반드시 지출해야 하는 고정지출과 개인이나 가계가 지출규모와 시기를 융통성 있게 조절할 수 있는 변동지출 자료가 있다.

고정지출에는 세금, 대출 상환금, 자동차 할부금, 보험료, 국민연금 등 사회보험료, 월세, 임대료 등이 포함되고 변동지출에는 식료품비, 외식비, 피복비, 가구집기비, 교육비, 교양 오락비, 교통비, 통신비 등의 소비지출과 이전지출 등이 포함된다. 또한 저축과 투자를 위해 지출하는 금액도 따로 조사해야 한다.

3) 자산 자료

자산 자료는 금융자산, 부동산 관련 자산, 기타 투자자산, 개인 사용 자산 등으로 나누어 파악한다. 금융자산의 경우 보통예금·저축 등의 금융상품과 주식·펀드·채권 등의 금융투자상품으로 나누어 살펴보고, 부동산 관련 자산은 거주주택과 거주주택 외의 부동산으로 나누는 등 세분화하여 정보를 수집한다.

4) 부채 자료

부채는 가계의 재무건전성은 물론 소비와 저축에 부정적인 영향을 미치기 때문에 재무상태 분석에서 중요한 부분이다.

부채 자료는 부채의 성격 또는 목적에 따라 구분하여 수집한다. 상환 기간에 따라 단기부채와 중장기부채로 구분하거나 부채의 목적에 따라 주거 관련 부채, 소비생활 관련 부채, 기타 목적 부채로 구분하여 조사한다. 부채의 종류, 발생 날짜, 최초 원금, 현재 잔액, 원리금 상환 금액, 만기일, 이자율 등에 대한 정보를 구체적으로 기록한다.

다. 비재무적 정보 수집

포트폴리오 투자설계는 개인의 재무적·비재무적 자원을 모두 이용하므로, 정량적인 재무정보를 수집함과 동시에 정성적인 비재무적 정보를 적절하게 활용하는 것이 중요하다. 비재무적 정보는 양으로 측정하거나 수치화하기 어려운 자료로 가치관, 꿈, 희망사항, 단기·장기적인 삶의 목표, 관심과 취미생활, 고용에 대한 상황과 기대, 위험감수성향, 라이프스타일 등을 포함한다. 이러한 정성적 자료는 수집하기가 쉽지 않으며, 비재무적 정보를 수집할 때 주관적인 편견이 개입되지 않도록 주의해야 한다.

2-2 투자의 제약사항 분석

CPB는 고객이 가지고 있는 제약조건이나 법규상 요구되는 제약사항이 무엇인지 파악해야 한다. 이들 제약조건은 사안에 따라 투자전략에 커다란 영향을 미치기 때문에 개인적, 법률적 제약조건을 사전에 파악하는 일이 중요하다. 투자자산을 운용하다 보면 관련 법규의 제약으로 인해 투자계획이 제한되는 경우가 있을 수 있다. 주식이나 채권 등의 거래는 자본시장법에 영향을 받을 수 있고, 외화증권이나 자산의 취득은 외국환거래법 안에서 이루어져야 한다. 세금과 관련된 법규도 투자에 영향을 미치며, 부동산 거래에서도 제약조건이 많다.

또한 특별한 이유로 고객이 특정한 투자대상을 제외하기를 원할 수도 있다. 예를 들어 종교적인 문제나 고객의 신념으로 담배, 술, 성인잡지 제조회사나 판매회사 등을 포트폴리오에 포함시키지 않기를 바랄 수도 있다.

2-3 위험감내도 파악

위험감수성향(risk tolerance)은 심리적인 성향(trait)이며 위험을 가지는 데 대해 어떻게 느끼는가로 측정된다. 사람마다 고유한 성격과 취향이 있는 것처럼, 개개인은 고유한 위험감수성향을 가진다. 위험감수능력(risk capacity)은 위험을 받아들일 수 있는 재무적 능력을 말한다. 그리고 인지된 위험(perceived risk)이란 고객이 현재 시장의 위험을 어떻게 인지하고 있는가를 의미한다. 위험감수성향, 위험감수능력, 인지된 위험 등 다양한 각도로 고객의 위험감내도를 측정한다.

2-4 목표수익률 결정

목표수익률(target rate of return)이란 자산배분을 통해 얻고자 하는 수익률이다. 먼저 고객이 동원할 수 있는 자산을 가지고 재무목표를 달성하기 위해 필요한 수익률(needed rate of return)을 계산한다. 그리고 주식시장이나 채권시장에 투자하였을 경우 얻을 수 있는 벤치마크 수익률과 인플레이션을 예측한다. 고객이 요구하는 수익률과 벤치마크 기대수익률을 고려하여 목표수익률을 결정한다. 목표수익률이 높을수록 위험자산의 비중이 높아지는데 이를 고객이 감내할 수 있는지 점검하고 재조정한다.

2-5 국내외 경제환경 및 시장상황 파악

가. 글로벌 거시경제지표 분석

세계화의 진전에 따라 전 세계 자본시장은 매우 밀접한 관련성을 갖고 변동하게 되었다. 따라서 자본시장의 미래성과를 예측하기 위해서는 국내뿐만 아니라 세계 경제환경의 변화와 경제상 황을 분석하는 것이 중요하다. 특히 글로벌 시장의 움직임을 나타내는 주요 경제지표로 세계 주요국가의 경제성장률, 물가, 기준금리, 국제원유가격, 환율 등의 움직임을 주의 깊게 분석해야 한다.

나. 국내 경제분석

국내 경제동향을 나타내는 주요 경제변수로는 GDP 성장률, 소비자물가지수, 시장 이자율(장단기 국채수익률), 통화량, 국제수지, 미국 및 중국 등 주요국가의 통화에 대한 환율, 실업률, 산업생산 등이 있다. 이와 같은 요소들을 중점적으로 분석해야 한다.

다. 자산별 시장상황 분석

글로벌 거시경제지표 분석과 국내 경제분석을 토대로 어떤 자산 또는 국가가 좋아지거나 나빠지고 있는지를 파악하여야 한다. 주의할 것은 글로벌경제의 불확실성이 커지고 금융위기의 발생이 빈번해지면서 경기변동의 주기가 갈수록 짧아진다는 것이다. 따라서 보완책으로 경기서프라이즈지수(Economic Surprise Index; ESI)와 같은 글로벌경기지표와 빌딩블록(building block) 방식에 의한 자산(또는 국가)별 기대수익률 추정치를 상호 비교하는 방법 등을 이용하여 글로벌경기의 흐름과 자산별 시장상황을 파악할 필요가 있다.

경기서프라이즈지수는 실제 발표된 경제지표가 시장 전망치에 얼마나 부합하였는지를 지수화한 지표다. 빌딩블록 방식은 특정 국가나 자산의 기대수익률을 구할 때 경제성장률, 물가상승률, 배당수익률 등의 구성요소에 대해 예상되는 성장 전망치를 추정하고 이들을 모아서 블록을 쌓듯이 국가 또는 자산의 기대수익률을 추정하는 방법이다. 빌딩블록 방식을 통해 국가별 또는 자산별로 기대수익률을 추정하고 이를 상호 비교하는 방식이 이용된다.

글로벌 거시경제지표와 국내 경제분석 그리고 경기서프라이즈지수와 같은 경기지표나 빌딩블록 방식을 통해 국가별 또는 자산별 기대수익률을 추정하고, 이를 토대로 자산별 시장상황을 예측하고 그 결과를 비교분석하여 미래투자 전망이 밝은 자산과 그렇지 못한 자산을 파악한다.

3 자산배분전략을 포함한 투자제안서 작성

3-1 투자 가능한 투자수단 파악

가. 주요 자산 유형의 구분

투자대상으로 고려되는 자산들은 크게 다음과 같이 구분할 수 있다.

① 화폐시장의 금융자산: 은행예금, CP, CD, RP 등

② 채권시장의 금융자산: 사채 및 국공채

③ 주식시장의 금융자산: 주식

④ 외국 시장의 금융자산: 외환, 외국 채권, 주식 등

⑤ 대체투자자산: 부동산, 원자재, 귀금속, 골동품 등

⑥ 파생상품: 선물, 옵션 등

나. 자산 유형 구분의 기준과 분류

투자대상 자산은 여러 기준으로 구분하고 분류할 수 있다. 자산군을 분류할 때 고려하는 기본적인 관점은 객관적인 위험-수익의 특성이며, 해당 펀드의 운용목표와 제약조건에 부합하도록 유형을 분류하여야 한다. 이론적으로 볼 때 자산 유형을 구분하는 가장 중요한 기준은 각 자산이 미래에 창출할 현금흐름이 갖는 위험-수익의 특성이다. 국채와 같은 안전자산과 주식과 같은 위험자산으로 자산을 구분하는 것이 대표적인 예이다. 다음에서는 일반적인 분류방법에 따라 투자대상 자산군을 화폐시장의 단기 금융자산, 국내 시장의 채권과 주식, 해외 시장의 채권과 주식, 대체투자자산, 집합투자자산, 파생상품 등으로 분류하고 이들 자산군의 유형별 특성을 위험-수익의 관점에 따라 파악한다.

〈표 1-4〉 자산 유형별 대표적인 상품과 위험-수익의 특성

자산 유형	대표적인 상품	수익특성	위험특성	위험원천
예치금	은행예금	확정적	낮음	시장이자율
화폐시장의 단기 금융자산	CD, CP, RP 등	확정적	낮음	시장이자율, 신용위험
국공채	국고채, 지방채, 공채 등	확정적	낮음	시장이자율, 유동성위험(장기채)
회사채	보증사채, 무보증사채	확정적	중간	시장이자율, 신용위험, 유동성위험
대형주	보통주, 우선주	불확실	비교적 높음	시장위험(주가), 시장이자율
중·소형주	보통주, 우선주	불확실	높음	시장위험(주가), 시장이자율
외국 채권	해외 국공채 및 회사채	불확실	비교적 높음	환위험, 해외/국내 이자율, 신용위험, 유동성위험(신흥시장)
외국 주식	해외 기업의 보통주, 우선주	불확실	높음	환위험, 시장위험(주가), 국내외 시장이자율
대체투자자산	부동산, 원자재, 천연자원, 벤처캐피탈 등	불확실	높음	시장위험(가격), 유동성위험, 시장이자율, 평가위험
외국 시장의 대체투자자산	해외 부동산, 원자재, 천연자원, 벤처캐피탈 등	불확실	높음	환위험, 시장위험(가격), 유동성위험, 시장이자율, 평가위험, 정치적 위험
집합투자자산 (공모펀드)	펀드, 재간접펀드 등	불확실	채권형: 낮음 주식형: 중간	시장위험
사모펀드	헤지펀드, PEF	불확실	높음	시장위험, 펀드별 운용위험
파생상품	선물, 옵션, 스왑 등	불확실	아주 높음	시장위험(기초자산), 시장위험(파생상품), 계약불이행위험(장외상품)

출처: NCS 금융·보험, 금융, 자산운용, 펀드운용, 펀드 자산배분(일부 수정함)

3-2 자산배분전략 수립

가. 자산배분의 의미

자산배분(asset allocation)은 투자대상으로 선정된 여러 유형의 자산에 투자자금을 배분하는 결정을 말한다. 이러한 자산배분은 포트폴리오 구성 단계에서 투자자가 내려야 하는 여러 의사결정 중에서 가장 중요한 것으로, 포트폴리오가 가져다줄 수익과 위험의 크기를 결정짓는다. 투자 성과의 90% 이상이 자산배분에서 결정된다는 사실을 보여주는 여러 연구가 있다.

나. 자산배분의 종류

자산배분은 크게 전략적 자산배분과 전술적 자산배분으로 나누어진다.

1) 전략적 자산배분

전략적 자산배분(strategic asset allocation; SAA)은 객관적인 경제 분석을 근거로 장기적인 자산배분 목표를 설정하는 과정으로 포트폴리오의 목표수익률과 허용위험을 반영하여 결정되며, 목표 투자기간 말까지 자산배분의 기준이 된다. 전략적 자산배분은 고객의 목표수익률, 허용위험, 투자기간 및 투자 제약조건 파악, 자산 집단의 선택, 자산집단별 기대수익·위험·상관관계의 추정, 최적 자산구성의 단계를 거쳐 실행된다.

2) 전술적 자산배분

전술적 자산배분(tactical asset allocation; TAA)이란 저평가된 자산을 매수하고, 고평가된 자산을 매도함으로써 투자성과를 높이고자 하는 전략이다. 자산가격은 시장상황의 변화에 따라서 일시적으로 고평가되거나 저평가될 수 있는데, 자산관리자는 이러한 상황변화를 포착하여 자산배분비율을 변경함으로써 시장수익률 대비 초과수익률을 획득하려는 전략을 말한다.

3-3 투자제안서 작성

투자제안서란 고객의 재무목표와 투자우선순위, 투자기간, 재무상황 및 경제환경 분석을 토대로 수립한 자산배분 전략을 정리하여 구체적인 상품선정에 도움이 되도록 작성한 문서를 말한다. 필수적으로 작성해야 하는 문서는 아니지만 고객의 자산을 효과적으로 관리하기 위해 어떠한 기준으로 자산을 배분했으며 향후 상황변화가 있을 경우 어떻게 대처해야 하는지를 판단하는 근거를 제공할 수 있다.

4 투자 포트폴리오 수립 및 개별상품 선정

4-1 투자 포트폴리오 수립

포트폴리오 운용전략에는 크게 2가지가 있다. 적극적 운용전략(active strategy)과 소극적 운용전략(passive strategy)이다. 적극적 운용전략은 주식시장과 같은 벤치마크(benchmark) 수익률 이상의 초과수익률을 추구하는 투자전략이며, 소극적 운용전략은 벤치마크 수익률을 목표로 벤치마크를 추종하는 투자전략이다.

소극적 운용전략은 주식시장이 중장기적으로 효율적이기 때문에 시장지수(market index) 이상의 초과수익률은 누릴 수가 없다는 효율적 시장이론(efficient market theory)에 기반을 두고 있다. 그에 비해 적극적 운용전략은 단기적으로 시장이 비효율적일 수 있기 때문에 시장수익률 이상의 초과수익률을 누릴 수 있다는 사실에 기반을 두고 있다.

4-2 개별 상품 선정

자산배분은 자산의 투자 비중을 결정하는 활동인 반면, CPB에게 개별 상품 선정은 주식·채권·부동산 등의 자산에 투자하는 펀드를 선정하는 활동이라 할 수 있다.

스타일 투자는 펀드를 선정할 때 투자 종목의 특성에 따라 대형주, 소형주, 성장주, 가치주 등과 같이 여러 스타일로 나누고 각 유형에 따라 투자를 달리하는 것을 말한다.

주식펀드의 스타일은 보통 투자하는 지역과 종목의 특성, 시가총액의 크기에 따라 구분한다. 지역에 따라서는 크게 국내 주식과 해외 주식으로 나누며, 그중 해외 주식은 선진국, 신흥시장(이머징 마켓), 아시아 등으로 구분할 수 있다. 종목의 특성에 따라서는 가치주와 성장주, 그리고 중간 형태인 혼합형으로 나눈다. 시가총액 크기에 따라서는 대형주와 중소형주, 그리고 중간인 혼합형으로 구분한다. 또 이 3가지 기준을 서로 결합하여 '국내-대형-가치주펀드'라든지 '아시아-대형-성장주펀드' 등 여러 스타일의 펀드가 만들어진다.

채권펀드의 스타일은 크게 지역, 잔존만기, 신용등급에 따라 구분된다. 지역에 따라서는 크게 국내 채권과 해외 채권 펀드로 나누며, 그중 해외 채권펀드는 선진국·신흥시장(이머징 마켓)·아시아 등으로 구분할 수 있다.

잔존만기에 따라서는 단기·중기·장기 펀드로 구분할 수 있으며, 신용등급에 따라서는 국공채·투자등급회사채·투기등급회사채로 구분할 수 있다.

5 투자실행

적절한 자산배분을 하고 투자상품을 선정하였다고 하여도 매매 시기가 적절하지 않으면 예상하지 못한 비용이 발생할 수 있다. 금융투자상품을 매매할 때는 분산투자 차원에서 다음과 같은 사항을 고려할 필요가 있다.

5-1 투자 스타일 분산

주식펀드나 채권펀드에도 여러 가지 스타일이 있다. 투자에서 큰 손실을 입지 않으려면 가입하는 펀드 개수보다는 다양한 스타일의 펀드에 투자(style allocation)해야 한다. 단순히 5개의 성장주식형펀드에 투자한 것은 진정한 의미의 분산투자가 아니다. 예를 들어 성장주펀드, 공모주펀드, 회사채펀드 식으로 나누어서 투자해야 분산투자를 제대로 실행한 것이다. 또 스타일은 순환하는 경향이 있다. 과거 실적이 좋았다고 가치주펀드에만 투자하는 것은 위험을 증대시키는 매매일 수 있다.

그렇다고 과도한 스타일 분산을 시도할 필요는 없다. 스타일을 분산할수록 인덱스펀드의 성과를 추종하는 결과를 가져오기 때문이다.

5-2 투자 시점의 분산

펀드는 상대적으로 적은 위험을 가지고 안정적인 수익률을 올리기 위한 상품이므로 특정 시기에 한 번에 가입하는 거치식으로 목돈을 넣는 것보다는 매월 일정 금액을 불입하는 적립식을 추천하는 것이 바람직하다.

주식펀드는 국내외 경제동향 및 시장상황(주가, 금리, 환율 등)에 따라 변동성이 크므로 적절한 타이밍 조절이 필요하다. 적립식으로 투자하는 경우 주가가 상승하면 적게 사고 주가가 하락하면 많이 사는 결과를 가져와서 가치투자의 성격을 갖게 된다. 투자 시점 분산(time diversification) 투자를 통해 자연스럽게 가격 하락 위험을 낮추고, 장기적으로 안정적인 수익률을 올릴 수 있다.

5-3 투자 지역의 분산

지정학적 리스크 및 외국인 투자자의 영향을 많이 받는 국내 시장은 변동성이 상당히 큰 편이다. 국내 투자만으로는 위험 분산 효과가 크지 않지만, 해외 분산투자를 하면 위험을 분산할 수 있고 수익률도 제고할 수 있다.

우리나라는 현재 가구당 2개 이상의 펀드에 가입해 있을 정도로 펀드가 일반화되어 있으며, 해외 펀드 투자비중이 증가하고 있다. 다만 특정 지역이나 국가에 투자하는 펀드의 경우 비체계적위험이 커지고 수익률도 예상에서 벗어날 가능성도 크다. 따라서 투자 지역 분산(regional allocation)의 관점에서 해외 투자를 바라볼 필요가 있다.

해외 펀드에 투자하는 경우 유행이나 주관적인 판단에 의존해서 투자할 것이 아니라 우리나라와 다르게 움직이는 시장에 다양하게 분산해야 한다. 국내 주식시장에 대한 예측도 어려운데, 정보가 제한되어 있는 특정 해외 시장을 정확하게 예측한다는 것은 불가능에 가깝다.

따라서 다양한 지역을 대상으로 분산투자하는 것이 투자위험은 줄이고 안정적인 수익률을 획득할 수 있는 방법이다.

5-4 투자 통화의 분산

해외펀드에 분산투자를 할 때도 한 가지 통화로만 투자하지 말고 달러, 유로, 엔화 등 여러 통화에 분산(currency allocation)해서 투자하는 것이 유리하다.

2008년 미국의 서브프라임 모기지 사태가 발생했을 때 달러로 투자한 펀드들이 낮은 수익률을 기록한 반면, 일본 엔화의 강세(당시 100엔당 2,500원)로 주식에서는 저조한 수익률을 보였던 일본펀드가 환율에서 이득을 보아 큰 수익을 실현한 사례도 있다. 과거 브라질 헤알화 사태를 통해 투자 통화 분산의 중요성이 더욱 부각되기도 했다.

6 투자성과 평가 및 수정

6-1 투자성과 평가

가. 포트폴리오 모니터링

위험조정 수익률은 운용역의 성과 평가뿐만 아니라 운용 포트폴리오의 모니터링에도 유용한 지표이다. 운용 포트폴리오의 유형이나 목적에 따라서 초과수익률과 추적오차(Tracking Error; TE)를 기준으로 다음과 같이 분류할 수 있다. 추적오차는 포트폴리오 수익률과 벤치마크 수익률 간의 의도하지 않은 차이이며, 포트폴리오 수익률이 벤치마크 수익률을 쫓아가지 못하는 정도를 나타낸다.

〈표 1-5〉 초과수익률(α)과 추적오차(TE)별 운용 스타일

초과수익률(α)	추적오차(TE)		
	저	중	고
저	소극적 운용		
중		혼합 운용	
고			적극적 운용

소극적 운용은 벤치마크를 복제하는 전략이기 때문에 초과수익률을 추구하는 전략은 아니며, 추적오차가 0에 가까워야 한다. 그래서 소극적 운용은 낮은 추적오차를 유지하는 능력이 중요하다.

적극적 포트폴리오 운용에서는 주어진 추적오차 범위 내에서 벤치마크 대비 초과수익률을 극대화하하기 위해 종목 선택이나 매매시점 전략을 구사하게 된다. 종목을 선택할 때는 벤치마크의 평균적인 특성이나 스타일을 고려해서 적절한 초과수익률을 달성할 수 있도록 추적오차 허용범위 내에서 종목을 선택한다. 또한 더 높은 초과수익률을 달성하기 위해서 종목 선택 시 벤치마크에 포함되지 않은 종목도 적극적으로 고려한다.

나. 투자성과 평가

포트폴리오 투자성과를 평가할 때, 일정 기간에 걸친 투자수익률만을 비교하는 것은 적절한 평가방법이 되지 못한다. 위험조정 성과 평가는 실현된 투자성과를 이 성과를 얻기 위해 부담한 위험을 고려하여 평가하는 것이다. 위험조정 성과 평가 지표로는 샤프지수, 트레이너지수, 젠센의 알파, 정보비율 등이 있다.

6-2 자산재배분

투자 초기 시점에 자산배분을 통해서 최적의 포트폴리오를 구축하였다고 하더라도 투자기간이 종료되는 시점까지 그 포트폴리오를 그대로 유지하는 경우는 드물다. 고객이나 시장의 상황은 시간이 지남에 따라 변하기 마련이다. 포트폴리오 구성 초기 시점에서 예상하지 못했던 많은 사건이나 정보가 추가되는 것이다. 이러한 새로운 사건이나 정보를 반영하여 포트폴리오를 재조정(rebalancing)해야 한다.

제2절 | 고객의 위험감내도 파악

고객의 위험에 대한 태도나 위험을 감수하는 능력 등의 파악은 재무설계에서 아주 중요한 부분이다. 2단계에서 파악한 위험감수성향 및 능력에 관련된 정보를 토대로 고객의 위험감수성향과 능력을 종합적으로 분석해야 한다.

1 위험감수성향

1-1 위험감수성향의 개념

위험감수성향(risk tolerance)은 심리적인 성향(trait)이며 위험을 가지는 데 대해 어떻게 느끼는가로 측정된다. 사람마다 고유한 성격과 취향이 있는 것처럼 개개인은 고유한 위험감수성향을 가진다. 본 교재에서 언급하는 위험감수성향은 금융자산 투자에 대한 재무위험감수성향(financial risk tolerance)을 말한다.

위험감수성향도 나이에 따라 달라질 수 있다. 젊었을 때는 위험을 감수하면서 높은 수익을 추구하는 성향을 보였더라도, 나이가 들면서 위험을 감수하는 것에 부담을 느낄 수 있다.

1-2 위험감수성향의 중요성

고객의 위험감수성향을 분석하는 문제는 프라이빗뱅커에게 매우 중요한 의미를 가진다. 고객의 위험감수성향을 모르고서는 포트폴리오설계 자체를 할 수 없기 때문이다. 일반적으로 위험감수성향에 따라 고객을 위험추구형, 위험회피형 등으로 구분한다. 위험회피형인 고객에게 위험이 높은 투자자산을 권하면 위험을 제대로 관리하지 못해 투자에 실패할 우려가 있고, 위험추구형인 고객에게 안정성 위주의 투자전략을 세워주면 투자성과에 만족하지 못할 수 있다. 따라서 프라이빗뱅커는 고객의 투자위험에 대한 성향을 객관적으로 파악해야 하며, 위험과 수익에 대해 고객에게 충분히 설명을 해줌으로써 고객이 위험을 올바르게 이해할 수 있도록 조언해주어야 한다.

하지만 투자의 결과는 예기치 못한 요인들에 의해 언제든지 달라질 수 있고, 누구도 그 결과를 단정적이거나 확정적으로 예측할 수 없다. 따라서 프라이빗뱅커가 고객이 감당할 수 없는 위험을 감수하도록 설득하는 것은 금물이다.

1-3 위험감수성향의 측정

사람마다 고유한 위험감수성향이 존재한다. 따라서 위험감수성향은 개별적으로 측정되어야 한다. 개별적인 측정을 위해서는 다양한 방법이 존재한다. 프라이빗뱅커가 고객과 심층적인 면접을 통하여 고객의 위험감수성향을 파악하는 방법이 있고, 심리적인 특성을 측정하기 어렵기 때문에 개인의 인구통계적 변수와 개인이 구매하였던 금융상품을 통해 위험감수성향을 예측할 수도 있다. 혹은 위험감수성향을 측정하기 위해서 만들어진 측정도구를 사용하여 위험감수성향을 측정할 수도 있다. 측정도구를 사용할 때는 되도록 계량 심리학자(psycho-metrician)들이 만든 전문적인 측정도구를 사용하기를 권장한다.

위험감수성향을 측정할 때 주의해야 할 점은 개인의 심리적인 성향을 파악하기가 어렵다는 것이다. 한두 가지 질문으로 개인의 심리를 측정하기는 어렵다. 올바른 측정도구가 되기 위해서는 일반적으로 중·고등학교 교육을 받은 사람들이 이해할 수 있는 일상적인 생활용어를 사용해야 하며, 측정의 결과는 위험감수성향의 정도를 알 수 있도록 점수화되어서 고객을 세분화할 수 있어야 한다.

1-4 위험감수성향의 적용

고객의 위험감수성향은 크게 위험회피형·위험중간형·위험추구형으로 나눌 수 있고, 경우에 따라서 보다 세분화된 성향으로 나눌 수 있다. 예를 들어 금융투자협회의 표준투자권유준칙에 따르면 〈표 1-6〉과 같은 방식으로 분류한다. 투자자의 성향을 분류했다면 투자자에게 지체 없이 알려야 한다.

〈표 1-6〉 고객의 위험감수성향 분류

제1 방식	제2 방식	제3 방식	제4 방식
□ 고위험 – 고수익형 □ 중위험 – 중수익형 □ 저위험 – 저수익형	□ 파생상품형 □ 주식선호형 □ 성장형 □ 이자·배당형	□ 위험선호형 □ 적극형 □ 성장형 □ 안정성장형 □ 위험회피형	□ 공격투자형 □ 주식선호형 □ 주식펀드선호형 □ 고수익채권형 □ 혼합투자형 □ 안정투자선호형 □ 이자소득형

출처: 표준투자권유준칙, 2017.12.12

일반적으로 사용하는 방식은 고객의 성향을 '매우 안정형, 안정형, 중립형, 공격형, 매우 공격형'의 5가지 유형으로 구분·평가하는 것이다. 성향별 고객의 특성을 살펴보면 다음과 같다.

가. 매우 안정형

매우 안정형 투자자는 투자한 원금에 대한 손실을 원하지 않는 보수적인 투자자다. 이들은 기대수익률이 낮더라도 원금 손실이 거의 없는 안전 위주의 상품에 투자하기를 원한다.

이런 투자자들을 위한 자산 구성 시 자산관리사는 미래 확실한 원금 보전과 환금성을 고려한 투자 포트폴리오를 구성한다. 그러나 이 유형의 투자자들에게는 재무목표 달성을 위한 기대수익률을 맞추기에는 어려움이 있다는 것을 인식시킬 필요가 있다.

나. 안정형

안정형 투자자는 매우 안정형보다는 다소의 위험을 감수하나 이들 역시 안정성 위주의 투자 결정을 한다. 즉 일정 부분의 위험은 허용하지만 투자원금이 보호되는 자산에 투자하기를 원하며 상대적으로 위험도가 낮은 상품에 투자하는 경향이 있다.

안정형 투자자에게도 자산관리사는 안정성 위주의 자산 구성을 할 경우 재무목표를 달성하는 데에는 한계가 있음을 설명해야 한다.

다. 중립형

일부 투자자산에 대해 추가 수익을 기대하는 투자자로서, 자신이 원하는 기대수익을 내기 위해 어느 정도의 원금 손실은 인정하지만 많은 위험을 허용하지는 않는다. 중립형 투자자들은 기대수익을 내기 위해 주식형 상품에 투자는 하지만 시장상황이 변하면 심리적으로 불안감을 느끼고 시장 변화에 민감하게 대응하는 경향이 있다.

이런 투자자들에게 자산관리사는 안정성을 추구하는 주식형 펀드(가치주 펀드나 배당형 펀드)나 채권형 중심의 자산 구성을 해야 할 것이다.

라. 공격형

공격형 투자자는 투자자산 중 유동성 확보를 위한 일부 자산을 제외하고는 위험이 높은 자산에 투자한다. 자산을 키우고 고수익을 내기 위해 위험을 충분히 감수하는 경향이 있다. 이들은 고수익을 추구하는 투자자로서 높은 수익을 내는 데에는 위험도 함께 증가한다는 것을 인식하고 있는 사람들이다. 공격형 투자자들에게는 위험이 높은 채권형 펀드(하이일드 펀드), 주식형 펀드(성장형), REITs와 같은 부동산 펀드 등으로 자산 구성을 한다.

마. 매우 공격형

매우 공격형 투자자는 공격형 투자자와 마찬가지로 위험을 기꺼이 감수하면서 고수익을 추구하는 투자자다. 이들 투자자는 주식이나 파생상품처럼 위험이 높은 투자자산은 물론, 투자수익 가능성이 있다고 판단되면 투자자산 유형을 가리지 않고 투자한다. 원금 손실이 있더라도 높은 수익을 내기 위해 기꺼이 위험을 감수하는 투자자다.

2 위험감수능력

위험감수능력(risk capacity)은 위험을 받아들일 수 있는 재무적 능력을 말한다. 예를 들어 포트폴리오에서 5%의 손실이 발생하였다고 할 때 고객에게 재무적 타격을 얼마나 줄 수 있는가를 판단한다. 위험감수능력을 측정하기 위해서는 다음과 같은 요인들을 파악한다.

① 나이와 기대여명: 실제 투자기간(time horizon)은 얼마인가?

② 안정적인 소득수준과 지출수준: 소득이 많은 것보다 지출 대비 소득이 더 중요하다.

③ 유동성 또는 비상예비자금 규모: 위험을 대비하여 충분한 유동성을 보유하고 있는가?

④ 순자산: 투자 포트폴리오 대비 순자산 규모는 어느 정도인가?

⑤ 부채 규모 및 부채 성격: 자산 대비 부채는 어느 정도이며, 고정금리인가 아니면 변동금리인가?

⑥ 보장성 보험: 갑작스러운 질병이나 상해로 인한 소득 감소에 대비하는가?

⑦ 가족에 대한 책임: 자녀 교육, 취업 여부 등으로 파악한다.

위와 같은 요인을 가지고 위험감수능력을 점수화할 수도 있고, 3가지 유형으로 분류한다면 높음·중간·낮음으로 분류할 수 있을 것이다. 심리적 성향인 위험감수성향과 재무적 능력인 위험감수능력은 일치하지 않는 경우가 보통이다. 돈이 많다고 해서 공격적인 투자를 좋아하는 것은 아니다. 물론 위험수용능력이 높다면 좀 더 높은 위험을 감수할 수 있을 것이다. 그러나 위험감수성향이 뒷받침되지 않는다면 편안함을 느끼지 못할 수 있다. 위험감수성향과 위험감수능력은 모두 포트폴리오 구성에 중요한 영향을 주는 요인이다.

3 인지된 위험

위험감수성향, 위험수용능력 이외에도 인지된 위험(perceived risk)이 있다. 인지된 위험이란 고객이 현재 시장의 위험을 어떻게 인지하고 있는가를 의미한다. 사람들은 심리에 따라 시장의 상황에 따른 위험을 낮게 평가할 수도 있고, 위험을 아주 꺼리는 경향을 보일 수도 있다. 예를 들면 강세장(bull market)일 때는 많은 사람이 위험을 경시하고 보다 공격적으로 투자하게 되고, 약세장(bear market)일 때는 많은 사람이 위험을 너무 크게 보고 보다 안정적으로 투자하려고 한다.

위험감수성향, 위험수용능력, 인지된 위험을 합한 것을 고객의 위험감내도라고 할 수 있다. 인지된 위험이 어떻게 달라지는지를 이해하기 위해 행동경제학을 간략히 살펴보기로 한다.

4 행동경제학

4-1 행동경제학 소개

심리학의 발달이 경제학에 영향을 미쳐 탄생한 학문이 행동경제학(Behavioral Economics)이다. 전통적인 경제학에서는 재무적인 의사결정을 할 때 합리적으로 판단할 것이라는 '경제적 인간'을 전제로 하고 있다. 그런데 심리학자들은 인간이 완전히 합리적이지는 않고 그렇다고 완전히 비합리적이지도 않다는 점을 밝혀왔다.

행동경제학은 인간이 완전히 합리적이고 의지가 굳고 이기적이지는 않다는 것에서 출발한다. 행동경제학은 금융시장과 투자자들 사이에 발생하는 인간의 심리적인 현상을 파악하고 이에 대한 연구를 시도한다. 그렇지만 행동경제학에서도 인간의 합리성, 이기심, 자제력을 부정하지는 않는다. 다만 완전 합리적, 완전 이기적, 완전 자제적이지는 않다는 것이다.

허버트 사이먼(Herbert Simon)은 제한된 합리성(bounded rationality)을 주장하였다. 제한된 합리성이란 사람이 상당히 합리적이긴 하지만 완벽하게 합리적이지는 않으며, 어떤 개인이 의사결정에 관련된 모든 지식을 갖거나 그 결과를 정확히 예측할 수 없다는 것이다.

제한된 합리성에 기초하여 허버트 사이먼은 만족모형(satisfying model)을 제시하였다. 만족모형이란 합리적인 의사결정이나 최적의 대안을 선택하는 데에는 여러 가지 현실적 제약이 있기 때문에, 어느 정도 동의할 만한(agreeable) 차선의 대안을 선택함으로써 제한된 합리성을 찾을 수밖에 없다는 이론 모형이다.

4-2 휴리스틱과 편향

휴리스틱(heuristic)은 의사결정을 할 때 한정된 시간 내에 수행하기 위해 최적의 해법보다 현실적으로 만족할 만한 수준의 해법을 구하는 것을 말한다. 완벽한 의사결정을 위해 다양한 변수를 고려해야 하지만 정보의 부족과 시간상의 제약으로 불완전하지만 어느 정도 만족이 되는 방법으로 해결하는 것을 말한다. 휴리스틱에 대비되는 것이 알고리즘(algorithm)이다. 알고리즘은 일정한 순서대로 풀어나가면 명확한 해답을 얻을 수 있는 방법을 말한다.

휴리스틱은 시간이나 정보가 불충분하여 합리적인 판단을 할 수 없거나, 굳이 체계적이고 합리적인 판단을 할 필요가 없는 상황에서 사람들이 신속하게 사용하는 어림짐작이다. 사람들이 흔히 사용하는 휴리스틱에는 여러 종류가 있는데 이용가능성 휴리스틱, 대표성 휴리스틱, 기준점 설정 및 조정 등을 예로 들 수 있다.

휴리스틱을 이용하면 대부분의 경우 큰 노력을 기울이지 않고 짧은 시간에 만족스러운 해답을 얻을 수 있다는 장점이 있다. 그러한 점에서 허버트 사이먼의 만족모형과 일치하는 사고방식이다. 그러나 완벽한 해답이 아니므로 경우에 따라서는 큰 실수를 하게 되는 원인이 되기도 한다. 편향(bias)이란 휴리스틱의 결과로 나타나는 의사판단이나 의사결정의 쏠림 현상을 말한다.

가. 이용가능성 휴리스틱

의사결정을 할 때 과거의 경험 또는 기억을 토대로 이용이 가능한 사례를 생각해내고 이를 토대로 판단하는 것을 이용가능성(availability)이라 한다. 이용가능성 휴리스틱(availability heuristic)에서 이용가능성은 사실상 '기억의 용이성'을 뜻한다. 즉, 이용가능성 휴리스틱은 어떤 문제나 이슈에 직면해 새로 정보를 찾아 알아보려고 하기보다는 당장 머릿속에 떠오르는 것에 의존하거나 그것을 중요하다고 생각하는 경향을 말한다. 이때 중요한 역할을 하는 것이 장기기억이다. 저장된 기억으로부터 바로 사용할 수 있는 사례가 떠오르고, 그 사례에 따라 판단하는 것이 이용가능성 휴리스틱이다.

이용가능성 휴리스틱이 가져올 수 있는 편향 중 하나가 사후 확신 편향(hindsight bias)이다. 사람들은 사후에 "그럴 줄 알았어"라든가 "이렇게 되리라는 건 처음부터 알고 있었어"라는 말을 자주 한다. 사후 확신 편향이란 어떤 사건이 일어난 후 마치 그 결과를 예견하고 있었던 것처럼 생각하고, 사전에 예측한 가치를 과대평가하는 것을 말한다.

사후 확신 편향은 자신이 훌륭한 예언가라고 믿게 만들기 때문에 위험하다. 우리를 오만하게 만들 뿐만 아니라 그릇된 판단을 하도록 이끌기 때문이다.

나. 대표성 휴리스틱

대표성 휴리스틱(representativeness heuristic)은 어떤 사건(event)이 그 집합(class)을 대표한다고 간주하고, 이를 통해 빈도와 확률을 판단하는 것을 의미한다. 예를 들면 주가하락을 보고 경기침체를 말한다거나 한 사람을 보고 그 사람이 속한 전체 집단을 판단하는 것이다.

대표성 휴리스틱이 동원되면 주가가 계속 상승하여 다른 사람들이 돈을 벌었다고 하면 나도 주식시장에 뛰어들어 지금의 시류를 타서 수익을 내겠다는 투자성향이 나타나게 된다. 일상생활에서 대표성 오류는 큰 해를 주지 않지만, 투자 의사결정을 할 때는 주의해야 한다. 최적의 의사결정을 하지 못하게 하기 때문이다. 너무 적은 표본을 일반화하여 전체 상황으로 판단하게 되면 투자자는 손실을 보게 된다.

과거, 특히 최근 수익률에 너무 집착하는 투자는 손실을 가져오기 쉽다. 일정 기간 수익률이 과도하게 높았던 종목은 장기적으로 볼 때 시장의 평균 수익률에도 미치지 못하는 결과를 가져왔다는 점을 잊지 말아야 한다.

다. 기준점 설정 및 조정

사람들은 불확실한 크기나 규모를 평가해야 할 때 심리적인 초기 수치(기준점, anchor)를 가지고 관련된 정보를 반영하여 조정한다. 기준점 설정 및 조정(anchoring & adjustment)은 신속한 의사결정에 도움이 된다. 그러나 조정 단계에서 최종적인 예측치가 맨 처음에 설정한 기준점에 휘말려 충분한 조정이 이뤄지지 않아 편향이 발생하는 경우가 있다.

일반적인 투자자들은 주식 매매를 할 때 기준점을 단서로 삼아 판단하는 경향이 있다. 대표적인 기준점은 투자자가 판단기준으로 삼은 수치인데, 그것은 투자자들의 기억 속에 남아 있는 최근 주가나 코스피지수 등이다. 최근에 익숙하게 보았던 주가 수준에 비해 현재 주가가 하락하면 싸다고 판단하고, 현재 주가가 상승하면 비싸다고 판단하게 된다.

4-3 가치함수

사람들은 이득과 손실에 대해 가치를 부여하는데, 일반적으로 이득과 손실에 대해 동일한 평가를 하지 않으며 〈그림 1-1〉과 같은 가치함수를 나타낸다. 가치함수는 다니엘 카너먼(Daniel Kahneman)과 아모스 트버스키(Amos Tversky)가 주창한 전망이론에서 처음 제시되었다.

가치 평가의 기준이 되는 점을 준거점(reference point)이라 한다. 〈그림 1-1〉에서는 원점(현재의 부 수준)이 준거점이다. 가로축을 보면 준거점과 비교하여 원점의 우측은 이익의 크기, 좌측은 손실의 크기를 나타낸다. 세로축은 이익과 손실이 초래하는 가치의 크기를 나타내는데 원점에서 위쪽은 양의 가치, 아래쪽은 음의 가치를 나타낸다.

〈그림 1-1〉은 가치함수의 전형적인 형태를 나타낸 것이다. 하지만 모든 사람이 같은 형태의 가치함수를 갖는다는 의미는 아니다. 또한 개인이라도 결정해야 하는 문제가 무엇이냐에 따라 달라질 수 있다.

〈그림 1-1〉 가치함수

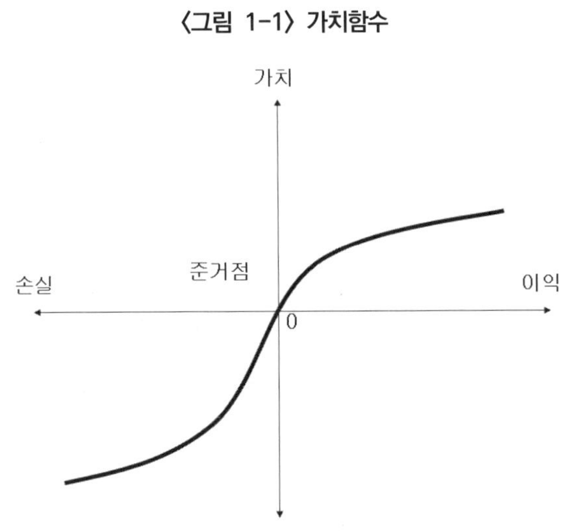

그러나 전망이론에서 가치함수의 다음 3가지 특성(준거점 의존성, 민감도 체감성, 손실회피성)은 모든 사람의 가치함수에 적용되는 것으로 가정하고 있다.

가. 준거점 의존성

가치함수의 첫 번째 특성은 준거점 의존성이다. 사람들은 가치를 준거점으로부터의 변화로 측정하거나 준거점의 비교를 통해 측정한다는 것이다. 경제학에서 효용함수가 등장한 것은 다니엘 베르누이(Daniel Bernoulli)의 기대효용이론이 최초이며, 여기서는 부(wealth)의 수준으로 효용을 측정한다.

기대효용이론은 위험회피적인 사람이 효용극대화를 목적으로 경제행위를 한다고 설명한다. 이 이론에 따르면 효용(만족)은 부의 수준에 달려 있으며, 부가 증가하면 효용도 증가하지만 그 증가율은 〈그림 1-2〉처럼 점점 감소한다. 이러한 특성 때문에 투자자가 더 부유해지면 효용함수 곡선은 더 평평해진다는 것이다. 즉 돈이 적은 상태에서는 돈이 좀 들어오면 커다란 기쁨이지만, 돈이 많은 상태에서는 이전과 같은 규모의 돈이 추가로 들어올 경우 기쁘기는 해도 예전만큼 기쁘지는 않다는 것이다.

〈그림 1-2〉 기대효용이론의 효용함수

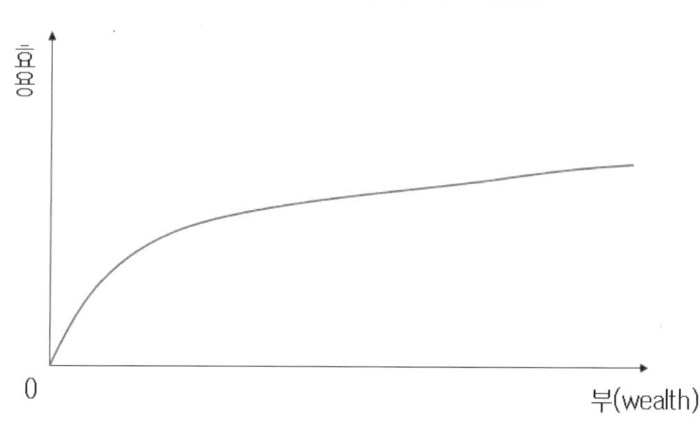

인간이 장기적인 관점에서 합리적인 행동을 한다면 이 가정이 타당하지만, 현실적인 인간 행동에서는 상당한 차이가 있다.

두 사람이 최근 한 달 동안 금융자산 증감에 대한 평가를 하였다. A는 자산이 1억 원에서 8,000만 원으로 감소하였고, B는 자산이 3,000만 원에서 4,000만 원으로 증가하였다. 누가 더 행복할까?

기대효용이론에서는 절대적인 부가 많은 A가 더 행복하겠지만, 실제로는 B라고 생각하는 사람이 많다. A는 1억 원, B는 3,000만 원이 준거점이다. 준거점에서 자산의 증가는 이익이므로 효용을 가져오지만, 자산의 감소는 손실이므로 음의 효용을 초래하기 때문이다. 기대효용이론에서는 0의 부가 0의 효용이지만, 전망이론에서는 준거점의 가치가 0이다.

효용 및 음의 효용을 주는 것은 부의 변화이며, 부의 절대량이 아니라는 생각은 해리 마코위츠(Harry M. Markowitz)의 1952년 논문에서 나타난 것이다. 마코위츠는 그 아이디어를 깊이 추구하지 않았고, 카너먼이 주장하기 전까지 경제학에서 무시되고 있었다.

나. 민감도 체감성

가치함수의 두 번째 특성은 민감도 체감성(diminishing sensitivity)이다. 이익이나 손실의 규모가 작을 때는 변화에 민감하지만, 규모가 커짐에 따라 변화에 대한 가치의 민감도는 감소한다. 이 특징은 기대효용이론의 한계효용 체감의 법칙과 같다. 〈그림 1-1〉에서 볼 수 있듯이 이익이나 손실 금액이 커짐에 따라 가치함수의 기울기가 점점 완만해지는데, 이를 '체감한다'고 말한다. 이익이 100만 원과 200만 원일 때의 가치 차이보다 900만 원과 1,000만 원일 때의 가치 차이가 적다는 것이다. 손실의 경우에도 마찬가지다.

다. 손실회피성

가치함수의 세 번째 특성은 손실회피성(loss aversion)이다. 사람들은 손실을 같은 금액의 이익보다 훨씬 크게 평가한다. 200만 원의 손실과 이익이 있다면 200만 원 손실로 인한 불만족이 200만 원 이익으로 인한 만족보다 더 크게 느껴진다는 뜻이다.

가치함수를 수치화하면 다음과 같다.

x≥0 일 때: $V(x) = x^{\alpha}$

x<0 일 때: $V(x) = -\lambda(-x)^{\alpha}$

여기서 V(x)는 x의 가치이고, λ는 손실회피 계수이다.

트버스키와 카너먼은 '$\alpha=\beta=0.88$', '$\lambda=2.25$'로 추정하였다. 손실회피계수(λ)가 2.25라는 것은 손실이 이익보다 2.25배 더 크게 평가된다는 것이다.

이 가치함수를 가지고 손익의 가치를 계산해보자.

200만 원의 이익은 '$V(200)=200^{0.88}=105.9025$'이고, 200만 원의 손실은 '$V(-200)=-2.25\times200^{0.88}=-238.28$'로 계산된다. 이와 같이 같은 금액의 손실은 이익에 비해 훨씬 큰 영향을 준다.

다음은 민감도 체감성에 대해 살펴보자.

두 번 연속 200만 원씩 얻는 이익의 가치는 '105.9025×2= 211.81'이다. 한 번에 이익 400만 원이 발생했을 때 이 이익의 가치는 'V(400)=$400^{0.88}$=194.90'으로 두 번의 200만 원 이익보다 작다.

두 번 연속 200만 원씩 손실을 보면 가치는 '−238.28×2 =-476.56'이다. 한 번에 400만 원 발생한 손실의 가치는 'V(-400)=-2.25×$400^{0.88}$=-438.53'로 두 번의 연속된 200만 원 손실보다 영향력이 작다.

이익이나 손실이 두 번 연속되면 둘을 합한 금액보다 더 큰 영향력을 갖는다는 것은 이익이나 손실을 한 번 볼 때마다 준거점이 이동한다는 것을 의미한다.

4-4 행동경제학의 활용

자산관리사가 행동경제학 이론을 활용하여 고객의 일부 비합리적 의사결정을 이해하고자 하는 것은 중요하다. 인간은 감정에 많이 좌우되며 자신을 잘 이해할수록 호감도와 신뢰도가 높아지기 때문이다. 손실을 극도로 싫어하는 감정적인 부분을 바로잡으려 하기보다는 이해하고 조금씩 바꿔나가도록 도와주어야 한다.

오늘날 금융자문업에서는 많은 양의 자료가 제공되고 있다. 금융서비스 업체는 자산배분과정을 표준화하기 위해서 자문인력이 자산배분에 앞서 고객이나 잠재고객에게 위험감수성향을 알아보기 위한 질문을 했는지를 확인한다.

위험감수성향에 관한 질문지는 기관투자자들에게는 잘 활용되고 있다. 하지만 심리학적으로 편향을 지닌 개인투자자들에게는 그렇지 못하다. 평균-분산 최적화(mean-variance optimization)에 기초한 자산 배분은 종종 단기간의 시장 변동이나 투자계획 실패에 대응하여 자산을 교체하는 사태를 초래한다. 논리적이고 합리적인 자산배분이라도 개인투자자들이 단기 손실을 못 참고 자산을 교체한다든가 단기 이익실현 유혹에 빠져서 자산을 처분할 수가 있다. 그런데 자산을 반복적으로 교체한다면 장기적으로 심각한 손실이 계속될지도 모른다. 이런 문제를 피하기 위해서 자산배분 전에 행동 편향을 확인해야만 하는 것이다.

고객에게 가장 바람직한 자산배분은 고객이 편안하다고 느끼는 장기적인 자산배분이다. 그렇지만 고객이 편안하다고 느끼는 장기 투자 프로그램이 원하던 수준의 성과에 다소 못 미칠 수도 있음을 알고 있어야 한다. 또 다른 예로, 가장 바람직한 자산배분은 고객의 자연스러운 심리적 경향과 배치될 수 있는데 고객들은 기대 수익을 최대화하기 위해 자신이 편하게 여기는 수준을 초과하는 위험을 수용할 수도 있다.

요약하면 올바른 자산배분전략은 고객이 자신의 재무목표에 도달하도록 돕는 것이며, 동시에 고객이 편안한 밤을 보낼 수 있도록 심리적 안정을 충분히 제공하는 것이다. 고객이 편안하게 느끼면서 재무목표를 달성할 수 있는 적절한 포트폴리오를 구성하고 이를 유지하는 것이야말로 자산관리사가 얻으려고 노력해야 하는 능력이다.

제3절 | 투자제안서 작성 및 사례

1 투자제안서 개요

투자제안서란 고객의 재무목표와 투자 우선순위, 투자기간, 재무상황 및 경제환경 분석을 토대로 수립한 자산배분 전략을 일목요연하게 정리하여 구체적인 상품선정에 도움이 되도록 작성한 문서이다. 필수적으로 작성해야 하는 문서는 아니지만, 고객의 자산을 효과적으로 관리하기 위해 어떠한 기준으로 자산을 배분했으며 향후 상황변화가 있을 경우 어떻게 대처해야 하는지를 판단하는 근거를 제공할 수 있다.

투자제안서의 필요성은 다음과 같다.

① 투자제안서는 고객의 성향에 맞는 금융투자상품을 선택하는 기준이다.
② 선택한 금융투자상품을 평가하고 관리하는 기준이 된다.
③ 재무목표를 달성하기 위한 과정을 인식하고 관리하는 데 도움을 준다.
④ 투자활동에 대한 지나친 공포심이나 확신을 제거하는 데 도움을 준다.
⑤ 투자성과 평가의 기본 자료가 되어 자산재배분에 도움을 준다.

2 투자제안서 작성

2-1 투자제안서의 구성요소

투자제안서에는 고객의 재무목표와 투자 우선순위, 투자기간, 재무상황 및 경제환경 분석을 토대로 수립한 자산배분 전략 등이 포함된다.

가. 고객의 재무목표와 투자기간

고객의 재무목표는 구체적이고 현실성 있는 목표이며 생애주기가 고려된 것이다. 주로 재무적인 목표가 제시되지만 비재무적 목표를 등한시하진 않는다. 생애주기에 따른 재무목표의 우선순위를 같이 기록한다.

고객의 재무목표를 달성하는 데 필요한 투자기간을 같이 기록한다. 투자기간이 길수록 위험자산에 대한 투자비중을 높일 수 있으므로 자산배분의 기초가 된다.

나. 고객이 가진 자원과 투자 제약사항

고객의 재무적 정보를 파악하여 현재 투자하고 있는 자산과 추가적으로 투자 가능한 자원을 기록한다. 비재무적 정보와 투자 제약사항도 같이 파악하여 전체적인 투자 방향을 설정한다.

다. 고객의 위험감내도와 목표수익률

고객의 위험감수성향과 위험감수능력을 기록한다. 인지된 위험은 고객에게 민감한 부분일 수 있으니, 자산배분에는 활용하되 별도로 기록할 필요는 없다. 고객의 재무목표와 위험감내도 등을 감안한 목표수익률을 제시한다.

라. 국내·외 경제환경 및 금융시장 분석

고객의 투자에 영향을 미치는 주요 국내외 경제환경 및 금융시장 동향을 분석하고 그 내용을 투자제안서에 포함한다.

마. 전략적 자산배분과 전술적 자산배분 기준

전략적 자산배분은 고객의 재무목표를 달성하기 위한 장기적 자산 구성에 대한 의사결정이다. 전략적 자산배분에 의한 자산별 투자비중과 전체 포트폴리오의 기대수익률을 제시한다. 아울러 시장의 상황이 변화하였을 때 적용할 전술적 자산배분의 기준도 같이 제시한다.

바. 성과 평가 관련 사항

투자상품에 대한 벤치마크와 모니터링 주기를 제시한다.

2-2 투자제안서의 점검

투자제안서는 작성 후 고객에게 그 내용을 설명해야 하는데, 고객에게 설명하기 전에 작성된 투자제안서가 다음의 기준에 충족하는지를 점검한다.

① 고객이 알기 쉬운 용어로 작성되었는가?
② 제안된 자산배분으로 고객의 재무목표를 충분히 달성할 수 있는가?
③ 투자제안은 현실적이며 실행 가능한가?
④ 투자제안은 장기적인 관점에서 작성되었는가?
⑤ 투자제안은 명확하게 작성되었는가?

투자제안서 작성이 끝나면 이를 토대로 구체적인 투자상품을 고객에게 제안한다. 구체적인 투자상품으로는 펀드나 ETF 등을 활용할 수 있다. 펀드를 선정할 때 기존 수익률이 최상위인 펀드를 선택하는 것은 바람직하지 않다. 높은 수익률이 펀드매니저의 능력일 수도 있지만 특정 섹터에 집중투자한 결과일 수도 있다. 따라서 과거 3~5년 동안 꾸준히 상위권을 차지하고 좋은 평가를 받은 펀드를 선택하는 것이 안전할 것이다.

고객에게 적합하다고 판단되는 투자상품에는 여러 가지가 있을 수 있다. 그중에서 3개 정도를 선정하여 고객에게 선택권을 주는 것이 좋다. 고객에게 통제권을 주는 것은 고객에게 편안함을 주는 방법 중 하나다. 고객의 선택권을 보장하기 위해 너무 많은 상품을 제안할 필요는 없다. 너무 많은 대안은 선택에 어려움을 주어 오히려 실행을 주저하게 만들 수 있다.

3 투자제안서 작성 사례

다음은 투자제안서 작성 사례다. 투자제안서에 일정한 형식은 없지만 고객의 자산배분에 필요한 사항이 빠지지 않도록 작성한다.

1. 개요

이 투자제안서는 김재환 고객님을 위한 제안서입니다. 고객님께서 제공하신 정보와 과거 경제 및 금융시장 자료를 근거로 작성되었으며 투자수익을 보증하는 보증서나 계약서가 아닙니다. 이 제안서에 사용된 자료에 질문이 있으면 언제든지 문의하시기 바랍니다.

2. 주요 재무목표

김재환 고객님의 재무목표 중 주요 목표는 다음과 같이 파악되었습니다.

우선순위	재무목표	투자기간
1	65세 은퇴 시점에 월 200만 원 추가 현금흐름 필요	15년
2	자녀의 결혼자금으로 5,000만 원 지원	10년
3	60세 퇴직 후 창업자금 마련	10년

3. 투자자산 현황

구분	투자상품	평가금액(천 원)	투자형태
단기 금융자산	MMF	50,000	1개 계좌
주식	국내 주식형펀드	120,000	2개 펀드
채권	국내 회사채펀드	130,000	2개 펀드
합계		300,000	

김재환 고객님은 상기의 투자자산 이외에 월 200만 원의 추가 투자 여력이 있습니다. 고객님은 투자에 대한 특별한 제약사항이 없는 것으로 파악되었습니다.

4. 위험감내도

위험감수성향: 중립형

위험감수능력: 중간

고객님의 위험감내도를 판단할 때 우리는 고객님께서 작성해주신 설문지와 정보를 면밀히 검토하였습니다. 검토 결과 고객님은 어느 정도의 원금 손실은 인정하지만 많은 위험을 가지기를 원하지 않으시므로 위험감수성향은 중립형으로 판단하는 것이 타당할 것으로 생각됩니다.

재무상태표와 현금흐름표 및 여러 정보를 기준으로 판단한 고객님의 위험수용능력은 중간 수준으로 판단됩니다. 예기치 못한 위험에 대비하여 공격적인 투자는 지양해야 할 것으로 판단됩니다.

5. 목표수익률

고객님의 재무목표를 달성하기 위해 필요한 수익률과 인플레이션 및 주식과 채권시장의 기대수익률을 고려한 목표수익률은 세후 연 5.0%입니다. 안전자산의 수익률이 낮으므로 목표수익률을 달성하기 위해서는 주식과 같은 위험자산에 대한 투자가 일부 포함되어야 합니다.

6. 국내·외 경제환경 및 금융시장 분석

OECD는 글로벌 경제성장률이 2025년 3.2%에서 2026년 2.9%로 둔화될 것으로 예상하고 있습니다. 미국 경제는 2026년에도 AI 투자가 성장을 이끌고 연준의 통화완화가 시장을 지지할 것으로 보입니다.

우리나라 경제는 글로벌 AI 투자 사이클에서 기회를 찾을 것이며, 반도체 업황 호조와 글로벌 제조업 반등에 따른 수출 회복으로 1.9% 성장할 것으로 예상합니다.

7. 자산배분전략

자산배분을 위한 기본 가정치는 다음의 수치를 사용하였습니다. 과거 15년간 수익률과 증권회사 리서치센터 및 연구소의 전망치를 조합하여 추정하였습니다.

경제성장률: 전 세계 2.9%, 국내 1.9%
물가상승률: 1.5%
주식 세후수익률: 국내 주식 8%, 해외 글로벌주식 9%, 해외 이머징주식 10%
채권 세후수익률: 국채 3년 2.5%, A등급 3년 회사채 3.5%
글로벌 채권: 3.2%(환 헤지 후)

(1) 전략적 자산배분

자산분류	자산군		세후 기대수익률(%)	투자비중(%)	표준편차(%)
단기금융자산	국내	MMF	1.80	10	0.0
채권	국내	국공채	2.50	20	0.5
		회사채	3.50	20	1.0
	해외	글로벌 채권	3.20	10	1.0
주식	국내	인덱스	8.00	20	15.0
		성장주	9.00	5	18.0
	해외	글로벌	9.00	10	13.0
		이머징마켓	10.00	5	18.0
합계			5.15	100	6.0

전략적 자산배분의 세후 기대수익률은 5.15%이며 표준편차는 6.0%로 추정됩니다. 이 수치는 정규분포 가정하에서 shortfall risk(부족 위험) 20% 이내 기준을 충족하고 있습니다.

(2) 전술적 자산배분

전략적 자산배분하에서 채권 50%, 주식 40%의 투자비중이 설정되었습니다.

정기적으로 모니터링하여 최초 투자비중보다 5%p 이상 변화 시 최초 투자비중으로 재조정하는 시간 리밸런싱을 적용합니다.

8. 각종 벤치마크 지표

투자 성과를 측정하기 위해 사용될 벤치마크를 다음과 같이 설정합니다.

자산분류	자산군		벤치마크
단기금융자산	국내	MMF	KIS-MMF지수
채권	국내	국공채	KIS국공채 종합채권지수
		회사채	KIS회사채 종합채권지수
	해외	글로벌 채권	Bloomberg Global Aggregate Bond Index
주식	국내	인덱스	KOSPI200
		성장주	KOSPI200 Growth Index
	해외	글로벌	MSCI ACWI Investable Market Index
		이머징마켓	MSCI Emerging Markets IMI

9. 정기적인 모니터링

자산배분에 대한 모니터링은 3개월 단위로 이뤄집니다. 모니터링 결과 이상이 없으면 기존의 자산배분을 유지합니다. 3년이 경과한 후 위험감내도를 비롯하여 모든 지표에 대한 재검토가 이뤄집니다.

작성자: 정석, 프라이빗뱅커

작성일 ____________________

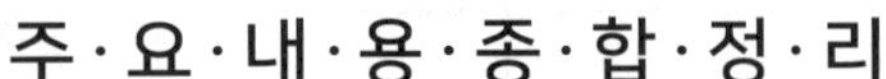

주·요·내·용·종·합·정·리

01 ▸ 포트폴리오 투자설계는 고객의 기본정보 및 재무상황 파악, 경제 환경 분석, 자산배분전략을 포함한 투자제안서 작성, 투자 포트폴리오 수립 및 개별상품 선정, 투자실행, 투자성과 평가 및 수정 순으로 이뤄진다.

02 ▸ 효율적인 포트폴리오 투자설계를 위해 우선 고객의 기본 정보를 파악해야 한다. 포트폴리오 투자설계는 고객의 재무목표를 잘 파악하고 재무목표 달성에 가장 적합한 형태로 자산을 구성하고 관리하는 것이다.

03 ▸ 적합한 투자제안서를 도출하기 위해서는 고객의 정확한 재무정보를 수집해야 한다. 정확한 자료를 수집하는 것은 성공적인 포트폴리오 투자설계와 투자결정을 위해 중요한 과정이다. 정량적 재무정보와 비재무적 정보, 투자의 제약사항, 위험감내도, 목표수익률 등의 정보를 수집한다. 아울러 국내외 경제환경 및 시장상황도 파악한다.

04 ▸ 자산배분은 크게 전략적 자산배분과 전술적 자산배분으로 나누어진다. 전략적 자산배분은 객관적인 경제 분석을 근거로 장기적인 자산배분 목표를 설정하는 과정이며 포트폴리오의 목표수익률과 허용위험을 반영하여 결정된다. 전술적 자산배분이란 저평가된 자산을 매수하고 고평가된 자산을 매도함으로써 투자성과를 높이고자 하는 전략이다.

05 ▸ 금융투자상품을 매매할 때 분산투자 차원에서 투자 스타일 분산, 투자 시점의 분산, 투자 지역의 분산, 투자 통화의 분산을 고려한다. 위험조정 성과 평가는 실현된 투자성과를 얻기 위해 부담한 위험을 고려하여 평가한 것이다. 위험조정성과지표로는 샤프지수, 트레이너지수, 젠센의 알파, 정보비율 등이 있다.

06 ▸ 위험감수성향은 심리적인 성향이며 위험을 가지는 데 대해 어떻게 느끼는가로 측정된다. 위험감수능력은 위험을 받아들일 수 있는 재무적 능력을 말한다. 인지된 위험이란 고객이 현재 시장의 위험을 어떻게 인지하고 있는가를 의미한다.

07 ▸ 휴리스틱은 의사결정을 해야 하는데 한정된 시간 내에 수행하기 위해 최적의 해법보다 현실적으로 만족할 만한 수준의 해법을 구하는 것을 말한다. 편향(bias)이란 휴리스틱의 결과로 나타나는 의사판단이나 의사결정의 쏠림 현상을 말한다.

주·요·내·용·종·합·정·리

08 전망이론에서 가치함수는 준거점 의존성, 민감도 체감성, 손실회피성향의 3가지 특성을 갖는다.

09 투자제안서란 고객의 재무목표와 투자 우선순위, 투자기간, 재무상황 및 경제환경 분석을 토대로 수립한 자산배분 전략을 일목요연하게 정리하여 구체적인 상품선정에 도움이 되도록 작성한 것이다.

연·습·문·제

01 투자설계 프로세스에 대한 설명으로 적절한 것은?

① 고객의 기대수준이 너무 높더라도 고객의 요구에 맞춰야 한다.
② 투자실적과 고객 만족도는 상관관계가 아주 높다.
③ 포트폴리오 관리 결과 수익이 발생하기만 하면 고객은 만족한다.
④ 고객은 안정적인 포트폴리오 관리를 원하더라도 공격적 투자로 높은 수익률을 달성하면 만족한다.
⑤ 기대불일치로 고객의 불만이 생기지 않게 하려면 고객의 기대치를 높이는 과도한 약속을 하지 말아야 한다.

02 고객의 재무목표 및 투자기간에 대한 설명으로 적절하지 않은 것은?

① 포트폴리오 투자설계에서 비재무적 목표도 중요하게 반영되어야 한다.
② 재무목표를 설정할 때는 구체적이고 실현 가능성이 있는 목표를 정한다.
③ 투자할 수 있는 기간이 짧다면 공격적인 투자로 빨리 자산을 형성해야 한다고 생각한다.
④ 투자기간은 개인의 재무목표가 라이프사이클상에서 어디에 위치하느냐에 따라 달라진다.
⑤ 장기 재무목표가 대부분의 가계에서 유사한 경향을 띠는 데 반해, 단기 재무목표는 개인이나 가계의 상황에 따라 차이가 크다.

03 금융투자상품을 매매할 때 분산투자 차원에서 고려해야 하는 것과 거리가 먼 것은?

① 투자 스타일 분산
② 투자 시점의 분산
③ 투자 지역의 분산
④ 투자성과 평가 분산
⑤ 투자 통화의 분산

연·습·문·제

04 전망이론의 가치함수에 대한 설명으로 적절하지 않은 것은?

① 사람들은 가치를 준거점으로부터의 변화 또는 준거점과의 비교로 측정한다.
② 사람들은 이익이나 손실의 규모가 작을 때는 변화에 민감하다.
③ 사람들은 손실을 같은 금액의 이익보다 훨씬 크게 평가한다.
④ 이익이 100만 원과 200만 원일 때의 가치 차이보다 900만 원과 1,000만 원일 때의 가치 차이가 적다.
⑤ 두 번 연속 200만 원씩 얻는 이익의 가치보다 한 번에 400만 원을 얻는 이익의 가치가 크다.

05 투자제안서에 대한 설명으로 적절하지 않은 것은?

① 투자제안서는 고객의 성향에 맞는 금융투자상품을 선택할 수 있는 기준이다.
② 투자제안서는 투자활동에 대한 지나친 공포심이나 확신을 제거하는 데 도움을 준다.
③ 투자제안서는 전문용어로 작성되어야 한다.
④ 투자제안서는 명확하게 작성되어야 한다.
⑤ 투자제안서는 현실적이며 실행 가능하여야 한다.

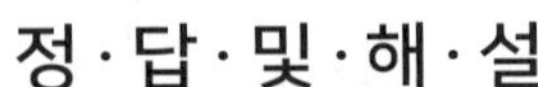

정·답·및·해·설

01 ⑤

① 고객의 기대수준이 너무 높으면 현실적 또는 합리적인 수준으로 조정해야 한다.

② 투자실적과 고객 만족도는 상관관계가 높지 않다.

③ 포트폴리오 관리 결과가 고객의 주관적인 기대치를 넘어서면 고객은 만족한다.

④ 안정적인 포트폴리오 관리를 원하는 고객이라면 공격적 투자로 높은 수익률을 달성할 경우 불편하게 느낄 수도 있다.

02 ③ 투자할 수 있는 기간이 짧다면 위험을 되도록 회피하려 한다.

03 ④ 투자 스타일 분산, 투자 시점의 분산, 투자 지역의 분산, 투자 통화의 분산이 필요하다.

04 ⑤ 두 번 연속 200만 원씩 얻는 이익의 가치가 한 번에 400만 원을 얻는 이익의 가치보다 크다.

05 ③ 투자제안서는 고객이 알기 쉬운 용어로 작성되어야 한다.

제2장

경제분석과 포트폴리오 구성

제2장 경제분석과 포트폴리오 구성

학습개요

포트폴리오 구성에 필요한 경제지표 예측에서는 경제지표를 예측하는 방법과 역사적 수익률을 분석하는 방법, 모형에 의해 자산배분 변수를 예측하는 방법에 대해 살펴본다.
경기순환 분석 및 활용에서는 경기국면과 자본시장의 관계를 짚어보고, 경기지표를 이용한 경기변동의 예측 방법과 경기순환 국면에 따른 포트폴리오 구성에 대해 살펴본다.

학습목표

- 글로벌 거시경제지표 분석방법과 국내 거시경제지표 분석방법을 이해할 수 있다.
- 평균, 표준편차, 공분산, 상관계수의 계산 방법을 이해할 수 있다.
- 베타, 듀레이션, 델타, VaR, 샤프비율, 추적오차를 이해할 수 있다.
- 현금할인모형, 위험프리미엄 방법, 자산가격결정모형을 이용한 방법을 이해할 수 있다.
- 경기와 경기변동의 의미, 경기지표를 이용한 경기변동의 예측에 대해 이해할 수 있다.
- 경기순환 국면에 따른 포트폴리오 구성에 대해 이해하고 설명할 수 있다.

제1절 | 포트폴리오 구성에 필요한 경제지표 예측

1 경제지표 예측

1-1 글로벌 거시경제지표 분석

가. 주요 글로벌 경제동향변수와 의미

세계화의 진전에 따라 전 세계 자본시장은 매우 밀접한 관련성을 갖고 변동하게 되었다. 따라서 자본시장의 미래성과를 예측하기 위해서는 국내뿐만 아니라 글로벌 경제환경의 변화와 경제상황을 분석하는 것이 중요하다. 특히 글로벌 시장의 움직임을 나타내는 주요 경제지표로서 글로벌 주요국가의 경제성장률, 물가, 기준금리, 국제원유가격, 환율 등의 움직임을 주의 깊게 분석해야 한다.

경제분석은 글로벌 경제를 분석하는 데에서 출발한다. 기업의 경영활동이 글로벌화하고 글로벌 시장의 개방과 통합이 빠르게 이루어지면서 특정 기업이 실현하는 미래의 이익과 현금흐름은 세계 각국의 경제상황과 해외의 경쟁기업, 환율, 해외 소비자의 수요변화 등에 직접적으로 영향을 받고 있다. 투자자는 글로벌 시장의 전반적인 움직임을 예측하고 각국의 미래 경제상황과 산업별 경기동향을 예측하기 위하여 세계 각국의 GDP 성장률, 금리, 환율, 국제원유가격 등의 주요 지표를 분석할 필요가 있다.

1) 세계 각국 및 산업의 경기동향과 GDP 성장률

세계 각국의 현재와 미래의 경제상황을 파악하기 위하여 분석하는 가장 기본적인 지표는 각국의 경제성장률이다. 경제성장률은 보통 GDP 성장률로 측정한다. 국내총생산(Gross Domestic Product; GDP)은 일정 기간 한 나라 안에서 생산되어 최종적으로 사용되는 재화와 서비스의 화폐가치를 모두 더한 것을 의미하며, GDP 성장률은 실질 국내총생산(GDP)이 전년도에 비하여 얼마나 증가하였는가를 나타낸다. 주의할 점은 세계 각국의 경제상황이나 산업별 동향이 같은 방향으로 움직이지 않을 수 있다는 것이다. 분석 대상 기업이 경기부진이 지속되는 국가나 산업에서 주로 경영활동을 하고 있다면 미래에 좋은 성과를 거두기를 기대하기는 어려울 것이다.

2) 국제자본시장의 이자율

세계 각국의 투자자들은 국제자본시장의 이자율 변동에 민감하게 반응하여 자본을 움직인다. 예를 들어 국제자본시장에서 중요한 위치를 차지하고 있는 미국이 금리를 인상하는 경우, 대표적인 안전자산인 미국 국채의 투자 수익률이 높아져 이에 대한 투자 수요가 증가한다. 이는 신흥시장(emerging markets) 국가에 투자되고 있던 투자자금의 이탈을 촉발하여 신흥시장 국가의 채권가격과 주가의 하락을 가져온다.

국제자본시장의 이자율 동향을 파악하기 위해 자주 이용되는 지표로는 미국 연방준비제도이사회의 기준금리, 장단기 미국 국채의 수익률, 런던국제금융시장의 은행 간 금리인 LIBOR, 유럽금융시장의 은행 간 금리인 Euribor, 싱가포르금융시장의 은행 간 금리인 SIBOR, 중국 인민은행의 기준금리 등이 있다.

3) 환율과 외환보유액

환율은 한 나라의 통화와 다른 나라 통화 간의 교환비율을 말한다. 변동환율제도하에서의 환율은 국제수지, 국내외의 이자율 차이, 인플레이션율 등의 기본적 요인과 외환시장에서의 수요와 공급 요인에 의해 결정된다. 일반적으로 국제수지가 흑자이면서 인플레이션율이 낮을수록 해당 국가의 통화가치가 높게 평가되고, 반대의 경우에는 낮게 평가된다.

투자자는 세계 무역거래에서 결제통화로 사용되고 있는 달러, 유로, 파운드, 엔, 위안 등 주요 통화의 가치변동을 주의 깊게 분석할 필요가 있다. 환율이 상승하는 경우를 예로 하여 예상되는 경제 각 부문에 미치는 주요 효과를 정리하면 〈그림 2-1〉과 같다.

〈그림 2-1〉 환율의 상승이 경제 각 부문에 미치는 효과

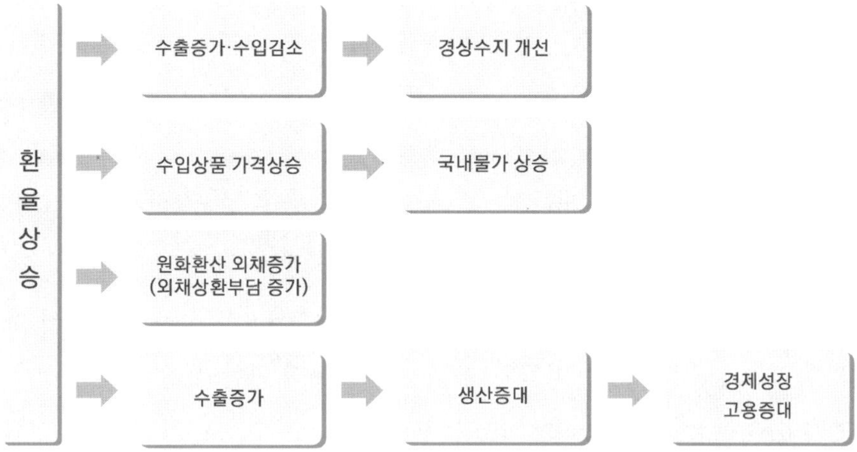

환율상승

수출증가·수입감소 → 경상수지 개선

수입상품 가격상승 → 국내물가 상승

원화환산 외채증가 (외채상환부담 증가)

수출증가 → 생산증대 → 경제성장 고용증대

출처: 한국은행(2013), 알기 쉬운 경제 이야기

한편, 세계경제의 불확실성이 커지고 환율변동이 심해짐에 따라 국가경제의 안정성을 평가하는 지표로서 외환보유액의 중요성이 커지고 있다. 한 나라의 외환보유액이 그 나라의 대외부채와 수출입에서 발생하는 외화지급규모를 충분히 방어할 수 있는 수준에 미달하는 경우, 외환위기가 발생하고 모라토리엄(moratorium)에 빠질 위험이 있다. 따라서 주요 국가의 외환보유액과 적정 보유 규모를 평가하는 것이 세계경제에 대한 분석에서 중요하다.

4) 원자재의 가격

주요 원자재의 가격은 기업의 경영성과에 큰 영향을 미치므로 주요 원자재의 가격동향을 분석하는 것 또한 중요하다. 특히 원유, 구리, 아연, 철광석 등과 대두, 옥수수 등 농산물의 가격동향은 매우 중요한 의미를 갖는다. 국제 원자재가격의 동향을 종합적으로 나타내 주는 지표로서 국제 상품가격지수가 있는데, 톰슨로이터/코어커머디티 CRB지수가 대표적이다. CRB지수는 19개 원자재 선물가격을 평균하여 만드는데, 자원시장의 동향을 비교적 정확하게 반영한다. 한편, 원유가격의 동향을 알아보기 위해서는 유럽 북해산 경질유나 미국 서부텍사스산 중질유(WTI)의 가격, 두바이유의 가격을 참고하면 된다(finance.yahoo.com/commodities 참조).

5) 주요국가의 주가지수

주식시장의 전반적인 주가 움직임을 나타내는 주가지수는 특정 시점의 경제상황을 나타낼 뿐만 아니라 미래의 경제예측까지를 반영하는 대표적인 지표이다. 주가지수는 미래에 대한 투자자의 기대와 전망까지 반영하기 때문이다. 효율적인 투자를 위해서는 세계 증권시장의 움직임을 파악하고 예측하는 일이 매우 중요하며, 이에 따라 여러 관련 기관에서는 세계증권시장의 움직임을 나타내주는 대표적인 지표들을 개발하여 제공 하고 있다.

대표적인 세계주가지수로 MSCI(Morgan Stanley Capital International)가 발표하는 세계지수(MSCI world index), 미국과 캐나다시장을 제외한 선진 주식시장을 대상으로 하는 EAFE(Europe, Australasia and Far East)지수, 파이낸셜타임즈(Financial Times)사의 FTSE All-World index series가 있다. 이러한 세계주가지수 외에도 주요국가의 주식시장 움직임을 나타내는 주가지수로 미국의 S&P500과 Nasdaq 지수, 일본시장의 Nikkei225지수, 중국시장의 상하이종합지수, 홍콩시장의 항셍지수 등이 있으며 이 지수들의 움직임을 주의 깊게 관찰할 필요가 있다.

6) 정치적 위험, 무역정책, 노동시장상황, 기타 규제상황 등

각국의 정치적 위험 역시 세계경제환경에 대한 분석에서 빼놓아서는 안 될 중요한 요소이다. 최근에 유로존에서 발생한 그리스에 대한 구제금융이나 영국의 유럽연합 탈퇴 위험은 정치적 위험이 기업활동에 어떤 영향을 미칠 수 있는지를 잘 보여준다. 각국의 무역정책이나 자본이동에 대한 규제, 실업률 등도 세계경제환경을 분석할 때 주의를 기울여야 하는 요소이다.

나. 데이터 수집

글로벌 시장의 움직임을 나타내주는 주요 변수들에 대한 정보는 다양한 원천에서 얻을 수 있다. 필요한 정보를 대금을 지불하고 구입할 수도 있고, 일반에 허가된 사이트에서 다운받을 수도 있다. 자유로이 이용할 수 있는 대표적인 정보수집 원천은 다음과 같다.

1) IMF Principal Global Indicators

세계주요국가(G20)의 GDP 성장률을 비롯하여 환율, 대외부채, 외환보유액, 장단기 이자율, 실업률, 소비, 산업생산, 소비자물가지수 등에 대한 신뢰할 수 있는 정보를 구할 수 있다(www.principalglobalindicators.org).

2) 국제금융센터

세계주요국가의 이자율 정보를 구할 수 있다(www.kcif.or.kr).

3) 블룸버그(Bloomberg) 등의 유료 정보제공 업체

세계주가지수와 주요국가의 실시간 주가지수 자료를 유료로 제공받을 수 있다.

4) 금융 관련 인터넷 사이트(finance.yahoo.com)나 증권회사 홈페이지 등

세계주가지수와 주요국가의 과거 및 현재 주가지수 자료를 구할 수 있다.

1-2 국내 거시경제지표 분석

가. 주요 국내 경제동향변수와 의미

국내 경제동향을 나타내는 주요 경제변수는 앞서 살펴본 글로벌 경제동향을 나타내는 경제변수와 크게 다르지 않다. 국내의 GDP 성장률, 소비자물가지수, 시장이자율, 통화량, 국제수지, 미국 및 중국 등 주요국가의 통화에 대한 환율, 실업률, 산업생산 등이 주된 분석요소이다.

1) 경제 성장률

경제 성장률은 보통 국내총생산(GDP) 성장률로 측정한다. 우리 경제의 경우 수출입이 차지하는 비중이 매우 크기 때문에 글로벌 시장의 흐름을 파악하는 것이 특히 중요하다. 미국, 유럽연합, 일본 등 선진국의 경제전망만이 아니라 중국, 인도, 브라질 등 신흥시장의 경제성장 전망도 함께 분석해야 한다.

2) 물가와 인플레이션

물가란 경제 내에서 거래되는 각종 재화와 서비스의 가격을 뜻한다. 소비자물가지수(consumer price index; CPI)는 소비자가 일상 소비생활에서 구입하는 상품과 서비스 481개의 가격을 대상으로 일반물가수준을 나타내는 대표적인 지표이다. 일반물가수준을 파악함과 함께 중요 원자재의 가격동향을 분석하는 것 역시 중요하다. 물가의 전반적인 동향, 즉 일반물가동향은 경제활동 전체에 영향을 미치므로 일부 원자재가격의 상승과 같이 특정 산업이나 기업에만 영향을 미치는 경우와는 별도로 파악해야 한다. 생산자물가지수(producer price index; PPI)는 국내에서 생산되어 국내시장에 출하되는 재화와 서비스 884개 품목의 가격을 대상으로 산출하는 지수이다.

인플레이션은 물가수준이 오르는 현상을 말하며, 인플레이션이 발생하면 화폐의 구매력이 감소한다. 인플레이션이 크게 발생하면 제품의 제조원가가 상승하는 한편, 소비자의 실질소득은 감소하여 구매력이 감소하므로 제품 수요가 줄어들게 된다. 그 결과 기업의 영업성과에 나쁜 영향이 미치고, 개인은 금융자산보다는 인플레이션에 따라 가격이 상승할 수 있는 부동산과 같은 실물자산을 선호하게 된다. 따라서 심각한 인플레이션 기간에는 주가가 큰 폭으로 하락하는 것이 일반적이다.

3) 이자율

한 국가의 이자율 수준은 기본적으로 경제 성장률과 인플레이션에 대한 예상, 자금에 대한 수요와 공급으로 결정된다. 그러나 이자율이 경제활동에 미치는 영향이 크기 때문에, 실제로는 정책당국이 경기동향이나 경제실정에 맞추어 직간접적으로 이자율수준에 영향력을 행사한다.

이자율 수준의 변동은 기업경영에 매우 큰 영향을 미친다. 이자율이 상승할 경우 부채를 많이 쓰는 기업은 금융비용의 부담이 늘어나 영업성과가 악화되고, 반대로 이자율이 하락할 경우에는 그만큼 금융비용의 부담을 덜게 되어 영업성과가 호전된다.

또한 이자율이 변화하면 투자자의 요구 수익률이 변화하며, 따라서 채권가격이나 주가가 변동하게 된다. 일반적으로 이자율이 상승할 것으로 예상되면 주가나 채권가격이 하락하고, 이자율이 하락할 것으로 예상되면 주가나 채권가격이 상승한다.

한편 효율적인 시장에서 단기 이자율은 현시점에서의 경기상태를, 장기 이자율은 향후 경기상태에 대한 시장참여자들의 예상을 반영하는 지표로 사용된다. 또 장기 이자율과 단기 이자율의 차이, 즉 장단기금리차는 실물경제의 선행지표 역할을 한다. 일반적으로 장단기금리차의 축소 또는 역전 현상(장기 이자율이 단기 이자율보다 낮은 현상)을 미래 경기둔화의 신호로 해석하고, 장단기금리차 확대를 향후 경기호전 신호로 해석한다.

4) 환율과 원자재 가격

환율은 국제수지·국내물가·내외금리차 등 경제여건에 따라 변동하지만, 역으로 환율의 변동이 국제수지·국내물가·생산·고용 등 국민경제에 큰 영향을 미치기도 한다.

환율이 하락하여 원화가치가 상승하면 달러로 표시한 수출상품의 가격이 올라 경쟁국 제품에 비해 가격이 비싸지므로 외국으로부터의 주문량이 줄어든다. 수출이 줄어들면 경제성장이 둔화되고 실업자가 늘어나는 등 고용사정이 어려워진다. 그러나 원화가치 상승이 부정적 효과만 가져오는 것은 아니다. 환율이 내려가면 외국에서 수입하는 원재료나 중간재의 가격이 떨어져 상품의 생산비용을 감소시킴으로써 국내물가를 안정시킨다. 또한 원화가치가 상승하면 국외에서 자금을 차입한 국내기업의 원화기준 원리금 상환부담이 경감되는 긍정적인 측면도 있다.

한편 환율이 상승하여 원화가치가 하락하면 달러화표시 국내 상품의 가격이 하락함으로써 수출이 늘어나고 수입은 줄어들어 경상수지의 개선을 기대할 수 있다. 수출증가로 경제성장이 촉진되면서 일자리도 더 많이 생겨난다. 그러나 원자재 및 부품의 해외의존도가 높은 나라의 경우 원자재 및 부품을 높은 가격을 주고서라도 수입할 수밖에 없기 때문에 수입의 감소가 제한적일 가능성도 있다. 또한 환율상승으로 수입원자재 가격이 상승함에 따라 국내물가가 상승하며, 외국 빚을 지고 있는 기업들의 원화기준 원리금 상환부담이 가중되는 부작용도 발생한다.

〈표 2-1〉 환율변동의 효과

	환율하락(원화가치 상승)	환율상승(원화가치 하락)
수출	수출상품가격 상승(수출감소)	수출상품가격 하락(수출증가)
수입	수입상품가격 하락(수입증가)	수입상품가격 상승(수입감소)
국내물가	수입원자재가격 하락(물가안정)	수입원자재가격 상승(물가상승)
외채보유기업	원화환산 외채 감소 (원리금 상환부담 경감)	원화환산 외채 증가 (원리금 상환부담 증가)

출처: 한국은행(2014), 알기 쉬운 경제지표해설

원자재는 원유, 농산물, 금속과 같이 각종 공산품의 생산에 투입되는 원료이다. 국제원자재가격(commodity price)은 각 원자재별로 대표적인 시장에서 거래되는 기준 가격을 의미하며, 국내 생산자물가 및 소비자물가에 선행하여 움직인다. 우리나라의 경우 부존자원이 부족하여 원자재 대부분을 수입에 의존한다. 이에 따라 원유·구리·아연·철광석과 같은 원자재, 대두·옥수수 등 농산물의 가격동향이 기업경영에 큰 영향을 미친다.

5) 통화량

통화량이란 시중에 풀려 있는 돈의 양을 말한다. 경제의 규모나 여러 가지 여건에 비하여 시중에 돈이 너무 많이 풀려 통화량이 많아지면 부동산투기가 일어나기 쉬우며, 반대로 지나치게 적게 공급되면 생산·투자·소비 등 경제활동이 위축되어 경기후퇴를 가져오기 쉽다.

통화량과 주가의 관계는 정(+)의 상관관계가 있다. 즉, 통화량이 증가하면 '설비투자 증가 → 기업실적 향상 → 주당순이익 증가'로 주가가 상승하는 경로, 주식수요가 늘어나 주가가 상승하는 경로, '실질이자율 하락 → 주식에 대한 요구 수익률 하락'으로 주가가 상승하는 경로 등으로 구분할 수 있다. 일반적으로 통화량의 감소가 예상되면 주가는 하락하고 통화량의 증가가 예상되면 주가는 상승한다. 그러나 지나치게 많은 통화가 공급되면 인플레이션 우려 때문에 오히려 주가가 하락하게 된다.

6) 국제수지

국제수지란 일정 기간에 한 국가가 외국과 거래를 함으로써 발생한 수입과 지출의 차이를 의미한다. 우리가 상품을 사고팔 때 대금을 주고받는 것처럼 국제거래에서도 대금의 결제가 이루어진다. 여기서 국제거래는 한 국가의 거주자와 비거주자 사이의 거래를 가리킨다. 한 나라가 일정 기간 국제거래를 하면 수출이나 해외건설 등으로 벌어들인 외화와 수입이나 해외여행 등으로 지급한 외화 사이에 차액이 발생하게 되는데, 이를 국제수지라 한다. 이때 나라 안으로 들어온 외화가 나라 밖으로 나간 외화보다 많을 경우 국제수지가 흑자라고 하고, 반대의 경우는 국제수지가 적자라고 한다.

우리나라의 국제수지는 한국은행이 작성하는 국제수지표에 나타나 있는데, 이 표는 경상계정·자본계정·금융계정으로 구분되어 있다. 국제수지의 분류를 표로 나타내면 〈표 2-2〉와 같다.

〈표 2-2〉 국제수지의 분류

상위계정	하위계정	예
경상계정	상품	일반상품의 수출과 수입, 중개무역 순수출
	서비스	가공서비스, 운송, 여행, 건설, 통신, 지적재산권 사용료
	본원소득	급료 및 임금, 배당 및 이자 등의 투자소득
	이전소득	무상원조, 증여성 송금
자본계정	자본이전	자산 소유권의 무상이전, 채권자에 의한 채무 면제
	비생산-비금융자산	상표권과 같은 무형자산의 취득과 처분
금융계정	직접투자	경영참여를 통해 지속적인 이익을 얻으려는 목적의 직접투자
	증권투자	주식 및 채권
	파생상품투자	선도형, 옵션형 파생상품
	기타 투자	무역신용, 장단기 대출 및 차입, 현금 및 예금 등
	준비자산증감	거래적 요인에 의한 외환보유액의 변화

출처: 이준구·이창용(2017), 경제학 들어가기, 문우사

수출 호조와 서비스수지의 개선으로 경상수지가 흑자를 기록하는 동시에 자본수지가 흑자를 보일 때는 주가가 상승한다. 반대로 수출이 부진하고 수입이 증가함으로써 상품수지가 적자가 되고 해외여행 증가 등으로 서비스수지가 적자일 경우에는 경상수지가 적자를 기록하게 되며, 이는 주가가 하락하는 요인으로 작용한다.

7) 실업률

경제학에서 '실업자'라는 말은 단순히 직업이 없는 사람을 뜻하는 것이 아니라, 일할 의사가 있는데도 직장을 얻지 못한 사람을 의미한다. 경제상황이 나빠지면 일자리를 잃은 사람이 많아져 실업률이 높아진다. 반대로 경기가 좋아져 기업이 고용을 늘리면 그만큼 실업률은 낮아진다.

〈그림 2-2〉 우리나라의 노동시장

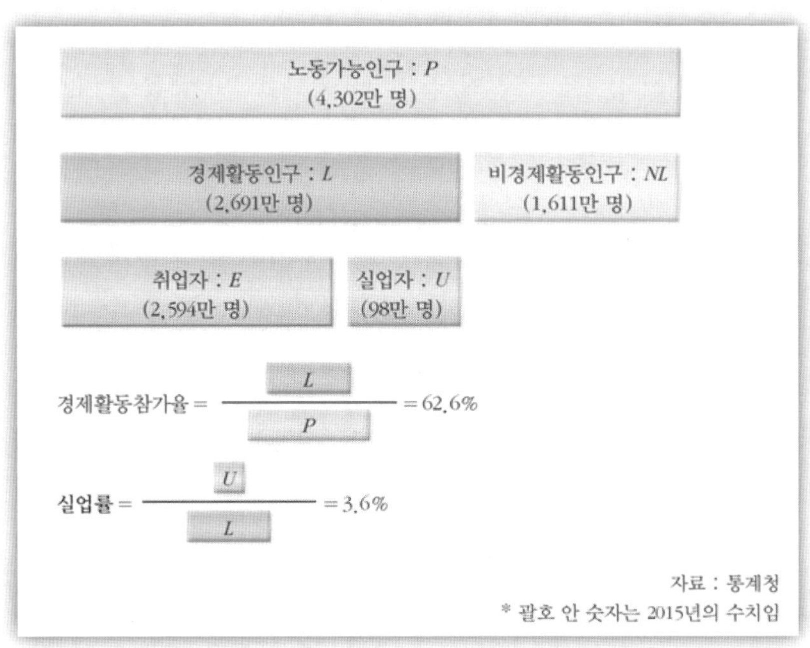

출처: 이준구·이창용(2017), 경제학 들어가기, 문우사

그러나 실업률이 낮아졌다고 해서 반드시 경제사정이 좋아진 것이라고 말할 수 있는 것은 아니다. 실업률은 구직의사가 있는 경제활동인구를 대상으로 측정되는데, 일자리를 구하던 사람이 경기침체로 취업 가능성이 매우 낮아 아예 취업을 포기한 사람은 실업자에 포함되지 않기 때문이다.

실업률에 관한 통계치로는 국가데이터처에서 발표하는 실업자 수와 실업률 등이 있으며, 한국은행은 전반적인 노동시장 상황을 판단할 수 있는 노동시장상황지수를 개발해 발표하고 있다. 노동시장상황지수는 실업률과 경제활동참가율, 민간부문 고용률, 불완전 고용률,

임금상승률, 임시직 고용률, 자발적 퇴직률, 해고율, 구인구직비율, 평균근로시간 등 우리나라 노동시장 여건을 보여주는 10개 항목을 이용해 산출된다.

8) 산업생산지수

경제상황을 판단하는 지표로 산업생산지수가 자주 이용된다. 산업생산지수는 국내에서 각종 상품의 생산 활동이 과거에 비해 얼마나 증감하였는지를 조사한 것이다. 산업생산지수는 크게 광공업생산지수, 서비스업생산지수, 건설업생산지수, 공공행정활동지수, 농림어업생산지수와 이들을 종합한 전(全)산업생산지수로 나누어진다. 이 중 경제상황을 판단하는 지표로 광공업생산지수가 자주 이용되어왔다.

한편, 전산업생산지수(Index of All Industry Production; IAIP)는 우리나라 경제 전체의 모든 산업을 대상으로 재화와 용역에 대한 생산활동 동향을 월별로 집계하여 단일지수로 나타낸 것이다. 산업생산지수는 국가데이터처에서 월 단위로 발표한다.

나. 데이터 수집

필요한 정보를 대금을 지불하고 구입할 수도 있고, 일반에 허가된 사이트에서 다운받을 수도 있다. 한국은행, 한국금융투자협회, 한국거래소, 국제금융센터 등에서 국내 거시경제변수 및 금융 관련 데이터를 손쉽게 얻을 수 있고, 인터넷을 통해서도 다양한 정보를 얻을 수 있다.

1) 한국은행 경제통계시스템

GDP 성장률, 이자율, 물가, 환율, 산업생산, 노동시장상황지수, 국제수지 등 경제 전반에 대한 주요 정보를 얻을 수 있다(ecos.bok.or.kr).

2) 한국금융투자협회

주가지수, 이자율 등 금융 관련 데이터를 얻을 수 있다(www.kofia.or.kr).

3) 한국거래소

주식시장 관련 데이터를 얻을 수 있다(www.krx.co.kr).

4) 산업통상자원부

주요 원자재가격에 관한 정보를 얻을 수 있다(www.motie.go.kr).

5) 국가통계포털

실업률, 실업자수, 산업생산지수 등의 자료를 얻을 수 있다(kosis.kr).

6) 기타

네이버금융(finance.naver.com), 다음금융(finance.daum.net) 등에서 환율, 금리, 주가 등의 과거 데이터를 얻을 수 있다.

2 역사적 수익률 분석

2-1 자산군별 과거의 투자 성과와 통계치

자산배분을 위해 필요한 정보는 기본적으로 미래 투자기간에 대한 투자 성과의 예측을 통하여 구해야 할 것이다. 그렇지만 현실적으로는 미래 예측에 어려움이 있고, 예측치에 대한 신뢰도의 문제가 있어 많은 경우 과거의 평균치를 구하여 이용하게 된다. 이 경우 구하려는 특정 변수가 취할 수 있는 모든 값을 얻을 수는 없으므로 모집단통계치(population statistics)를 구하는 것은 불가능하다. 대신 과거 일정 기간에 대한 자료(즉, 표본)를 관찰하여 이로부터 모집단통계치를 추정하게 된다. 이렇게 하여 얻은 통계치를 표본통계치(sample statistics) 또는 과거통계치(historical statistics)라고 한다.

2-2 과거통계치의 계산 방법

투자대상 자산의 과거수익률 자료를 바탕으로 과거통계치를 구하고, 이를 자산배분에 이용할 수 있다. 대표적 통계수치로 수익률의 평균(기댓값), 분산과 표준편차, 공분산, 상관계수를 들 수 있다.

가. 평균

과거 몇 년 동안의 수익률 평균을 구하는 방법에는 2가지가 있다. 하나는 산술평균(arithmetic mean)으로, 여러 해의 연간 수익률을 합하여 투자한 연수(n)로 나누면 된다. 다른 하나는 기하평균(geometric mean)으로, '1+연간 수익률'을 계속 곱하고 n제곱근을 씌워 계산한다.

$$산술평균수익률 = \frac{\sum(연간수익률)}{n}$$

$$기하평균수익률 = [\prod_{1}^{n}(1+연간수익률)^{1/n} - 1] \times 100$$

예를 들어 주식가격이 20,000원에서 1년 후 40,000원으로 상승하고 2년 후 20,000원으로 하락하였다고 가정할 때 산술평균수익률과 기하평균수익률을 구하면 다음과 같다.

연도	연초 가치(원)	연말 가치(원)	연간 수익률(%)
1	20,000	40,000	+100
2	40,000	20,000	-50

- 산술평균수익률 = (+100%-50%)/2 = 25%
- 기하평균수익률 = $[\{(1+1)\times(1-0.5)\}^{1/2}-1]\times 100 =$ 0%

위의 예에서 나타나듯이, 수익률을 평균하면 산술평균수익률은 기하평균수익률보다 높게 계산될 여지가 많다. 따라서 과거 여러 기간에 걸친 투자수익률을 계산할 경우 기하평균수익률을 계산하는 것이 더 적절한 방법이다.

산술평균수익률은 미래 기대되는 수익률 예측에 활용될 수 있다. 앞의 예에 사용된 주식의 1년 후 기대수익률을 생각한다면 100% 상승할 가능성과 50% 하락할 가능성이 있으므로 평균적으로 25%의 수익률이 기대된다고 볼 수 있다.

나. 분산과 표준편차

분산과 표준편차는 대표적인 위험 측정치이다. 확률변수 X에 대하여 과거 T기 동안의 표본(과거 자료)이 주어지면, X의 표본분산(sample variance)은 다음과 같이 구해진다. 여기서 μX는 X의 평균을 의미한다.

$$\text{표본분산 } S_X^2 = \frac{(X_1 - \mu_X)^2 + (X_2 - \mu_X)^2 + \cdots + (X_n - \mu_X)^2}{n-1}$$

위의 식에서 'n'이 아닌 'n-1'로 나누어주는 이유는 다음과 같다. 표본자료의 경우 모집단의 기댓값(평균)을 모르기 때문에 표본평균을 이용하여 평균으로부터의 편차를 구하고 분산을 계산하게 된다. 이때 표본평균을 구하기 위해서 최소한 1개의 관측치가 필요하고, 결과적으로 분산을 구하는 데 이용되는 관측치는 'n-1'개가 이용되기 때문이다.

표준편차는 분산의 제곱근을 구한 것으로 다음과 같이 나타낼 수 있다.

$$\text{표본표준편차 } S_X = \sqrt{S_X^2}$$

분산이나 표준편차는 위험을 나타내는 지표이므로 클수록 위험이 높다는 의미다. 동일한 기대수익률을 나타내는 두 상품이 있는 경우 분산이나 표준편차가 낮은 상품이 높은 상품을 지배하게 된다.

수익률의 분포가 정규분포 형태를 띤다면 〈그림 2-3〉과 같은 분포곡선 모양을 나타낸다. 〈그림 2-3〉은 평균이 0이고 표준편차가 1인 정규분포곡선이다. 평균에 표준편차의 1배를 더하거나 빼면 일정한 수익률 구간이 생성된다. 실제수익률이 '평균 ± 1표준편차' 구간 안에 위치할 확률은 68.27%이다. '평균 ± 2×표준편차' 구간은 95.45%의 확률을 가지며, '평균 ± 3×표준편차' 구간은 99.73%의 확률을 가진다.

〈그림 2-3〉 정규분포곡선

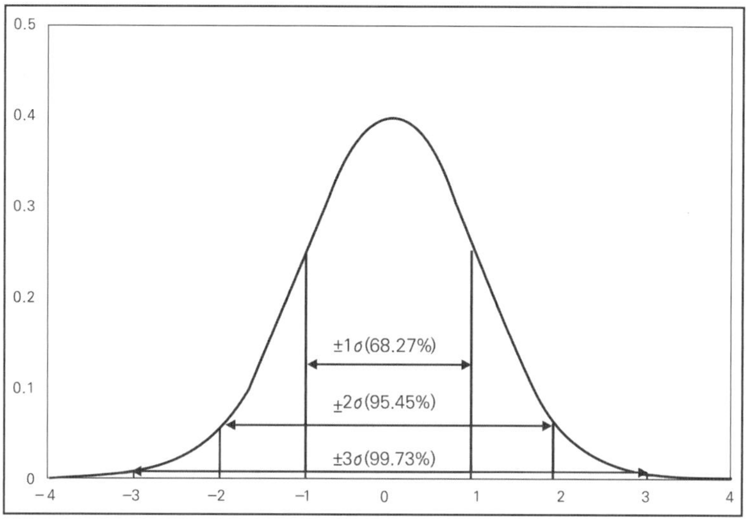

다. 공분산

공분산은 두 확률변수가 상호 관련되어 있는 정도를 측정하는 통계치다. 과거 자료를 이용하는 경우 두 확률변수 X와 Y의 표본공분산은 다음 식을 이용하여 계산한다.

$$\text{표본공분산 } S_{XY} = \frac{(X_1-\mu_X)(Y_1-\mu_Y)+(X_2-\mu_X)(Y_2-\mu_Y)+\cdots+(X_n-\mu_X)(Y_n-\mu_Y)}{n-1}$$

공분산이 양수이면 두 자산의 수익률이 같은 방향으로 움직이는 경향이 있다는 것을 의미하고, 공분산이 음수이면 두 자산의 수익률이 반대로 움직이는 경향이 있다는 것을 의미한다.

라. 상관계수

공분산은 두 확률변수가 상호 관련되어 움직이는 방향성을 나타내주기는 하지만, 단위 조정이 안 되어 있어 구체적인 상관관계를 나타내는 데에는 한계가 있다. 따라서 공분산을 각 변수의 표준편차 곱으로 나누어 표준화한 상관계수가 상관관계를 파악하는 데 자주 이용된다. 표본상관계수는 다음과 같이 공분산을 X의 표준편차와 Y의 표준편차를 곱한 값으로 나누어 계산한다.

$$\text{표본상관계수 } \rho_{XY} = \frac{S_{XY}}{S_X \times S_Y}$$

상관계수는 -1에서 +1까지의 값을 갖는다. 두 자산의 상관계수가 +1이라면 두 자산의 수익률이 항상 같은 방향으로 움직인다는 의미이고, 상관계수가 -1이라면 두 자산의 수익률이 항상 다른 방향으로 움직인다는 의미이다. 상관계수가 0이면 아무 관계가 없다는 의미이며, 상관계수가 +0.5라면 두 자산의 수익률이 같은 방향으로 움직이는 경향이 있지만 항상 그렇지는 않다는 것을 의미한다. 분산투자효과를 높이려면 상관계수가 낮은 자산끼리 조합하는 것이 필요하다.

〈표 2-3〉 엑셀을 활용한 과거 통계치 계산

기간: 2022년 12월 26일 ~ 2023년 12월 26일 주간 자료

주간	코스피지수	수익률	삼성전자	수익률
2022-12-26	2,236.40	A	55,300	B
2023-01-02	2,289.97	2.37%	59,000	6.48%
2023-01-09	2,386.09	4.11%	60,800	3.01%
2023-01-16	2,395.26	0.38%	61,800	1.63%
…	…	…	…	…
2023-12-04	2,517.85	0.51%	72,600	0.83%
2023-12-11	2,563.56	1.80%	73,300	0.96%
2023-12-18	2,599.51	1.39%	75,900	3.49%
2023-12-26	2,655.28	2.12%	78,500	3.37%
평균수익률(주간)		0.33%		0.67%
수익률(연간)		17.17%		35.03%
수익률표준편차(주간)		1.91%		2.62%
수익률표준편차(연간)		13.81%		18.90%
공분산(KOSPI)				0.0003668
상관계수(KOSPI)				0.7307

엑셀 프로그램을 이용하면 과거 통계치를 쉽게 계산할 수 있다.

① 주간 수익률은 Excel 함수 ln(금주 종가/전주 종가)로 로그 수익률을 계산한다.
② 평균수익률(주간)은 Excel 함수 AVERAGE(A, B 영역 지정)를 이용하여 각각 계산한다.
③ 수익률(연간)은 Excel 함수 ln(금년도말 종가/전년도말 종가)로 로그 수익률을 계산한다.
④ 수익률표준편차(주간)는 Excel 함수 STDEV.S(A, B 영역 지정)를 이용하여 각각 계산한다.
⑤ 주간 수익률표준편차를 연간 수익률표준편차로 전환할 때는 다음과 같이 계산한다.

$$\text{연간 수익률표준편차} = \text{주간 수익률표준편차} \times \sqrt{52}$$

⑥ 표본공분산은 Excel 함수 COVARIANCE.S(A 영역, B영역)를 이용하여 계산한다.
⑦ 표본상관계수는 Excel 함수 CORREL(A 영역, B영역)를 이용하여 계산한다.

상관계수를 공식에 의해서도 구할 수 있다.

상관계수 = 공분산/(A표준편차×B표준편차)
= 0.0003668/(0.0191×0.0262) = 0.7307 (참값으로 계산하면 Excel 값과 동일)

2-3 자본시장기대치 추정을 위한 리스크 요소

자본시장기대치를 추정하기 위해서는 다양한 정보가 활용된다. 앞서 살펴본 평균(기댓값), 분산(또는 표준편차), 공분산 및 상관계수를 포함하여 이들로부터 계산된 베타, VaR(Value at Risk), 추적오차(tracking error), 듀레이션(duration), 샤프비율(Sharpe ratio) 등 다양한 정보가 이용된다.

가. 평균, 분산, 표준편차

자산들에 대한 수익률의 평균, 분산, 표준편차 정보는 마코위츠의 평균-분산 모형을 이용한 자산배분에 기본정보로 이용된다.

나. 공분산과 상관계수

자산들 간에 갖는 상관관계를 나타내는 공분산과 상관계수는 자산배분을 위한 핵심정보다.

여러 자산에 분산투자하여 포트폴리오를 구성하고 그 성과를 평가하기 위해서는 자산들 간의 공분산과 상관계수를 필수적으로 파악하여야 한다.

다. 베타(β)

위험에 상응하는 적정수익률(또는 균형수익률)은 투자의 기대수익률을 추정하고 성과를 평가하는 데 필수적인 정보이다. 균형수익률을 계산하는 모형으로 자본자산가격결정모형(CAPM)이나 다요인모형을 이용하는 경우, 각 자산수익률이 시장포트폴리오나 요인포트폴리오에 대해 갖는 체계적 위험의 측정치인 베타(beta, β)를 계산하여 이용하여야 한다. CAPM하에서 자산 i의 베타는 다음과 같이 계산된다.

$$\beta_i = \frac{Cov(R_i, R_M)}{\sigma^2_{R_M}} = \frac{\sigma_{R_i}}{\sigma_{R_M}} \times \rho_{R_i R_M}$$

$Cov(R_i, R_M)$: i자산 수익률과 시장포트폴리오 수익률의 공분산

$\sigma^2_{R_M}$: 시장포트폴리오 수익률의 분산

σ_{R_i} : i자산 수익률의 표준편차

σ_{R_M} : 시장포트폴리오 수익률의 표준편차

$\rho_{R_i R_M}$: i자산수익률과 시장포트폴리오 수익률의 상관계수

베타는 체계적인 위험을 나타내는 지표이며, 베타가 큰 자산일수록 시장포트폴리오 수익률의 변동에 대하여 보다 민감하게 반응한다고 할 수 있다. 베타가 클수록 체계적인 위험이 크다고 판단하며, 베타가 작을수록 체계적인 위험이 작다고 판단한다.

2025년 1월~2025년 12월 주간 자료를 통해 KOSPI지수와 삼성전자, 현대차, 삼성바이오로직스, NAVER 주식의 주간 수익률을 산포도로 나타내면 〈그림 2-4〉와 같다.

〈그림 2-4〉 KOSPI지수와 개별주식 수익률 산포도 및 추세선

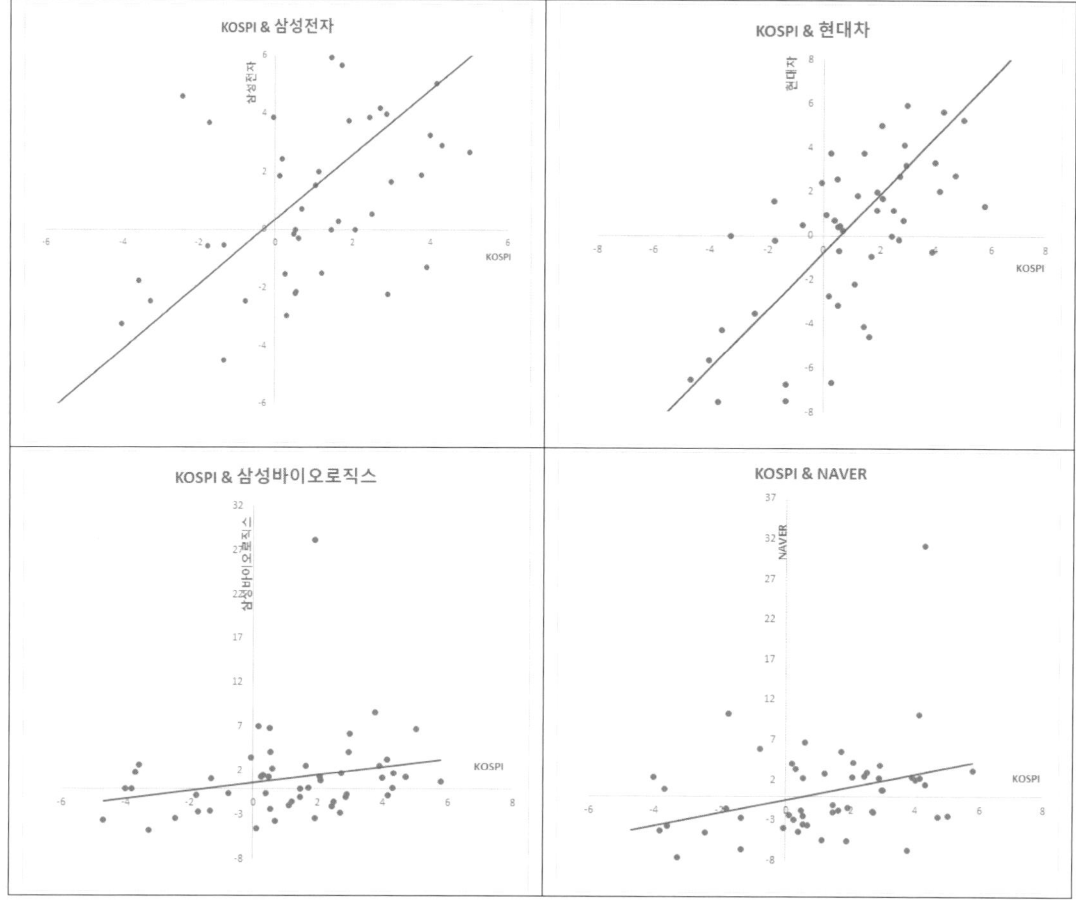

위의 그림에서 나타난 것과 같이 KOSPI와 삼성전자 주간 수익률 산포도 추세선 기울기는 1.1이고 현대차 추세선의 기울기는 1.3으로 1보다 크게 나타났으며, 삼성바이오로직스와 NAVER 추세선의 기울기는 1보다 작게 나타났다.

〈표 2-4〉 KOSPI지수와 개별주식 수익률의 통계치(주간)

구분	KOSPI	삼성전자	현대차	삼성바이오로직스	NAVER
표준편차	0.02568	0.04378	0.05002	0.04900	0.06079
공분산		0.00074	0.00087	0.00030	0.00053
상관계수		0.65424	0.67438	0.23426	0.33805
베타계수		1.11538	1.31151	0.44624	0.79894

통계적인 수치는 〈표 2-4〉과 같으며 KOSPI지수에 비해 개별주식의 표준편차가 모두 높게 나타났다.

삼성전자의 베타는 KOSPI지수와 공분산을 이용하거나 상관계수를 이용하여 구할 수 있다.

$$\text{삼성전자 베타} = \frac{\text{공분산}}{KOSPI\text{표준편차}^2} = \frac{0.00074}{0.02568^2}$$

또는

$$= \frac{\text{삼성전자표준편차}}{KOSPI\text{표준편차}} \times \text{상관계수} = \frac{0.04378}{0.02568} \times 0.65424$$

삼성전자의 베타는 1에 가까워 KOSPI지수와 비슷하게 움직였으며, 현대차의 경우 1보다 상당히 크게 나타나 KOSPI지수보다 민감하게 움직였고, 삼성바이오로직스와 NAVER는 KOSPI지수와 상관계수가 낮아 베타가 1보다 작게 계산되었다.

라. 듀레이션

채권의 가격은 시장의 이자율 수준이 변동함에 따라 변동한다. 이자율이 변동할 때 특정 자산의 가격이 변동하는 정도는 듀레이션으로 측정된다. 듀레이션(duration; D)이란 채권의 실질만기, 즉 현재 가치개념으로 투자원금이 회수되는 평균기간을 나타낸다. 또 듀레이션은 이자율(수익률)이 변동할 때 해당 채권의 가격이 변동하는 민감도를 나타낸다. 듀레이션(D)은 다음과 같이 계산된다.

$$D = w_1 \times 1 + w_2 \times 2 + \cdots + w_n \times n$$

$$w_i = \frac{CF_i/(1+y)^t}{B_0} \quad : i\text{기에 유입되는 현금흐름}(CF_i)\text{의 현재가치 비중}$$

y : 수익률, B_0 : 현재시점의 채권가격, n : 채권의 만기

예를 들어 표면이자율 5%, 만기가 5년이고 1년에 한 번씩 이자를 주는 채권의 시장수익률이 6%인 경우 현금흐름은 다음과 같다.

〈표 2-5〉 채권의 현금흐름 예

t	미래현금흐름	현재가치	현재가치 비중	t×비중
1	500	471.698	0.049	0.049
2	500	444.998	0.046	0.093
3	500	419.810	0.044	0.131
4	500	396.047	0.041	0.165
5	10,500	7,846.21	0.819	4.096
합계		9,578.76		4.535

〈표 2-5〉에서 현금흐름의 현재가치 합계가 현재시점의 채권가격이고, 각 기간 현금흐름의 현재가치를 채권가격으로 나눈 것이 각 기간별 현재가치 비중이며, 여기에 현금흐름이 유입되는 기간을 곱하여 합계를 낸 것이 채권의 듀레이션이 된다. 즉 〈표 2-5〉에서는 4.535가 이 채권의 듀레이션인데, 채권의 만기인 5년보다 작은 수치다. 이는 만기 이전에 지급받는 현금흐름이 있기 때문에 평균적으로 보면 4.535년에 전체 현금흐름을 지급받은 것으로 볼 수 있다는 의미다.

듀레이션은 〈그림 2-5〉와 같이 채권을 보유함으로써 발생하는 일련의 현금흐름 현재가치들의 무게중심 역할을 하는 균형점으로도 볼 수 있다.

〈그림 2-5〉 균형점으로서의 듀레이션

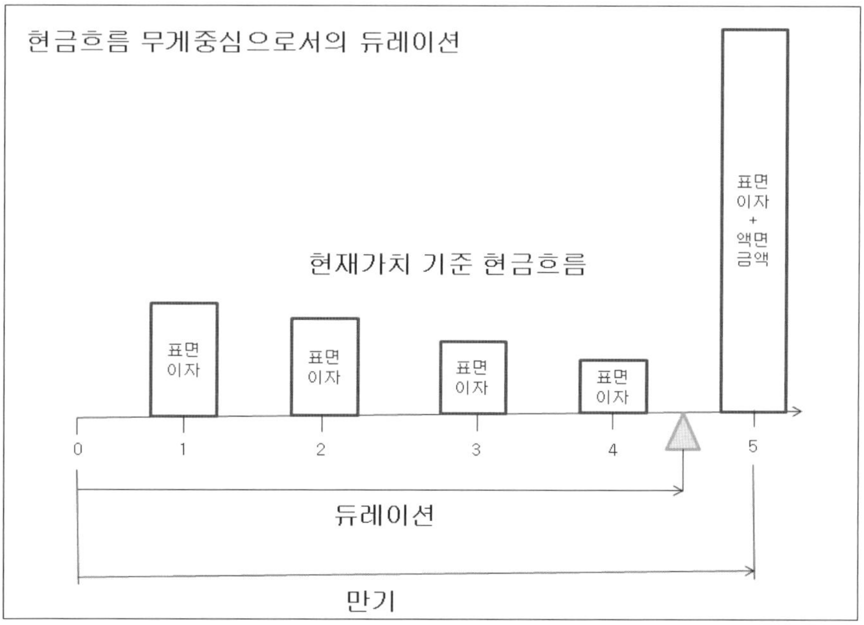

듀레이션은 채권의 위험도를 측정하는 수단으로도 활용된다. 듀레이션이 큰 채권은 시장의 이자율이 하락하면 가격이 크게 상승하지만, 시장의 이자율이 상승하면 가격이 크게 하락한다.

마. 델타

선물이나 옵션과 같은 파생상품의 투자 성과는 해당 파생상품의 거래대상인 기초자산의 가격에 따라 결정된다. 기초자산의 가격이 한 단위 변동할 때 파생상품의 가격이 몇 단위 변동하는가를 나타내는 척도가 바로 델타(delta)이다. 델타는 파생상품뿐만 아니라 파생상품과 기초자산이 결합된 포트폴리오의 가격변동을 측정하는 척도로도 자주 이용된다. 델타는 다음과 같이 계산된다.

$$\text{델타}(\Delta) = \frac{\text{파생상품의 가격변화분}}{\text{기초자산의 가격변화분}}$$

바. VaR

VaR(Value at Risk)은 주어진 확률하에서 일정 기간 발생 가능한 최소 손실액(minimum loss)을 측정한 것이다. 예를 들어 5% 확률하에서 특정 펀드의 1일 VaR이 10억 원이라면, 이는 이 펀드가 현재 보유하고 있는 포트폴리오에서 하루에 10억 원 이상의 손실을 입을 가능성이 5%임을 의미한다. 즉, 평균적으로 20일에 하루 정도는 일일 손실액이 10억 원을 넘는다는 것을 의미한다.

이는 “95% 신뢰수준하에서 1일 VaR이 10억 원이다”라고 표현할 수도 있다. 이 경우 하루에 10억 원 이하의 손실이 발생할 확률이 95%라고 해석하며, 이런 의미에서 VaR은 주어진 신뢰수준하에서 허용 가능한 최대 손실액(maximum loss)이라고 표현할 수도 있다.

많은 경우에 VaR은 수익률에 대해 특정한 분포를 가정하고 측정하는데, 정규분포는 대표적으로 이용되는 수익률분포이다. 수익률이 정규분포를 이루는 경우 허용 가능한 최저 수익률을 r*라 하는데, 이를 표준정규변수 Z_{α}로 전환하면 다음과 같다.

$$Z_\alpha = \frac{r^* - E(r)}{\sigma}$$

$E(r)$: 평균수익률

σ : 수익률 표준편차

표준정규분포에서 Z_α 오른쪽 부분의 합이 바로 신뢰수준을 나타낸다. 99% 신뢰수준을 선택하는 경우 'Z_α = -2.33'이며, 95% 신뢰수준을 선택하는 경우 'Z_α = -1.65'이다. W_0를 투자원금이라 하면 허용 가능한 최저수익률 r*하에서의 VaR은 다음과 같이 측정된다.

$$VaR = W_0 \times r^* = W_0 \times [E(r) + Z_\alpha \times \sigma]$$

위의 식은 VaR 계산을 위한 발생확률과 투자기간이 주어지고 수익률 분포의 통계치를 구할 수 있는 경우 VaR을 발생확률에 해당하는 분포의 계수 값, 투자금액, 그리고 표준편차의 함수로 나타낼 수 있음을 보여준다.

예제

A씨는 주식펀드와 채권펀드가 혼합된 포트폴리오를 보유하고 있다. 이 포트폴리오의 연간 기대수익률은 6%이며 수익률의 표준편차는 4%로 예상된다. 포트폴리오의 최저 수익률을 0%로 설정한 경우 1년 후 실현 수익률이 최저 수익률을 넘어설 가능성은 어느 정도인가(수익률 분포는 정규분포 가정)?

$$Z_\alpha = \frac{r^* - E(r)}{\sigma} = \frac{0 - 0.06}{0.04} = -1.5$$

엑셀의 셀에 '=NORM.S.DIST(-1.5,True)'라고 입력하면 0.0668이란 값을 얻을 수 있다. 따라서 1년 후 실현 수익률이 최저 수익률을 밑돌 가능성은 6.68%이며, 웃돌 가능성은 93.32%이다.

예제

100억 원의 주식펀드를 운용하는 펀드매니저가 95% 신뢰수준의 연간 VaR 값을 알고 싶어 한다. 주식펀드 수익률의 연간 기댓값(평균 수익률)은 10%이며, 수익률의 연간 표준편차는 15%이다(수익률 분포는 정규분포 가정).

$$95\%\ VaR = W_0 \times [E(r) + Z_\alpha \times \sigma] = 100 \times (0.1 + (-1.65) \times 0.15)$$

$$= 100 \times (-.1475) = -14.75(\text{억 원})$$

엑셀을 활용하여 정규분포확률을 계산할 수 있다. 엑셀의 함수식 'NORM.S.DIST (Z_α,True)'를 활용하면 누적분포확률을 계산할 수 있다. 예를 들어 엑셀의 셀에 '=NORM.S.DIST(-2.33,True)'라고 입력하면 0.0099란 값(소수점 4자리 기준)을 얻을 수 있다. 이는 분포의 $Z\alpha$ 왼쪽이 대략 1%, 오른쪽이 99%를 나타낸다는 의미이다. 마찬가지로 엑셀의 셀에 '=NORM.S.DIST(-1.65,True)'라고 입력하면 0.0495란 값(소수점 4자리 기준)을 얻을 수 있다.

엑셀의 함수식 NORM.S.INV(확률)를 활용하면 확률에서 Z_α 값을 산출할 수도 있다. 예를 들어 엑셀의 셀에 '=NORM.S.INV(0.01)'라고 입력하면 −2.3263이란 값이 나온다. 또한 '=NORM.S.INV(0.05)'를 입력하면 −1.6449, '=NORM.S.INV(0.10)'를 입력하면 −1.2816, '=NORM.S.INV(0.20)'를 입력하면 −0.8416이라는 수치가 나온다. 이를 보면 99%와 95% 신뢰수준을 나타내는 Z_α는 −2.3263, -1.6449가 정확한 수치임을 알 수 있다. 그러나 실무에서는 일반적으로 −2.33과 −1.65를 사용하고 있다.

사. 위험프리미엄(기대초과수익률)과 샤프비율

주식이나 회사채 등 위험자산의 평균수익률과 무위험이자율인 국채 수익률의 차이는 각 자산이 갖고 있는 위험에 대한 보상으로 해석할 수 있다. 이를 위험자산의 기대초과수익률(expected excess return) 또는 위험프리미엄(risk premium)이라고 한다. 위험에 대한 보상은 특정 투자안의 위험프리미엄을 해당 투자안의 표준편차로 나눈 비율로 측정할 수도 있는데, 이를 개발한 학자의 이름을 따서 샤프비율(Sharpe ratio)이라고 부른다. 투자이론에서 수익률의 표준편차를 총위험이라 한다. 즉, 샤프비율은 총위험(표준편차) 한 단위당 얻게 되는 위험프리미엄(초과수익률)을 나타낸다.

$$\text{샤프비율 } SR_i = \frac{(\text{평균수익률}_i - \text{무위험이자율})}{\text{표준편차}_i} = \frac{\text{위험프리미엄}_i}{\text{표준편차}_i}$$

아. 추적오차

소극적 투자 정책을 사용하는 많은 펀드는 시장평균적인 위험-수익의 성과를 얻을 수 있도록 지수펀드를 구성한다. 그러나 현실시장에서 지수를 완벽하게 복제하는 것은 불가능하므로 지수의 성과와 구성된 펀드성과 간에 차이가 발생하게 되는데, 이를 추적오차(tracking error)라고 한다.

추적오차는 보통 일정 기간의 펀드포트폴리오 수익률이 이에 대응하는 지수 수익률에 어느 정도의 차이를 보이는가로 측정한다. 즉, 펀드의 일정 기간 수익률과 이에 대응하는 벤치마크 지수 수익률의 차이에 대한 변동성을 의미하며, 일정 기간 지수 수익률 대비 펀드의 초과수익률에 대한 표준편차로 측정한다.

3 모형에 의한 자산배분 변수 예측

과거 자료를 통해 투자위험을 추정해보는 것은 상당히 신뢰도가 높으나, 미래 예상되는 기대수익률을 추정하는 데에는 한계가 있다. 실무적으로 기대수익률에 대한 추정치를 얻기 위하여 많은 방법이 사용되는데, 대표적으로 다음과 같은 방법들로 구분할 수 있다.

3-1 통계모형을 이용하는 방법

필요한 추정치를 얻기 위하여 자주 이용되는 통계적인 방법으로는 ① 과거 기간의 표본평균을 이용하는 방법, ② 과거 기간의 표본통계치와 다른 통계치를 가중평균한 축소통계치(shrinkage estimator)를 이용하는 방법, ③ 시계열모형에 기초한 추정치(time-series estimators)를 이용하는 방법, ④ 다요인모형(multifactor models)을 이용하는 방법 등이 있다.

3-2 현금흐름할인모형을 이용하는 방법

현금흐름할인모형(discounted cash flow model)은 자산가치 평가의 기본 모형이다. 이 모형은 일시적인 수요-공급의 충격에 덜 민감하므로 목표투자기간이 장기인 경우의 기대치를 추정하는 데 보다 유용하다. 주식시장의 경우 전통적인 고든(Gordon) 모형이나 그리놀드-크로너(Grinold-Kroner) 모형 등이 자주 사용되며, 채권시장의 경우 현금흐름 할인모형에 기초한 만기수익률(YTM)을 손쉽게 구할 수 있다.

가. 고든 정률성장 모형

성장의 속도가 일정한 기업 주식의 이론적 가치를 계산하는 고든 정률성장(constant growth) 모형에서 주식의 기대수익률을 산출하는 공식은 다음과 같다.

$$E(R_e) = \frac{D_0 \times (1+g)}{P_0} + g = \frac{D_1}{P_0} + g$$

D_0 : 최근 연도 연간 배당금

g : 장기적인 배당성장률, 장기적인 순이익 성장률과 같다고 가정

P_0 : 현재 주식가격

순이익의 성장률(g)은 명목GDP 성장률에 해당 기업의 초과 성장률을 더한 값이 된다. 만약 코스피지수의 초과 성장률을 구한다면 인덱스를 구성하는 상장기업의 GDP 대비 초과 성장률을 의미한다.

순이익 증가율 = 명목GDP 성장률(실질GDP 성장률+기대인플레이션율)
+ 상장기업의 GDP 대비 초과 성장률

예제

성장의 속도가 일정한 A기업 주식의 기대수익률을 다음의 자료를 가지고 예측하라.

A기업 주식의 최근 연도 배당금: 1,000원, A기업 주식 가격: 20,000원

실질GDP 성장률: 2.50%, 기대인플레이션율: 1.50%

A기업의 GDP 대비 초과 성장률: 2.0%

(해설)

A기업 순이익 증가율 = 2.50% + 1.50% + 2.0% = 6.0%

A기업 주식 기대수익률 = (1,000×1.06)/20,000 + 6.0% = 5.3%+6.0% = 11.3%

나. 그리놀드-크로너 모형

그리놀드-크로너(2002) 모형은 고든 정률성장 모형에 자사주매입률과 PER의 변화율을 반영한 모델이다. 이 모형에 기초한 주식의 기대수익률은 다음과 같다.

$$E(R_e) \approx \frac{D}{P} - \Delta S + i + g + \Delta PE$$

D/P : 예상 배당수익률

ΔS : 상장주식수의 예상 변화율

i : 기대인플레이션율

g : 상장기업의 실질 순이익 증가율

ΔPE : 해당 기간의 PER 변화율

3-3 위험프리미엄 방법

위험프리미엄 방법(risk premium approach)은 위험자산의 기대수익률을 무위험이자율과 위험프리미엄으로 분해한 후 위험프리미엄을 결정요소별로 세부적으로 분해하여 추정하는 방법이다. 이 방법은 빌딩블록 방식(building block approach) 또는 빌드업 방법(build-up approach)이라고도 불린다.

대표적으로 채권의 기대수익률은 다음과 같이 분해될 수 있다.

채권의 기대수익률 = 실질무위험이자율 + 예상 인플레이션율 + 만기 프리미엄
+ 채무불이행 위험프리미엄 + 유동성 프리미엄 + 세금 프리미엄

주식의 경우 기대수익률은 다음과 같이 분해될 수 있다.

주식의 기대수익률 = 장기국채의 수익률 + 주식의 위험프리미엄

3-4 자산가격결정모형을 이용한 방법

자본자산가격결정모형(Capital Asset Pricing Model; CAPM)은 자본시장의 기대치를 구하는 데 유용하게 사용될 수 있다. CAPM은 시장이 균형상태에 있을 때 시장포트폴리오의

초과수익률이 결정되면, 개별자산(혹은 포트폴리오)의 기대수익률은 개별자산의 체계적 위험을 나타내는 β에 의해 결정된다는 것을 보여주는 모형이다. CAPM을 수식으로 나타내면 다음과 같다.

$$E(R_i) = R_f + \beta_i \times [E(R_M) - R_f] = \text{무위험이자율} + \beta_i \times M\text{의 위험프리미엄}$$

$E(R_i)$: 자산i의 기대수익률

R_f : 무위험이자율

$E(R_M)$: 시장포트폴리오(M)의 기대수익률

$$\beta_i = \frac{Cov(R_i, R_M)}{Var(R_M)} = \frac{\sigma_{R_i}}{\sigma_{R_M}} \times \rho_{R_i, R_M} = \text{자산}i\text{의 체계적 위험}$$

위의 수식에서 '[$E(R_M)$ -R_f]'는 시장포트폴리오의 기대수익률에서 무위험이자율을 차감한 것으로 시장포트폴리오의 위험프리미엄(RP_M)을 나타낸다. 여기에 개별자산의 베타를 곱하면 개별자산의 위험프리미엄(RP_i)이 되며, 여기에 무위험이자율을 더한 것이 개별자산의 기대수익률이 된다.

CAPM을 그림으로 나타내면 〈그림 2-6〉과 같다. 〈그림 2-6〉에서 X축은 어떤 자산 i의 체계적 위험인 베타를, Y축은 어떤 자산 i의 기대수익률을 나타낸다. 증권시장선(Securities Market Line; SML)을 나타낸 〈그림 2-6〉은 어떤 자산의 기대수익률은 체계적 위험(β_i)과 선형관계를 가지고 있음을 보여주고 있다. 즉, 체계적 위험이 큰 자산은 보다 높은 수익률이 기대되고, 반대로 체계적 위험이 작은 자산은 낮은 수익률이 기대된다는 것이다.

〈그림 2-6〉 증권시장선

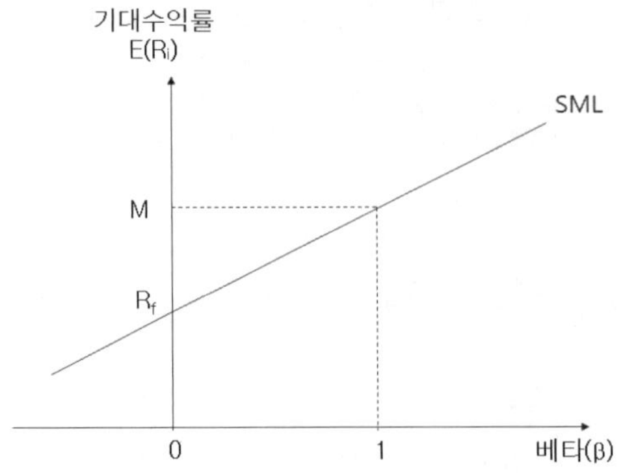

예제

현재 무위험이자율은 3.0%, 주식시장포트폴리오의 기대수익률은 9%이다.
B주식 수익률의 표준편차는 0.30, 주식시장포트폴리오 수익률의 표준편차는 0.20이며 상관계수는 0.8이다.
이 경우 B주식의 기대수익률은 얼마인가?

B주식의 베타 = 0.30/0.20 × 0.8 = 1.2
B주식 기대수익률 = 3% + 1.2 × (9%-3%) = 10.2%

CAPM은 국내 자본시장을 대상으로 적용할 수도 있으며, 글로벌 투자를 하는 경우 글로벌 시장포트폴리오(M)를 이용한 국제자본자산가격결정모형(ICAPM)을 이용할 수도 있다. ICAPM을 수식으로 나타내면 다음과 같다.

$$E(r_i) = r_f + \beta_i \times [E(r_M) - r_f] = \text{무위험이자율} + \beta_i \times M\text{의 위험프리미엄}$$

$E(r_i)$: 자산i의 기대수익률

r_f : (글로벌 시장의)무위험이자율

$E(r_M)$: 글로벌 시장포트폴리오(M)의 기대수익률

$$\beta_i = \frac{Cov(r_i, r_M)}{Var(r_M)} = \frac{\sigma_i}{\sigma_M} \times \rho_{i,M} = \text{자산}i\text{의 체계적 위험}$$

위의 수식은 자산i의 기대수익률은 무위험이자율에 자산i의 위험프리미엄을 더한 값으로 나타낼 수 있다는 것이다. 자산 i의 위험프리미엄을 RP_i이라 하고 글로벌 시장포트폴리오의 위험프리미엄을 RP_M이라 하면 RP_i는 글로벌 시장포트폴리오의 샤프비율 함수로 다음과 같이 나타낼 수 있다.

$$RP_i = \sigma_i \times \rho_{i,M} \times \left(\frac{RP_M}{\sigma_M}\right)$$

위의 식에서 $\left(\frac{RP_M}{\sigma_M}\right)$이 바로 글로벌 시장포트폴리오의 사프비율이다.

따라서 자산 i의 위험프리미엄 RP_i는 글로벌 시장포트폴리오의 샤프비율에 자신의 표준편차와 글로벌 시장포트폴리오 간의 상관계수를 곱한 값과 같다. 동일한 논리로 국내

시장만을 전제할 경우 자산 i의 위험프리미엄 RP_i는 국내 시장포트폴리오의 샤프비율에 자신의 표준편차와 국내 시장포트폴리오 간의 상관계수를 곱한 값과 같다.

앞의 식에 의하면 특정 자산의 위험프리미엄을 추정하기 위해서는 글로벌 시장 포트폴리오의 샤프비율을 추정하는 것이 중요하다. 여러 연구가 있었지만 최근의 연구는 글로벌 시장포트폴리오의 적정 샤프비율로 0.24~0.28의 값을 제시하였다(Singer and Terhaar, 1997, Ruiz de Vargas & Breuer, 2018).

가. ICAPM을 이용한 위험프리미엄의 추정: 시장이 완전 통합된 경우

글로벌 시장포트폴리오의 수익률과 호주 채권시장 및 주식시장 수익률 간의 상관계수가 각각 0.5와 0.7로 추정된다고 하자. 글로벌 시장포트폴리오의 적정 사프비율을 0.28이라 하고, 호주 채권시장과 주식시장 수익률의 표준편차는 각각 5%와 20%로 추정된다. 호주 채권지수와 주가지수에 투자하는 경우 기대할 수 있는 위험프리미엄은 다음과 같다.

호주 채권지수의 적정 위험프리미엄 = 0.05×0.5×0.28 = 0.0070 = 0.70%
호주 주가지수의 적정 위험프리미엄 = 0.20×0.7×0.28 = 0.0392 = 3.92%

나. ICAPM을 이용한 위험프리미엄의 추정: 시장이 분리된 경우

한편, 특정 지역의 자본시장이 글로벌 시장과 분리되어 있을 수 있다. 예를 들어 자본시장 개방이 이루어지지 않은 국가의 주식시장이나 해외 자본의 유출입이 엄격하게 통제되어 자본 이동이 자유롭지 않은 국가의 경우, 해당 국가의 자본시장은 글로벌 시장과 분리되어 있다고 할 수 있다. 이 경우 글로벌 분산투자에 따른 효과를 얻을 수 없으며, $\rho_{i,m}$계산에서 해당국의 시장포트폴리오가 바로 기준 포트폴리오가 되어 '$\rho_{i,m}$ = 1'이 된다. 따라서 이 경우 위험프리미엄은 커지게 된다.

만일 호주 시장이 분리되어 있다면, 이때 위험프리미엄은 다음과 같다.

호주 채권지수의 적정 위험프리미엄 = 0.05×1.0×0.28 = 0.0140 = 1.40%
호주 주가지수의 적정 위험프리미엄 = 0.20×1.0×0.28 = 0.0560 = 5.60%

다. 자본시장 기대치의 추정 사례

삼청은행 CPB 자격 보유자인 홍길동 팀장은 고객을 위한 전략적 자산배분 결정을 해야 한다. 고객은 국내 주식, 국내 채권, 해외 주식, 해외 채권, 국내 부동산 등 5가지 유형의 자산에 분산투자할 수 있다. 홍길동 팀장은 위험프리미엄 방법을 이용하여 자산배분에 필요한 자본시장기대치를 추정하려 하며 Singer and Terhaar가 제시한 국제자본자산가격결정모형(ICAPM)을 위험프리미엄 추정을 위한 모형으로 사용하고자 한다. 홍길동 팀장은 ICAPM을 이용하기 위해 경제 분석을 통해 다음과 같은 자료를 수집하였다.

수집자료

글로벌 시장포트폴리오(GM)의 샤프비율: 0.30
글로벌 시장포트폴리오의 표준편차: 10%
무위험이자율: 3%
국내 주식과 채권 시장의 글로벌 통합 정도: 0.8
해외 주식과 채권 시장의 글로벌 통합 정도: 0.8
국내 부동산 시장의 글로벌 통합 정도: 0.7

각 자산의 위험프리미엄을 추정하기 위해 필요한 자료의 추정치는 다음과 같다.

자산	표준편차(%)	GM과의 상관계수	비유동성 프리미엄(%)
국내 주식	15.5	0.85	0
국내 채권	2.3	0.75	0
해외 주식	14.5	0.80	0
해외 채권	3.2	0.70	0
국내 부동산	10.5	0.50	0.5

5가지 유형의 자산에 대해 시장통합의 수준을 고려하여 위험프리미엄을 추정하면 다음과 같다. 자산별로 시장통합의 수준이 다르므로 위험프리미엄 추정에 이를 반영하여야 한다. 또 국내 부동산의 비유동성에 대한 프리미엄으로 0.5%가 요구되므로 이를 추가로 반영하여야 한다.

이는 다음과 같은 단계를 거쳐 수행될 수 있다.

① 단계 1: 시장이 완전히 통합된 경우의 위험프리미엄

- 국내 주식의 위험프리미엄 = 15.5%×0.85×0.30 = 3.9525%
- 국내 채권의 위험프리미엄 = 2.3%×0.75×0.30 = 0.5175%
- 해외 주식의 위험프리미엄 = 14.5%×0.80×0.30 = 3.4800%
- 해외 채권의 위험프리미엄 = 3.2%×0.70×0.30 = 0.6720%
- 국내 부동산의 위험프리미엄 = 10.5%×0.50×0.30 + 0.50% = 2.0750%

② 단계 2: 시장이 완전히 분할된 경우의 위험프리미엄

- 국내 주식의 위험프리미엄 = 15.5%×1.0×0.30 = 4.65%
- 국내 채권의 위험프리미엄 = 2.3%×1.0×0.30 = 0.69%
- 해외 주식의 위험프리미엄 = 14.5%×1.0×0.30 = 4.35%
- 해외 채권의 위험프리미엄 = 3.2%×1.0×0.30 = 0.96%
- 국내 부동산의 위험프리미엄 = 10.5%×1.0×0.30 + 0.50% = 3.65%

③ 단계 3: 시장 통합 수준을 반영한 가중평균 위험프리미엄의 추정

- 국내 주식의 위험프리미엄 = 0.8×3.9525% + 0.2×4.65% = 4.0920%
- 국내 채권의 위험프리미엄 = 0.8×0.5175% + 0.2×0.69% = 0.5520%
- 해외 주식의 위험프리미엄 = 0.8×3.48% + 0.2×4.35% = 3.6540%
- 해외 채권의 위험프리미엄 = 0.8×0.6720% + 0.2×0.96% = 0.7296%
- 국내 부동산의 위험프리미엄 = 0.7×2.075% + 0.3×3.65% = 2.5475%

④ 단계 4: 기대수익률의 추정

- 국내 주식의 기대수익률 = 3%+4.0920% = 7.0920%
- 국내 채권의 기대수익률 = 3%+0.5520% = 3.5520%
- 해외 주식의 기대수익률 = 3%+3.6540% = 6.6540%
- 해외 채권의 기대수익률 = 3%+0.7296% = 3.7296%
- 국내 부동산의 기대수익률 = 3%+2.5475% = 5.5475%

제2절 | 경기순환 분석 및 활용

1 경기국면과 자본시장

1-1 경기와 경기변동의 의미

가. 경기

경기란 한 나라 경제의 총체적인 활동 수준이라고 할 수 있다. 생산, 소비, 투자, 고용 등 실물부문 활동과 돈의 양, 금리, 주가, 환율 등의 금융부문 활동 그리고 수출입 등 국외부문 활동을 망라하는 여러 가지 경제변수의 움직임을 종합한 것이다. 따라서 이러한 경기는 인체에 비유하면 체온과 같다고 볼 수 있다. 체온이 너무 높거나 낮으면 몸에 이상이 생기는 것과 마찬가지로, 경기가 너무 과열되거나 침체되면 국민경제에 여러 가지 부작용이 나타나게 된다.

나. 경기변동

경기가 장기적인 성장추세를 중심으로 상하로 반복하여 오르내리는 것을 경기변동 또는 경기순환(business cycle)이라고 한다. 경제는 일정한 수준으로 꾸준히 움직이는 것이 아니라 몇 년간은 활발한 활동을 보이다가 또 몇 년간은 침체된 활동을 보이기도 한다. 경제활동이 활발하면 경기가 상승하여 정점에 이르게 되고, 경제활동이 부진해지면 경기가 하강하여 저점에 이르게 된다.

경기변동은 민간기업의 투자를 비롯한 수요충격이나 통화량 변동과 같은 화폐적 충격, 불완전 정보에 의한 기대, 기술이나 생산성의 변동 등 경제 내의 여러 가지 실물 및 금융 요인에 의해 발생한다. 현실적으로는 이 요인들이 복합적으로 작용하여 경기가 상승과 하강을 반복하게 된다.

1-2 경기의 순환과정

경기의 정점에서 다음 정점까지 또는 저점에서 다음 저점까지의 기간을 순환주기라고 하며, 경기저점과 경기고점 사이의 간격을 경기변동의 진폭이라고 한다. 경기의 순환과정은 보통 저점에서 정점까지의 상승국면과 정점에서 저점까지의 하강국면 2국면으로 나누는데, 상승국면을 다시 회복기와 확장기로, 하강국면을 후퇴기와 수축기로 나누어 4국면으로 구분하기도 한다. 또한 장기추세를 기준으로 하여 윗부분, 즉 경기정점을 전후한 기간을 호경기로, 아랫부분, 즉 경기저점을 전후한 기간을 불경기로 구분한다.

우리나라의 실질 국내총생산(GDP)을 기준으로 과거의 경기순환 과정을 보면 다음과 같은 특징을 발견할 수 있다. 우선 경기 상승국면과 하강국면이 매우 불규칙적이고 비대칭적인 모습을 나타낸다. 1970년대 이후 우리나라의 경기순환에서 가장 긴 주기는 67개월, 가장 짧은 주기는 35개월로서 차이가 컸다. 또한 하나의 주기 내에서 상승국면의 지속기간은 평균 31개월, 하강국면의 지속기간은 평균 18개월로 이 역시 차이가 컸다. 대체로 경기 상승국면은 상대적으로 오랜 기간에 걸쳐 서서히 진행된 반면, 하강국면은 짧은 기간 내에 급격하게 이루어졌다.

〈그림 2-7〉 실질 GDP의 경기순환과정

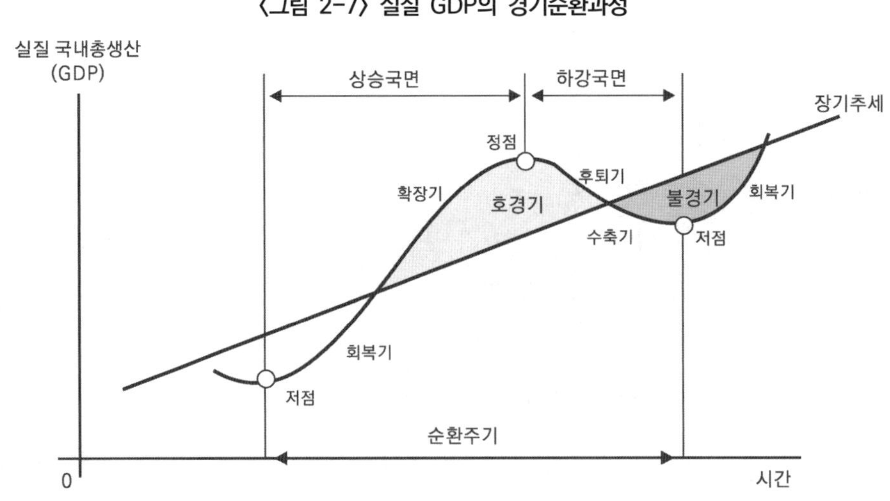

출처: 한국은행(2013), 알기 쉬운 경제이야기, 한국은행, [그림 9-1] 인용

1-3 경기변동의 국면과 특성

〈그림 2-7〉에서 정리된 것처럼 각 경기변동국면은 경기저점과 경기정점까지의 순환주기상에서 경기저점에서부터의 회복기와 확장기, 경기정점으로부터의 후퇴기와 수축기로 구분할 수 있다. 각 경기국면의 주요 특성을 정리하면 다음과 같다.

가. 회복기

경기가 나쁜 상황에서 경기상승의 원인이 되는 충격이 발생하면 경제활동이 침체상태에서 벗어나 경기가 조금씩 나아지는데, 이 시기를 경기회복기(recovery)라 부른다. 경기 회복기에는 보다 많은 사람이 일자리를 찾게 되며, 매출액이 증가하기 시작하고, 새로 영업을 시작하는 기업이 속속 등장한다. 투자가 활성화되며 생산량이 증가하고, 사람들이 점차 활기 넘치는 경제활동을 영위하게 된다. 미래를 밝게 내다보며 희망에 차서 새로운 분야를 개척하기도 한다. 소비지출 역시 상당한 속도로 늘어나며, 주식시장이 활기를 띤다.

나. 확장기

경기가 회복되기 시작하여 장기 추세를 넘는 호황기를 경기확장기(expansion)라고 한다. 경기확장기는 경기회복기의 연속국면인 셈이다. 경기확장이 계속되면 궁극적으로 경기변동의 최고점에 이르는데, 이 시기를 경기정점(peak)이라고 부른다. 경기가 피크에 이르면 노동자를 구하지 못해 야단이 나고, 물자의 생산이 소비를 미처 따라가지 못하게 된다. 재고가 줄어들고, 중복과잉투자가 이루어질 만큼 투자가 과열될 조짐을 보인다. 임금과 물가가 빠른 속도로 상승하며, 경제의 여러 측면에서 병목현상이 발생한다.

다. 후퇴기

경기과열 상태는 오래 지속되지 못한다. 이전 단계의 임금과 물가의 빠른 상승이 소비·투자·고용·소득 등을 모두 둔화시키고, 판매와 기업이윤도 줄어들게 된다. 그 결과 투자를 축소하기 시작하고 소비를 자제하려는 움직임이 일어난다. 판매액이 감소하기 시작하고 생산규모를 감축함에 따라 노동자를 해고하는 기업이 늘어나며 일자리를 구하기가 점점 힘들어진다. 기업이윤이 빠른 속도로 줄어들고, 재고가 쌓이기 시작한다. 임금과 물가 상승속도도 크게 둔화된다. 이러한 시기를 경기후퇴기(recession)라고 부른다.

라. 수축기

경기후퇴기는 경기수축기(contraction)로 연결되고, 이는 다시 경기저점에 이르러 멈추게 된다. 경기저점에 이르면 사람들이 경제의 장래를 어둡게 보아 투자가 크게 위축되고 생산활동이 부진해진다. 도산하는 기업이 속출하며 실업자의 수가 늘어나고 일자리를 찾기가 아주 어려워진다. 주식시장도 침체의 늪에서 좀처럼 헤어나지 못하며, 금융기관들도 부실채권으로 고전을 면치 못한다.

1-4 경기국면과 자본시장

가. 경기국면과 채권시장

시장 이자율은 현재 및 미래 경제상황에 대한 시장참여자들의 기대를 반영하여 형성된다. 일반적으로 효율적인 시장에서 단기 이자율은 현시점에서의 경기상태를, 장기 이자율은 향후 경기상태에 대한 시장참여자들의 예상을 반영하는 지표로 사용된다. 장기 이자율은 국내외의 미래 경제 성장률, 물가 상승률, 채무 불이행 위험이 반영되어 결정되며, 단기 이자율은 현재 또는 가까운 시일의 경제 상황을 반영하면서 그때그때의 자금 수요와 공급에 따라 정해진다.

따라서 장기 이자율과 단기 이자율의 차이, 즉 장단기 금리 스프레드나 동일 만기를 갖는 회사채와 국채의 수익률 차이, 즉 수익률 스프레드는 현재와 미래의 경기상황 및 물가상승을 예측하게 하는 실물경제의 선행지표 역할을 한다. 일반적으로 시장참여자들이 미래 경기상황이 호전될 것으로 예상하는 경우 장단기 금리차는 상승하며, 장단기 금리차 축소는 디플레이션이 나타날 것을 시장에서 우려하고 있다고 해석할 수 있다.

또 경기침체가 장기화되고 불황이 오면 장기 이자율이 단기 이자율보다 더 낮아지는 상황도 발생할 수 있으며, 마이너스(-)금리가 일시적으로 나타날 수도 있다. 경제 성장률이 마이너스(-)이거나 매우 낮고 물가가 하락하는 상황에서는 화폐 보관비용이 발생하기 때문이다.

나. 경기국면과 주식시장

주가는 경기변동이 진행되기 수개월 전부터 선행하는 것으로 알려져 있다. 주가의 하락에 뒤이어 경기후퇴가 발생하고, 주가의 상승에 뒤이어 경기회복이 일어났던 실증적 증거가 많이 존재한다. 주가의 선행성으로 인해 경기가 회복기에 들어서면 미래배당흐름의 현재가치인 주가는 이미 최고치에 도달하게 되며, 확장기가 진행되는 동안 주가가 하락하기 시작하고, 후퇴기에 들어서면 미래배당에 대한 가능성이 아주 낮으므로 주가는 최저치에 도달한다.

이와 같이 주식시장의 천장과 바닥은 경기변동의 전환점에 앞서서 나타난다. 경제와 관련된 나쁜 뉴스가 발표되는 가운데에도 오히려 주가는 상승하고 경제활동이 한창 호조를 보이는 가운데 주가가 하락하는 현상이 생길 수 있다. 따라서 투자자는 미래 경기변동에 대한 전환점을 예측하여 주식시장의 동향을 예측할 수 있고, 이를 투자관리에 활용할 수 있다.

1-5 경기국면 데이터

국내 경기상황 및 경기지표에 대한 정보는 국가통계포털이나 한국은행 등에서 얻을 수 있고, 이자율 정보는 한국은행이나 금융투자협회 홈페이지에서 얻을 수 있다. 그 밖에 인터넷 사이트에서도 다양한 정보를 얻을 수 있다.

가. 한국은행 경제통계시스템

국민소득, 이자율, 기업경기실사지수, 소비자동향지수, 산업생산 등 경제전반에 대한 주요 정보를 얻을 수 있다(ecos.bok.or.kr).

나. 국가통계포털

경기종합지수(선행·동행·후행 지수), 이자율, 국민소득 등 관련 데이터를 얻을 수 있다(kosis.kr).

다. 한국금융투자협회

주가지수, 이자율 등 금융 관련 데이터를 얻을 수 있다(www.kofia.or.kr).

2 경기지표를 이용한 경기변동의 예측

2-1 경기 진단 및 예측의 방법

현재의 경기상황을 진단하고 앞으로의 경기흐름을 예측하는 데 3가지 방법이 자주 이용된다. 산업생산지수나 소매판매액지수와 같이 경기와 관련성이 높은 경제지표들을 개별적으로 살펴보거나 계량모형화하여 분석해볼 수 있다. 또 경기반영도가 높은 개별 경제지표들을 합성하여 작성된 종합경기지표를 참고할 수도 있다.

그리고 기업경기실사지수(BSI)와 소비자동향지수(CSI) 등의 경제심리지표도 경기 동향을 파악하는 유용한 방법이다. 이들 경제심리지표는 기업, 소비자 등 경제주체들의 경기에 대한 판단과 전망을 수집하여 작성된다. 경제심리지표는 다른 통계에 비해 속보성이 높고 계수 통계에서는 포착하기 어려운 질적 정보도 얻을 수 있다는 장점이 있다.

가. 개별경기지표를 이용하는 방법

경기동향 분석에 사용되는 월별 경제지표는 대부분 국가데이터처에서 작성한다.

먼저 생산활동을 나타내는 지표로는 전산업생산지수, 생산자출하지수 및 생산자제품재고지수, 제조업 생산능력지수, 가동률지수 등이 있다. 전산업생산지수는 전체 산업생산 활동의 단기 동향을 파악할 수 있는 핵심 지표로 광공업, 서비스업, 건설업, 공공행정, 농림어업 생산지수의 5개 지수로 구성되어 있다. 생산자출하지수는 생산자의 판매활동 수준을 나타내는 지표로 내수와 수출로 구분하여 작성된다. 생산자제품재고지수는 생산자의 재고보유 수준을 나타내는 스톡(stock)지표이다.

재고는 경기상황에 민감하게 반응한다. 기업들의 예상보다 경기가 좋아 판매가 잘되면 재고가 줄어들고, 반대로 경기가 나빠 판매가 부진하면 재고가 증가하게 된다. 이와 같은 의도하지 않은 재고의 변동은 생산활동에 바로 영향을 줌으로써 단기적인 경기 변동을 일으키는 중요한 요인이 된다. 생산 관련 지수들의 관계를 살펴보면 보통 출하가 생산보다 경기에 민감하게 반응하는 경향이 있다. 경기가 하강하기 시작하면 출하는 바로 줄어들지만 생산은 바로 조정되지 않는 경우가 많은데 이런 상황에서 재고가 늘어나게 된다. 반대로 경기가 회복되면 출하가 늘면서 재고가 줄어들고 뒤따라 생산이 늘어나게 된다. 경기동향을 체계적으로 판단하기 위해서는 이러한 지수들의 움직임을 종합적으로 활용할 필요가 있다. 다만, 이 지수들은 조사대상 및 조사기간, 가중치 등이 달라 위와 같은 관계가 항상 성립하지 않을 수도 있음에 유의할 필요가 있다.

다음으로 경제주체의 지출은 소비, 투자, 수출입 등을 나타내는 관련지표를 통하여 파악할 수 있다. 가계의 소비지출지표로는 소매판매액지수, 내수용소비재출하지수, 소비재수입액 등이 있다. 그리고 기업의 투자지출지표는 건설과 설비투자로 구분된다.

건설활동지표로는 건축허가 및 착공면적, 건설수주액, 건설기성액, 건설용중간재출하지수 등이 있다. 그리고 설비투자지표에는 기계수주액, 설비투자지수, 설비용기계류내수출하지수, 기계류수입액 등이 있다. 투자지표 가운데 건설수주와 기계수주는 가까운 장래의 투자활동을 가늠케 해주는 선행지표이다. 그리고 수출입 동향은 관세청에서 작성하는 통관기준 수출액과 수입액으로 파악할 수 있다.

나. 종합경기지표를 이용하는 방법

개별 경제지표는 경제활동의 한 측면만을 반영한다. 그래서 나라 경제의 전반적인 상황을 파악하는 데는 경제지표들을 가공, 합성하여 작성하는 종합경기지표가 주로 활용된다.

경기종합지수는 각 부문별로 경기를 잘 나타내는 경제지표들을 선정한 다음 계절 및 불규칙 요인의 제거, 진폭의 표준화 같은 가공 과정을 거친 후 합산하여 하나의 지수로 만든 것이다. 경기종합지수는 지수의 변동 방향을 통해 경기변동의 방향을 가늠할 수 있고 지수의 변동폭을 참고하여 경기변동의 크기를 알 수 있기 때문에 경기흐름을 종합적으로 판단하는 데 매우 유용하다.

한편 경기종합지수는 경기에 대한 선·후행 관계에 따라 선행종합지수, 동행종합지수, 후행종합지수로 구분한다. 2019년 9월 현재 선행종합지수는 비교적 가까운 장래의 경기 동향을 예측하는 데 활용되며 재고순환지표, 경제심리지수, 기계류내수출하지수, 수출입물가비율, 건설수주액, 코스피지수, 장단기 금리차 등 7개의 지표로 구성되어 있으며 비교적 가까운 장래의 경기 동향을 예측하는 데 활용된다.

동행종합지수는 현재의 경기상태를 나타내는 지표로 광공업생산지수, 서비스업생산지수, 건설기성액, 소매판매액지수, 내수출하지수, 수입액, 비농림어업취업자수 등 7개 지표로 구성되어 있다. 현재의 경기상황을 판단하는 데에는 동행종합지수에서 추세변동을 제거한 동행종합지수 순환변동치가 주로 사용된다.

끝으로 후행종합지수는 경기변동을 사후에 확인하는 데 활용되며 생산자제품재고지수, 소비자물가지수변화율, 소비재수입액, 취업자수, CP유통수익률의 5개 항목으로 구성되어 있다.

〈그림 2-8〉은 1999년 12월부터 2025년 10월 사이의 월별 선행종합지수, 동행종합지수, 후행종합지수를 나타낸 것이다. 추세변동을 제거하지 않아 우상향하는 모습을 나타내고 있다. 선행종합지수가 제일 민감하게 변동하고 있으며 후행종합지수가 가장 완만히 변동하고 있음을 보여준다.

〈그림 2-9〉는 추세요인을 제거한 동행지수와 선행지수의 순환변동치다. 2010년 이전에는 선행지수의 선행성이 뚜렷하게 나타나지만, 이후에는 선행기간이 축소되거나 선행성이 약화되는 양상이 나타나고 있다.

〈그림 2-8〉 월별 경기종합지수

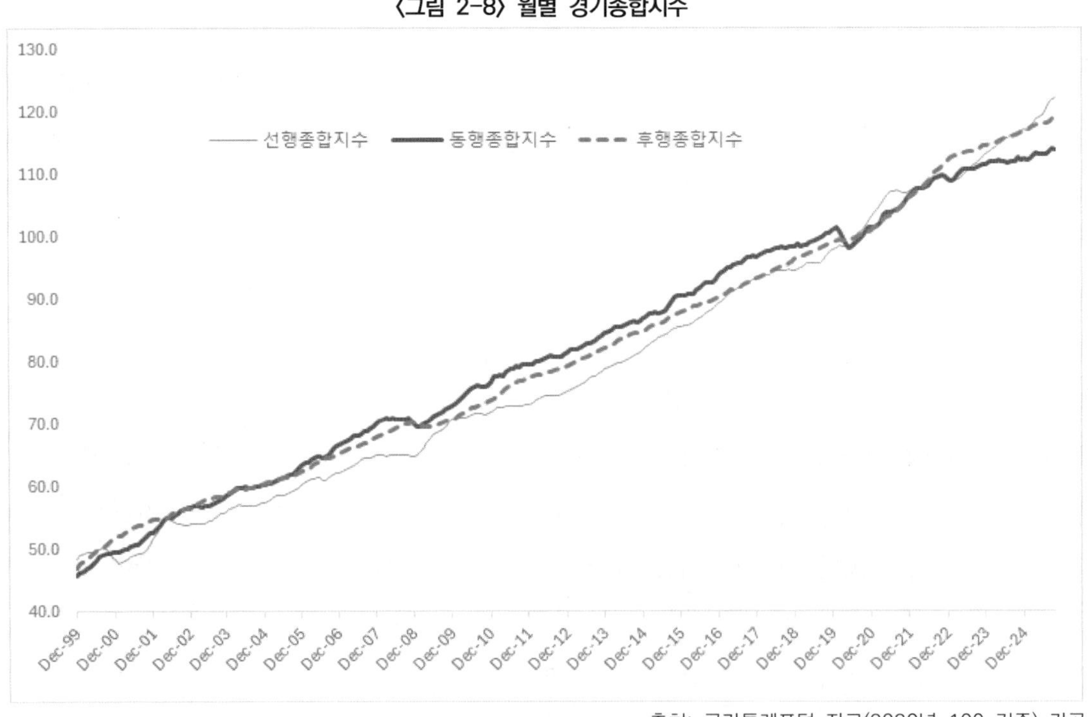

출처: 국가통계포털 자료(2020년 100 기준) 가공

〈그림 2-9〉 경기종합지수 순환변동치

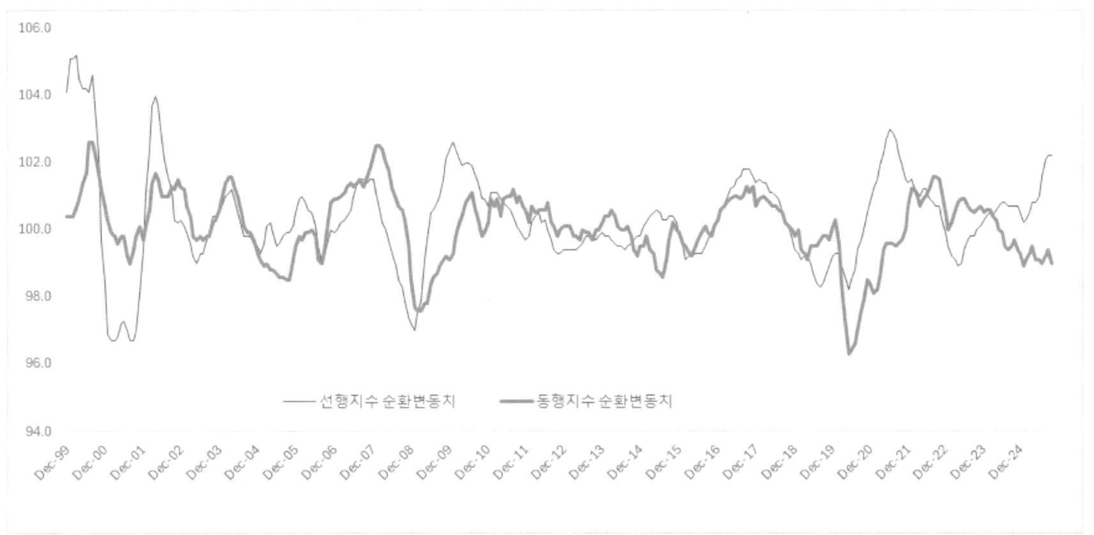

출처: 국가통계포털 자료(2020년 100 기준) 가공

다. 설문조사를 이용하는 방법

한 나라 전체의 경기는 기업과 소비자들이 개별적으로 느끼는 경기를 합친 것이라 할 수 있다. 따라서 소비자와 기업들이 경제를 보는 시각을 종합한다면 전반적인 경기 상황을 판단하는 데 큰 도움이 될 수 있을 것이다. 경제심리지수란 기업가 또는 소비자들의 경제에 대한 인식을 조사하여 작성한 지표이다. 대표적인 지수로 기업가를 대상으로 한 기업경기실사지수(Business Survey Index; BSI)와 소비자를 대상으로 한 소비자동향지수(Consumer Survey Index; CSI)가 있다. 설문조사는 다른 방법보다 비교적 손쉽게 경기변동을 판단하게 해준다는 장점이 있다.

1) 기업경기실사지수

기업경기실사지수(BSI)는 한국은행을 비롯하여 전국경제인연합회, 대한상공회의소, 중소기업중앙회 등 여러 기관이 월 또는 분기 단위로 작성한다.

한국은행 기업경기실사지수는 경기에 대한 기업가의 판단과 전망, 설비 투자계획을 비롯한 각종 경영계획을 조사하고 이를 수치화한 경기판단지표이다. 설문조사를 통해 조사항목에 대한 변동방향을 긍정·보통·부정 등 3점 척도를 사용해 나타낸다. 지수의 산식은 다음과 같다.

$$BSI = \frac{(\text{긍정적 응답 업체수} - \text{부정적 응답 업체수})}{\text{전체 응답 업체수}} \times 100 + 100$$

이와 같이 산출된 BSI는 0~200의 값을 가지는데, 100을 넘어서면 긍정적으로 응답한 업체 수가 부정적으로 응답한 업체 수보다 많음을 나타내며 100 미만인 경우는 그 반대를 나타낸다. 기업경기실사지수는 업종별로도 작성되므로 업종별 경기전망을 알아보는 데에도 도움이 된다.

2) 소비자동향지수

소비자동향지수(CSI)는 소비자의 경제에 대한 인식과 향후 소비지출전망 등을 조사한 지표이다. 한국은행의 CSI는 매월 15일을 전후로 일주일에 걸쳐 조사하여 하순에 결과를 발표한다. BSI와 유사한 방식으로 산출되나 BSI가 3점 척도인 데 비해 5점 척도로 이루어져 있다. 항목별 응답은 ① 매우 긍정, ② 다소 긍정, ③ 비슷, ④ 다소 부정, ⑤ 매우 부정 등 5가지로 구성되어 있으며 정도에 따라 가중치를 부여한다.

$$CSI = \frac{(\text{매우긍정} \times 1.0 + \text{다소긍정} \times 0.5 - \text{다소부정} \times 0.5 - \text{매우부정} \times 1.0)}{\text{전체 응답 가구수}} \times 100 + 100$$

CSI는 0에서 200까지의 값을 갖는데, 100을 초과한 경우 긍정적인 답변을 한 소비자가 부정적인 답변을 한 소비자보다 많다는 것을 의미하며 100 미만인 경우는 그 반대를 의미한다.

이상에서 살펴본 BSI와 CSI 같은 심리지표는 전통적인 경제지표가 포착하기 어려운 경제주체의 심리적 변화를 측정하는 데 유용성을 지닌다. 또한 해당 월의 지수를 당기에 조사·공표하는 등 여타 경기관련 지표에 비해 속보성 면에서도 유용한 점이 있다.

심리지표와 실물지표는 대체로 높은 상관관계를 보이지만 때에 따라 다소 괴리되는 움직임을 보이기도 한다. 이는 미래정보 및 기대수준의 반영 여부, 질적 통계와 양적 통계 간의 조사척도 차이, 경제의 불확실성 증대 및 언론의 보도태도 등에 기인한 것으로 분석되고 있다. 예를 들어, 신규수주 등 계수통계에 포착되지 않는 미래에 대한 정보가 심리지표에는 반영될 수 있다. 또한 실물지표가 개선되더라도 기대에 못 미치는 경우 심리지표가 곧바로 회복되지 않고 다소 후행할 수도 있다.

라. 데이터 수집

경기지표에 대한 정보는 대금을 지불하고 구입할 수도 있고, 일반에 허가된 사이트에서 다운받을 수도 있다. 국가통계포털, 한국은행 등에서 국내 거시경제상황에 대한 관련 데이터를 손쉽게 얻을 수 있고, 인터넷을 통해서도 다양한 정보를 얻을 수 있다.

1) 한국은행 경제통계시스템

국민소득, 이자율, 기업경기실사지수, 소비자동향지수, 산업생산 등 경제전반에 대한 주요 정보를 얻을 수 있다(ecos.bok.or.kr).

2) 국가통계포털

경기종합지수(선행·동행·후행 지수), 이자율, 국민소득 등 관련 데이터를 얻을 수 있다(kosis.kr).

2-2 경제정책이 자본시장에 미치는 영향

가. 재정정책이 자본시장에 미치는 영향

1) 확장적인 재정정책의 효과

확장적인 재정정책은 정부지출을 증가시켜 경제 전체의 총수요를 증가시키고 경기를 팽창시키며 물가를 상승시키는 효과를 가져온다. 자본시장에는 확장적인 재정정책의 영향이 복합적으로 발생한다.

우선 확장적인 재정정책이 실시되는 경우 시장이자율은 상승할 것으로 기대할 수 있다. 정부지출의 증가로 소득이 증가하고 물가가 상승하여 실물경제에서의 거래 규모가 커지면서 국채발행에 대한 수요가 증가하고, 이에 따라 이자율이 상승하기 때문이다. 또 국내시장의 이자율이 상승하면 다른 조건에 변화가 없는 경우 해외자본의 국내 유입이 증가하여 환율의 하락을 가져온다.

확장적인 재정정책이 주식시장에 미치는 효과는 명확하지 않다. 확장적인 재정정책의 영향으로 투자와 소비의 증가가 발생하고 경기가 회복되면 경제 전체가 창출하는 미래 소득이 증가할 것이므로, 주가는 상승할 것으로 기대할 수 있다. 그러나 단기적으로는 이자율의 상승과 환율하락의 영향으로 주가 하락이 발생할 수도 있다.

2) 긴축적인 재정정책의 효과

긴축적인 재정정책은 정부지출을 감소시켜 경제 전체의 총수요를 감소시키고 경기를 진정시키며 물가를 하락시키는 효과를 가져온다. 자본시장에는 긴축적인 재정정책의 영향이 복합적으로 발생한다.

우선 긴축적인 재정정책이 실시되는 경우 시장이자율은 하락할 것으로 기대할 수 있다. 정부지출의 감소로 소득이 감소하고 물가가 하락하여 실물경제에서의 거래 규모가 줄어들면 화폐에 대한 수요가 감소하고, 이에 따라 이자율이 하락하기 때문이다. 또 국내시장의 이자율이 하락하면 다른 조건에 변화가 없는 경우 해외자본의 국내 유입이 감소하거나 유출이 발생하여 환율의 상승을 가져온다.

긴축적인 재정정책이 주식시장에 미치는 효과는 명확하지 않다. 긴축적인 재정정책의 영향으로 투자와 소비가 감소하고 경기가 하락하면 경제 전체가 창출하는 미래 소득이 감소할 것이므로, 주가는 하락할 것으로 기대할 수 있다. 그러나 단기적으로는 이자율의 하락과 환율상승의 영향으로 주가 상승이 발생할 수도 있다.

나. 통화정책이 자본시장에 미치는 영향

통화정책은 물가를 안정시키고 지속가능한 경제성장을 이루어 나가려는 일련의 정책을 말한다. 통화정책은 재정정책에 비해 길고 복잡한 경로를 거쳐 자본시장과 실물경제에 영향을 미친다. 통화정책의 운영체제와 통화정책이 이자율과 환율, 그리고 주가에 어떤 영향을 미치는지를 살펴본다.

1) 통화정책의 운영체제

우리나라 중앙은행인 한국은행이 채택하고 있는 통화정책 운영체제는 다음과 같다.

① 물가안정목표제

한국은행은 통화량 등의 중간목표를 두지 않고 정책의 최종 목표인 "물가상승률" 자체를 목표로 설정하고 중기적 시계에서 이를 달성하려 하는 통화정책 운영방식이 물가안정목표제다.

한국은행의 2019년 이후 물가안정목표는 소비자물가 상승률(전년동기대비) 기준 2%이다. 한국은행은 중기적 시계에서 소비자물가 상승률이 물가안정목표에 근접하도록 통화신용정책을 운영하며, 소비자물가 상승률이 목표수준을 지속적으로 상회하거나 하회할 위험을 균형 있게 고려한다.

② 한국은행 기준금리

한국은행 기준금리는 한국은행이 금융기관과 환매조건부증권(RP) 매매, 자금조정 예금 및 대출 등의 거래를 할 때 기준이 되는 정책금리로서 간단히 기준금리(base rate)라고도 한다.

한국은행은 기준금리를 7일물 RP매각 시 고정입찰금리로, 7일물 RP매입 시 최저입찰금리(minimum bid rate)로 사용한다. 그리고 자금조정 예금 및 대출 금리를 기준금리에서 각각 -100bp 및 +100bp 가감하여 운용한다.

한국은행 금융통화위원회는 물가 동향, 국내외 경제 상황, 금융시장 여건 등을 종합적으로 고려하여 연 8회 기준금리를 결정하고 있다. 이렇게 결정된 기준금리는 초단기금리인 콜금리에 즉시 영향을 미치고, 장단기 시장금리, 예금 및 대출 금리 등의 변동으로 이어져 궁극적으로는 실물경제 활동에 영향을 미치게 된다.

③ 통화정책 효과의 파급

한국은행의 기준금리 변경은 다양한 경로를 통하여 경제 전반에 영향을 미친다. 이러한 파급경로는 길고 복잡하며 경제상황에 따라 변할 수도 있기 때문에 기준금리 변경이 물가에 미치는 영향의 크기나 그 파급시차를 정확하게 측정할 수는 없지만 일반적으로 금리경로, 자산가격경로, 신용경로, 환율경로, 기대경로 등을 통하여 통화정책의 효과가 파급된다고 할 수 있다.

2) 확장적인 통화정책의 효과

중앙은행이 통화량을 늘리거나 이자율을 인하하는 확장적인 통화정책을 사용하면 채권시장의 수익률이 떨어지고 주식에 대한 수요가 늘어나 주식 가격이 상승하게 된다.

또 주가 상승으로 투자자의 부가 증가하면 자산가격 경로에 따라 기업의 투자와 가계의 소비가 증가하여 실물경제가 팽창한다. 한편 중앙은행이 정책금리를 내리면 원화로 표시된 금융자산의 수익률이 하락하고 상대적으로 수익률이 높아진 달러화 표시 금융자산에 대한 수요가 커진다. 이에 따라 외환에 대한 수요가 커져 환율이 상승하게 되면, 환율 경로에 따라 경상수지가 개선되고 물가수준이 올라가 주식가격이 상승할 수 있다.

3) 긴축적인 통화정책의 효과

통화량을 줄이거나 이자율을 올리는 긴축적인 통화정책은 주식시장에 비해 상대적으로 채권시장에 대한 수요를 증가시킨다. 이자율 상승으로 채권시장의 수익성이 좋아지는 반면에 주식가격의 하락을 가져오기 때문이다. 또 이자율이 상승하면 국내 금융자산의 수익성이 높아져 해외자본의 유입이 증가하고 이는 환율의 하락을 가져오게 된다.

4) 데이터 수집

재정정책과 통화정책, 금융정책에 대한 자료는 기획재정부와 한국은행, 국회예산정책처, 금융위원회 등에서 얻을 수 있다.

① 기획재정부(www.mosf.go.kr)
② 한국은행 경제통계시스템(ecos.bok.or.kr)
③ 국회예산정책처(www.nabo.go.kr)
④ 금융위원회(www.fsc.go.kr)

다. 테일러 준칙과 미래 통화정책의 방향

정책당국자들은 통화정책을 결정할 때 경제성장의 국면, 유휴생산설비의 정도, 실업률, 물가상승률 등을 주요변수로 고려한다. 중앙은행의 정책이 어떻게 결정될지를 예측할 때 자주 이용되는 분석으로 이른바 테일러 준칙(Taylor rule)이 있다. 이는 미국 경제학자 존 테일러 교수가 제시한 통화정책 운용준칙이며, 적정 인플레이션율과 잠재 GDP 성장률 하에서의 단기균형금리 수준을 의미한다. 식으로 나타내면 다음과 같다.

적정명목기준금리 = 중립적 실질금리 + 예상 인플레이션율 + 0.5×Inflation갭 + 0.5×GDP갭
중립적 실질금리 : GDP갭과 Inflation갭이 0인 상황에서의 실질금리
Inflation갭 = 예상 인플레이션율 − 목표 인플레이션율
GDP갭 = 예상 GDP성장률 − 잠재 GDP성장률

예를 들어 중립적 실질금리가 0.5%이며 예상 인플레이션율이 3.0%이고 목표 인플레이션율 2.0%, 예상 GDP성장률은 2.0%이고 잠재 GDP성장률은 2.5%로 측정되었다 할

때 적정기준금리를 평가해보자. 현재 시장의 명목기준금리는 3.5%이다.

테일러 준칙을 이용하면 적정명목기준금리는 다음과 같다.

$$\begin{aligned}\text{적정명목기준금리} &= 0.5\% + 3.0\% + 0.5\times(3.0\%-2.0\%) + 0.5\times(2.0\%-2.5\%)\\ &= 3.75\%\end{aligned}$$

따라서 테일러 준칙에 의할 때, 현재 시장의 명목기준금리 3.5%에 비해 적정명목기준금리가 3.75%보다 0.25% 높으므로 향후 기준금리의 인상을 예상할 수 있다.

그러나 테일러준칙에 의한 적정명목기준금리는 절대적인 기준은 아니며, 각국의 중앙은행은 주요국 경제상황, 국내 경제 여건, GDP, 소비자물가 등 총량지표, GDP갭, 실업률 등을 종합적으로 고려하여 기준금리를 결정한다.

3 경기순환 국면에 따른 포트폴리오 구성

3-1 경기순환(변동)에 따른 투자

가. 정부정책 대응

1) 경기 과열 시

경기가 과열되면 재정지출 축소, 금리와 세율 인상이 기대된다. 민간소비와 투자를 억제하여 경기를 진정시키려 하기 때문이다. 따라서 경기가 과열되었다고 판단되면 위험자산 비중을 점진적으로 축소하는 것이 바람직하다.

2) 경기 불황 시

경기가 불황상태에 놓이면 재정지출 확대, 금리와 세율 인하가 기대된다. 민간소비와 투자를 증대시켜 경기를 활성화하고자 하기 때문이다. 경기저점에 투자를 시작하면 좋겠지만 저점을 알 수 없기 때문에 위험자산 비중을 점진적으로 증가시키는 신중한 대응이 필요하다.

나. 경기 국면별 투자

1) 경기가 회복기에 들어서면 주가는 선행적으로 상승하며, 기업은 재고가 감소하여 투자를 확대하고 가계소득도 증가하여 주식투자가 가장 유망한 자산이 될 것이다.
2) 경기가 확장기에 들어서면 가계는 늘어난 소득으로 소비여력이 증가하고, 임금과 물가가 상승하게 된다. 이 시기에는 부동산과 같은 실물자산의 투자가 조금 더 유망할 것이다.
3) 경기 후퇴기에는 경제의 불확실성이 커져서 소비가 위축되고 기업들의 실적이 악화되어 주가 하락이 본격화될 수 있다. 이 시기는 아직 물가가 높고 기업 부도 위험이 증가하여 이자율이 높기 때문에 예금과 같은 현금성 자산에 대한 투자가 유망할 수 있다.
4) 경기 수축기에 정부는 과도한 경기침체에 대응하여 경기부양책을 실시하고 금리를 인하하게 된다. 따라서 이 시기에는 금리 하락에 따른 채권 가격 상승이 기대되는바 채권투자가 유망하다.

〈표 2-6〉 경기 국면별 유망 투자자산

경기 국면	순환주기	경제 상황	유망 투자자산
확장국면	회복기	투자확대 및 소득 증가 → 주가상승	주식
	확장기	가계 소비여력 증가 → 물가상승	실물자산
수축국면	후퇴기	경제 불확실성 증대 → 소비위축	현금성 자산
	수축기	경기 부양책 실시 → 금리인하	채권

그러나 실무적으로 현재 경기국면을 정확히 판단하기란 매우 어렵다. 따라서 〈표 2-6〉은 포트폴리오 투자 차원에서 조금 더 투자 비중을 높여야 할 자산을 판단하는 데 참고하는 것이 바람직할 것이다.

3-2 장기적 관점에서의 투자비중 조절

자본시장은 경기 국면에 따라 계속 변동한다. 문제는 실무적으로 현재의 경기 국면을 제대로 파악하기 어렵고, 설사 잘 파악하였다고 하더라도 자산구성을 급하게 변경하는 의사결정을 내리기도 쉽지 않으며, 이를 고객 포트폴리오에 적용하기 위해 고객을 설득하는 작업도 만만치 않다는 데 있다.

또한 주식시장은 경기 국면을 선행하는 경향이 있어 경기 국면을 잘 파악하였다고 하더라도 주가가 이미 크게 하락하거나 상승한 다음에 투자 비중 조절에 나서야 하는 상황에 직면하게 된다. 이미 움직인 시장에 대해 설명이 가능할 순 있겠지만 중요한 것은 미래 시장에 대한 예측이다.

CPB 입장에서 급변하는 자본시장에 적극적으로 대처하는 것은 아주 어렵고, 또 바람직하지도 않다. 시장을 초과하는 수익률을 지속적으로 올릴 수 있는 사람은 거의 찾아보기 힘들다. 과거 실적 기준으로 워런 버핏이나 피터 린치 정도가 장기적으로 초과수익률을 올린 펀드매니저라고 할 수 있다. 그렇지만 대부분의 투자자는 닷컴 버블 때 워런 버핏의 시대가 지나갔다고 하였고, 피터 린치가 운용한 마젤란펀드가 시장 대비 저조한 성과를 보이자 투자자들이 떠나버려 오히려 손실을 보기도 하였다.

급변하는 자본시장을 따라잡으려 하기보다는 프라이빗뱅커로서 장기적인 관점에서 균형을 잡고 고객 상담에 응하는 것이 현실적으로는 바람직할 것이다.

〈그림 2-10〉 경기동행종합지수와 KOSPI

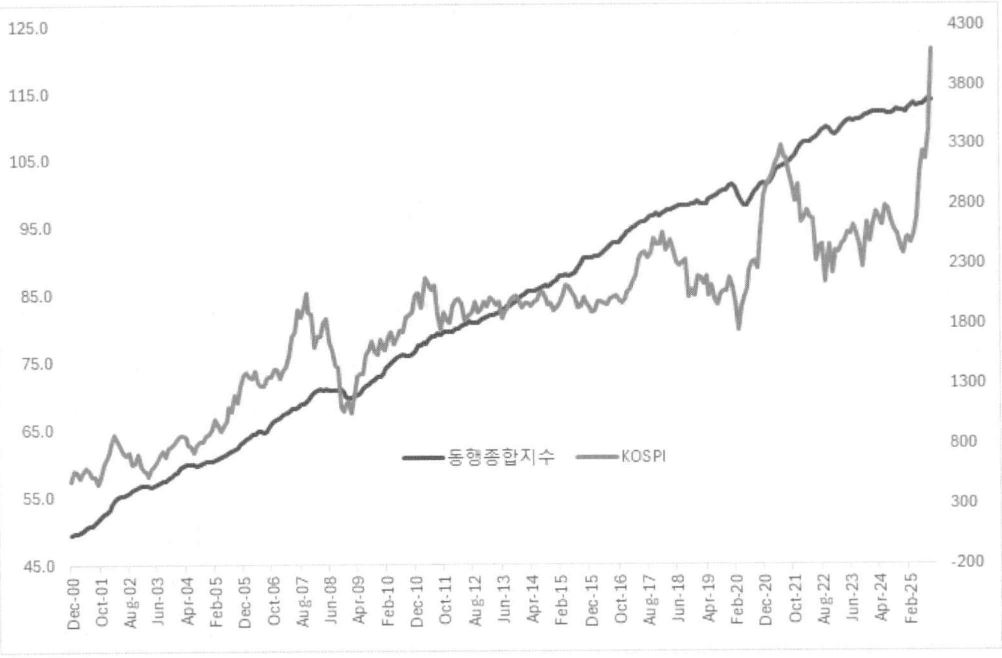

출처: 국가통계포털, 한국거래소 자료 가공

〈그림 2-10〉은 경기동행종합지수와 KOSPI의 움직임을 하나의 그래프로 나타낸 것이다. 장기적인 관점에서 우리나라 경제수준을 나타내는 경기동행종합지수는 꾸준히 상승하였지만, 주가는 경기의 사이클에 따라 과잉반응하는 모습을 계속적으로 보였다. 그런데 포트폴리오의 수익률을 결정하는 가장 큰 요인은 급변하는 주식에 대한 투자비중 결정이다. 유럽의 전설적인 투자가인 앙드레 코스톨라니는 다음과 같이 말하였다.

"한 남자가 개를 데리고 산책을 한다. 보통 개는 주인과 나란히 가지 않는다. 개는 주인보다 앞서가다가 주인에게서 멀어졌음을 깨닫고 결국 주인에게로 돌아온다. 주인이 1㎞를 걷는 동안 개는 앞서가다 돌아오기를 반복하면서 4㎞를 걷게 된다. 여기서 주인은 경제이고 개는 주식시장이다. 때로는 이 둘이 서로 어긋나는 움직임을 보일 때도 있지만 장기적으로 보면 경제와 증시는 같은 방향으로 간다."

중단기적으로 보면 주식시장은 경제보다는 돈과 심리에 의해 움직인다. 코스톨라니는 심리가 90%인 것이 주식시장이라고 보았다. 군중심리로 움직이는 주식시장을 계속 따라잡기 위해 노력하기보다는 주식시장이 경제로 돌아오기를 기다리며 포트폴리오를 유지하는 것이 가장 바람직한 포트폴리오 운용방안이라고 판단한다.

주·요·내·용·종·합·정·리

01 경제분석은 글로벌 경제에 대한 분석에서 출발한다. 기업의 경영활동이 글로벌화하고 글로벌 시장의 개방과 통합이 빠르게 이루어지면서 특정 기업이 실현하는 미래의 이익과 현금흐름은 세계 각국의 경제상황과 해외의 경쟁기업, 환율, 해외 소비자의 수요변화 등에 직접적으로 영향을 받게 되었다.

02 국내 경제동향을 나타내는 주요 경제변수는 GDP 성장률, 소비자물가지수, 시장 이자율, 통화량, 국제수지, 환율, 실업률, 산업생산 등이다.

03 과거 통계수치 계산으로 수익률의 평균(기댓값), 분산, 표준편차, 그리고 공분산과 상관계수를 이용할 수 있다.

04 자본시장기대치를 추정하기 위해서 평균, 분산 또는 표준편차, 공분산 및 상관계수를 포함하여 이들로부터 계산된 베타, VaR(Value at Risk), 추적오차(tracking error), 듀레이션(duration), 샤프비율(Sharpe ratio) 등 다양한 정보가 구성되고 이용된다.

05 모형에 의한 자산배분 변수 예측에는 통계모형을 이용하는 방법, 현금흐름할인모형을 이용하는 방법, 위험프리미엄 방법, 자산가격결정모형을 이용하는 방법 등이 있다.

06 경기란 한 나라 경제의 총체적인 활동 수준이라고 할 수 있다. 경기가 장기적인 성장추세를 중심으로 상하로 반복하여 오르내리는 것을 경기변동 또는 경기순환이라고 한다.

07 현재의 경기상황을 진단하고 앞으로의 경기흐름을 예측하는 방법으로 개별경기지표분석, 계량모형분석, 종합경기지표분석, 경제심리지표분석 등이 있다.

08 재정정책에는 확장적인 재정정책과 긴축적인 재정정책이 있는데, 재정정책이 주식시장에 미치는 효과는 명확하지 않다. 통화정책은 재정정책에 비해 길고 복잡한 경로를 거쳐 자본시장과 실물경제에 영향을 미친다.

09 급변하는 자본시장에 적극적으로 대처하기란 아주 어렵다. 급변하는 자본시장을 따라잡으려 하기보다는 장기적인 관점에서 균형을 잡고 고객 상담에 응하는 것이 현실적으로는 바람직할 것이다.

연·습·문·제

01 글로벌 거시경제지표에 대한 설명으로 적절하지 않은 것은?

① 미국의 금리 인상은 신흥시장 국가에 투자되고 있던 투자자금의 이탈을 촉발한다.
② GDP 성장률은 실질 국내총생산(GDP)이 전년도에 비하여 얼마나 증가하였는가를 나타낸다.
③ 국제수지가 흑자이면서 인플레이션율이 낮을수록 해당 국가의 통화가치가 높게 평가된다.
④ 주가지수는 특정 시점의 경제상황을 나타낼 뿐만 아니라 미래의 경제예측까지를 반영하는 대표적인 지표이다.
⑤ 국내총생산(GDP)은 일정 기간 한 나라 안에서 생산되는 중간재와 최종재의 화폐가치를 모두 더한 것을 의미한다.

02 환율과 원자재가격의 변화가 국내경제에 미치는 영향에 대한 설명으로 적절하지 않은 것은?

① 원화가치가 상승하면 수출이 줄어든다.
② 환율이 하락하면 국내물가의 안정 요인으로 작용하게 된다.
③ 원화가치가 하락하면 수입이 줄어들어 경상수지가 개선된다.
④ 환율이 상승하면 외채를 보유한 기업들의 원리금 상환부담이 경감된다.
⑤ 국제 원자재가격은 국내 생산자물가 및 소비자물가에 선행하여 움직인다.

03 주식시장의 평균수익률이 10%이고 수익률의 표준편차가 15%라고 할 때 1년 후 나타날 수 있는 주식시장의 수익률 구간을 68.27% 확률 구간으로 예측한 것으로 맞는 것은(수익률 분포는 정규분포를 가정한다)?

① +5%~+15%
② 0%~+20%
③ -5%~+25%
④ -10%~+30%
⑤ -20%~+40%

연·습·문·제

04 10억 원을 주식펀드에 투자한 경우 95% 신뢰수준의 연간 VaR 값은 얼마인가(주식펀드 수익률의 연간 평균 수익률은 8%이며, 수익률의 연간 표준편차는 12%이다. 수익률 분포는 정규분포를 가정한다)?

① -0.40억 원
② -1.18억 원
③ -1.48억 원
④ -1.65억 원
⑤ -1.99억 원

05 다음 자료를 가지고 ICAPM을 이용하여 국내 주식의 기대수익률을 구한 수치와 가장 가까운 것은?

> 글로벌 시장포트폴리오(GM)의 샤프비율: 0.25
> 국내 주식수익률의 표준편차: 15%
> 국내 주식과 GM 간의 상관계수: 0.70
> 무위험이자율: 3%
> 국내 주식의 글로벌 통합 정도: 0.8

① 5.85%
② 6.30%
③ 7.45%
④ 7.80%
⑤ 8.25%

정·답·및·해·설

01 ⑤ 국내총생산(GDP)은 일정 기간 한 나라 안에서 생산되어 최종적으로 사용되는 재화와 서비스의 화폐가치를 모두 더한 것을 의미한다.

02 ④ 환율이 상승하면 외채를 보유한 기업들의 원리금 상환부담이 증가한다.

03 ③ 실제수익률이 '평균 ± 1표준편차' 구간 안에 위치할 확률이 68.27%이므로 10%±15% = -5%~+25%이다.

04 ② $95\%\ VaR = W_0 \times [E(r) + Z_\alpha \times \sigma] = 10 \times (0.08 + (-1.65) \times 0.12)$
$= 10 \times (-.118) = -1.18$(억 원)

05 ① 단계 1: 시장이 완전히 통합된 경우의 위험프리미엄
국내 주식의 위험프리미엄 = 15.0%×0.70×0.25 = 2.625%
단계 2: 시장이 완전히 분할된 경우의 위험프리미엄
국내 주식의 위험프리미엄 = 15.0%×1.0×0.25 = 3.75%
단계 3: 시장 통합 수준을 반영한 가중평균 위험프리미엄의 추정
국내 주식의 위험프리미엄 = 0.8×2.625% + 0.2×3.75% = 2.85%
단계 4: 기대수익률의 추정
국내 주식의 기대수익률 = 3%+2.85% = 5.85%

제3장

포트폴리오 자산배분

제3장 포트폴리오 자산배분

학습개요

전략적 자산배분의 이해에서는 전략적 자산배분의 역할과 국제분산투자, 고객의 목표수익률과 위험감수성향에 따른 자산배분에 대해 살펴본다.

전술적 자산배분의 이해에서는 전술적 자산배분의 개념과 스타일 투자전략을 살펴본다.

모니터링과 자산재배분에서는 고객의 상황 변화를 점검하는 방법과 자산재배분 방법을 살펴본다.

학습목표

» 전략적 자산배분의 역할을 이해하고 설명할 수 있다.

» 국제분산투자의 필요성, 국제분산투자의 문제점, ICAPM을 통한 적정 해외투자 규모 산정, 국제분산투자 시 고려사항을 이해할 수 있다.

» 고객의 목표수익률과 위험감수성향에 따른 자산배분을 이해할 수 있다.

» 전술적 자산배분의 개념과 스타일 투자전략을 이해할 수 있다.

» 고객 상황 변화 점검, 자산재배분 방법을 이해하고 설명할 수 있다.

제1절 | 전략적 자산배분의 이해

1 전략적 자산배분의 역할

1-1 자산배분의 의미

자산배분(asset allocation)은 투자대상으로 선정된 여러 유형의 자산에 투자자금을 배분하는 결정을 말한다. 자산배분은 포트폴리오 구성단계에서 투자자가 내려야 하는 여러 의사결정 중에서 가장 중요한 것으로 포트폴리오가 가져다줄 수익과 위험의 크기를 결정짓는다.

자산배분은 전략적 자산배분(strategic asset allocation)과 전술적 자산배분(tactical asset allocation)으로 나누어진다. 전략적 자산배분은 객관적인 경제 분석을 근거로 장기적인 자산배분 목표를 설정하는 과정이며, 포트폴리오의 목표수익률과 허용위험을 반영하여 여러 자산에 대한 투자비율을 결정하는 것을 말한다. 또 전략적 자산배분은 자산들의 가격이 효율적으로 평가되어 있고 투자기간 말까지 투자자의 특성에 변화가 발생하지 않는다는 가정하에 이루어진 장기적 관점에서의 최적 자산배분을 의미하며, 이는 목표 투자기간 말까지 자산배분의 기준이 된다. 그에 비해 전술적 자산배분은 자산 가격이 시장상황의 변화에 따라 일시적으로 과소평가되거나 과대평가될 수 있다고 보고, 이러한 상황 변화를 반영하여 투자비율을 변경하는 것을 말한다.

1-2 전략적 자산배분

전략적 자산배분은 객관적인 경제 분석을 근거로 장기적인 자산배분 목표를 설정하는 과정이다. 포트폴리오의 목표수익률과 허용위험을 반영하여 결정되며, 목표 투자기간 말까지 자산배분의 기준이 된다. 그러나 투자가 끝날 때까지 최초에 이루어진 자산배분을 그대로 유지하는 경우는 매우 드물다. 즉, 자산배분은 시장상황의 변화와 투자자의 성향 변화 등에 따라서 조정이 이루어진다. 그러나 이러한 경우 자산배분의 변경에 따른 비용과 번거로움이 너무 크므로 대부분의 경우 자산관리사는 전략적 자산배분을 주기적으로 조정하거나, 일정한 조정기준을 설정하고 이에 따라 조정하게 된다.

가. 전략적 자산배분을 위한 주요 기준과 제약조건

전략적 자산배분을 위한 핵심 기준은 목표수익률과 허용위험이다. 여기에 펀드 운용과정에서 준수해야 하는 다양한 제약요인을 고려하여야 한다.

1) 목표수익률

목표수익률은 포트폴리오의 목적을 달성하기 위하여 사전적으로 설정하는 자산운용 수익률의 목표치로서 허용위험 한도와 함께 전략적 자산배분의 근거로 활용된다. 예를 들어 어떤 채권펀드의 목표수익률이 다음과 같이 설정될 수 있다.

> 연간 목표수익률
> = Max[실질GDP성장률 + 예상소비자물가상승률, 3년 만기 국고채수익률]

즉 이 펀드의 연간 목표수익률은 '실질GDP성장률 + 예상소비자물가상승률'과 '3년 만기 국고채수익률' 중 큰 값으로 한다. 이때 예상소비자물가상승률은 한국은행이 발표하는 수치를, 3년 만기 국고채수익률은 전문기관의 거래에서 확인되는 거래수익률을 이용할 수 있다.

포트폴리오의 목표수익률은 재무목표를 달성하기 위해 투자기간에 필요한 수익률을 말한다. 목표수익률을 달성하기 위한 자산배분을 구성하고, 투자자의 위험감수성향과 위험감수능력에 비추어 적정한지를 점검할 필요가 있다.

2) 허용위험 한도

전략적 자산배분안을 도출하기 위한 허용위험 한도는 포트폴리오의 예상수익률이 특정한 기준수익률에 미달할 가능성[이를 'shortfall risk(부족 위험)'라 부른다]이 특정 비율 이내로 통제되도록 설정하는 것이 보통이다. 예를 들어 포트폴리오의 허용위험 한도는 원금손실

가능성이 20% 이내(shortfall risk≤20%)가 되도록 설정할 수 있다.

허용위험 한도 = 원금손실가능성 20% 이내(shortfall risk ≤ 20%)

그리고 이러한 허용위험 한도는 특정 신뢰수준하에서 측정되는 VaR 값으로 나타낼 수 있다.

3) 기타의 제약요인

목표수익률 및 허용위험 한도와 더불어 전략적 자산배분안을 도출하기 위해서는 포트폴리오 운용 과정에서 준수해야 하는 다양한 제약요인을 고려하여야 한다. 예를 들어 상시 유지하여야 하는 적정 유동성 규모, 포트폴리오 운용에서 준수하여야 하는 투자제약사항, 세금문제 등을 고려하여야 한다.

나. 포트폴리오 기대수익률 및 위험 계산

포트폴리오의 기대수익률은 개별자산 기대수익률을 배분비중으로 가중평균하면 계산할 수 있다. 다음은 포트폴리오의 기대수익률을 수식화한 것이다.

$$E(R_P) = \sum_{i=1}^{n} W_i \times E(R_i)$$

$E(R_P)$: 포트폴리오 기대수익률

$E(R_i)$: i자산의 기대수익률

n : 보유하고 있는 개별자산의 수

W_i : i자산의 투자비중

예를 들어 다음과 같이 A, B 두 자산으로 구성된 포트폴리오가 있다고 하자.

자산	배분비중(%)	기대수익률(%)	표준편차(%)	공분산	상관계수
A	60	5.0	4.0	0.0006	0.1
B	40	10.0	15.0		

위의 포트폴리오 기대수익률은 개별자산 기대수익률을 배분비중으로 가중평균하여 다음과 같이 계산된다.

포트폴리오의 기대수익률 = 0.6×5.0%+0.4×10.0% = 7.0%

포트폴리오의 위험은 개별자산 수익률의 공분산이나 상관계수를 반영하여 계산하여야 한다. 다음은 포트폴리오 수익률의 위험(표준편차)을 공분산을 가지고 수식화한 것이다.

$$\sigma_P = \sqrt{\sum_{i=1}^{n} W_i^2 \sigma_i^2 + \sum_{i=1}^{n}\sum_{j=1}^{n} W_i W_j \times Cov_{i,j}}$$

σ_P: 포트폴리오 수익률의 표준편차

W_i : i자산의 투자비중

W_j : j자산의 투자비중

σ_i : i자산수익률의 표준편차

$Cov_{i,j}$: i자산과 j자산 수익률의 공분산, $i \neq j$

위의 포트폴리오 위험은 다음과 같이 6.68%로 계산된다.

$$\sigma_P = \sqrt{W_A^2 \sigma_A^2 + W_B^2 \sigma_B^2 + 2 \times W_A W_B \times Cov_{A,B}}$$

$$= \sqrt{0.6^2 0.04^2 + 0.4^2 0.15^2 + 2 \times 0.6 \times 0.4 \times 0.0006} = 0.0668$$

공분산은 다음과 같이 상관계수로 나타낼 수 있다.

$$Cov_{i,j} = \sigma_i \times \sigma_j \times \rho_{i,j}$$

$Cov_{i,j}$: i자산과 j자산 수익률의 공분산

σ_i : i자산수익률의 표준편차

σ_i : j자산수익률의 표준편차

$\rho_{i,j}$: i자산수익률과 j자산수익률의 상관계수

따라서 포트폴리오 수익률의 위험(표준편차)을 상관계수를 이용하여 다음과 같은 수식으로 나타낼 수 있다.

$$\sigma_P = \sqrt{\sum_{i=1}^{n} W_i^2 \sigma_i^2 + \sum_{i=1}^{n}\sum_{j=1}^{n} W_i \sigma_i \times W_j \sigma_j \times \rho_{i,j}}$$

σ_P: 포트폴리오 수익률의 표준편차

W_i : i자산의 투자비중

W_j : j자산의 투자비중

σ_i : i자산수익률의 표준편차

σ_j : j자산수익률의 표준편차

$\rho_{i,j}$: i자산과 j자산 수익률의 상관계수, $i \neq j$

위의 포트폴리오 위험은 상관계수를 이용하여도 다음과 같이 6.68%로 계산된다.

$$\sigma_P = \sqrt{0.6^2 0.04^2 + 0.4^2 0.15^2 + 2 \times 0.6 \times 0.04 \times 0.4 \times 0.15 \times 0.1} = 0.0668$$

다. 전략적 자산배분 시스템

주요 연기금에서 전략적 자산배분은 보통 3~5년 이상의 장기자산배분을 결정하는 것을 말한다. 개인투자자의 입장에서도 최소 3년 이상 지켜야 할 자산배분 전략을 수립하게 된다.

1) 평균-분산 최적화 모형

각 자산군의 기대수익률(평균)과 위험(분산 또는 표준편차), 자산수익률 간 상관계수를 토대로 가장 높은 위험 보상비율(위험 대비 위험프리미엄의 비율, 샤프비율)이 기대되는 효율적 투자선(efficient frontier)을 도출한다.

기대수익률과 위험 간의 관계를 고려하여 동일한 위험수준하에서 최대한으로 보상받을 수 있는 지배원리(dominance principle)에 의하여 포트폴리오를 구성한다. 지배원리란 위험이 같을 경우 수익률이 큰 투자방법이 수익률이 낮은 투자방법을 지배하고, 수익률이 같을 경우 위험이 작은 투자방법이 위험이 큰 투자방법을 지배한다는 원리다.

〈그림 3-1〉 평균-분산 최적화 모형에 따른 자산배분

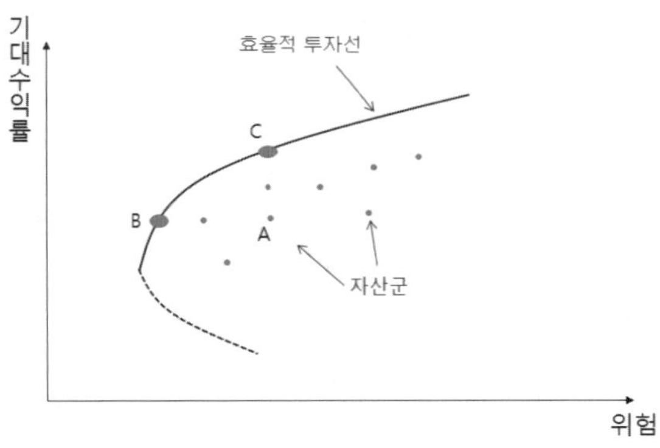

〈그림 3-1〉에서 고객의 포트폴리오가 A점에 있다면, 동일한 기대수익률하에서 위험을 최소화할 수 있는 B점으로 이동하거나 동일한 위험에서 제일 높은 기대수익률을 가진 C점으로 이동하여 효율적 투자선상에서 자산배분이 이뤄질 수 있도록 한다.

평균-분산 최적화 모형은 글로벌 연기금 사이에서 가장 널리 사용되는 모형이지만, 기대수익률 등 투입변수의 변동에 배분 결과가 지나치게 민감하다는 단점을 지니고 있다. 또한 대다수 자산에는 투자비중이 배분되지 않고 일부 자산에만 투자비중이 집중되는 경우가 자주 일어난다. 이에 따라 평균-분산 최적화 모형을 통한 자산배분이 오히려 분산투자를 거스르는 역설적인 상황이 초래된다.

2) 평균-분산 최적화 모형을 활용한 사례

평균-분산 최적화 모형을 통해 최적화된 자산배분 사례를 도출하기 위해 다음과 같은 자료를 야후 파이낸스에서 수집하여 분석하였다.

자산배분 대상자산: 미국 S&P500지수, 독일 DAX지수, 한국 KOSPI지수, 일본 니케이225지수, 홍콩 항셍지수, Gold 가격
자료 분석 기간: 2004년 11월 18일~2025년 12월 30일

동 기간 중 최고 수익률을 나타낸 자산은 Gold이며, 2위는 독일 DAX, 3위는 미국 S&P500지수, 4위는 한국 KOSPI, 5위는 일본 니케이225지수, 6위는 홍콩 항셍지수였다(배당수익률은 반영되지 않은 수익률임).

〈그림 3-2〉 자산별 누적 수익률 그래프

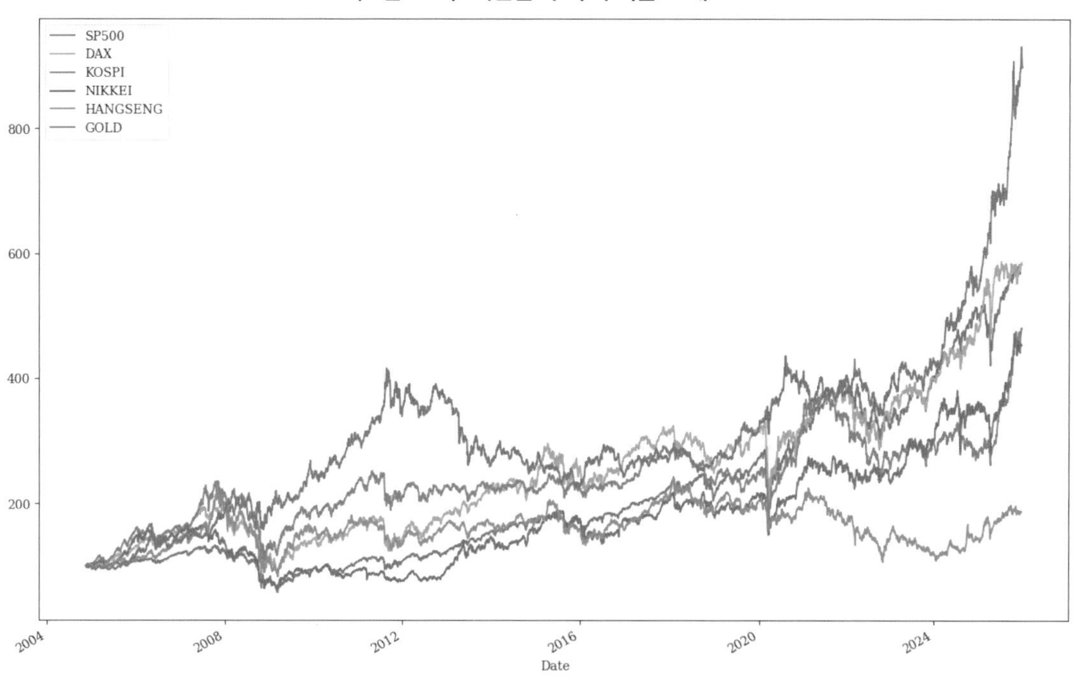

구분	S&P500	DAX	KOSPI	NIKKEI	HANGSENG	Gold
연간 수익률	9.57%	9.61%	8.53%	8.22%	3.41%	11.93%
연간 표준편차	20.20%	21.80%	20.86%	24.70%	25.19%	18.78%

자산 수익률 간 상관계수는 다음과 같았다.

	SP500	DAX	KOSPI	NIKKEI	HANGSENG	GOLD
SP500	1.0000	0.6162	0.2658	0.2193	0.2751	0.0596
DAX	0.6162	1.0000	0.3985	0.3999	0.4122	0.0383
KOSPI	0.2658	0.3985	1.0000	0.6555	0.6299	0.0832
NIKKEI	0.2193	0.3999	0.6555	1.0000	0.5714	0.0305
HANGSENG	0.2751	0.4122	0.6299	0.5714	1.0000	0.0807
GOLD	0.0596	0.0383	0.0832	0.0305	0.0807	1.0000

위의 자료를 가지고 Python을 이용하여 수많은 포트폴리오를 무작위로 구성하였고 이 중에서 효율적 투자선을 도출한 결과는 〈그림 3-3〉과 같다.

〈그림 3-3〉 효율적 투자선

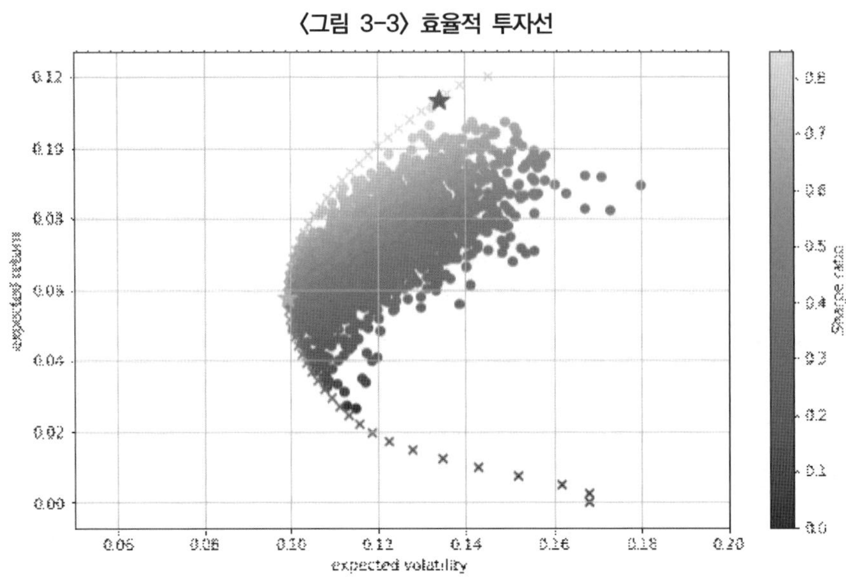

효율적 투자선상에서 위험이 가장 작은 최소분산 포트폴리오(Minimum Variance Portfolio; MVP)와 샤프비율이 최대인 포트폴리오의 자산배분은 다음과 같았다.

	S&P500	DAX	KOSPI	NIKKEI	HANGSENG	Gold
MVP	24.6%	7.6%	17.0%	8.2%	1.0%	41.5%
최대샤프비율	22.4%	9.8%	13.0%	5.2%	0.0%	49.6%

최소분산 포트폴리오의 경우 여러 자산에 분산투자하였으나, 위험 대비 초과수익률이 높은 샤프비율을 추구하는 포트폴리오의 경우 과거 수익률이 높았던 자산에 집중하여 자산배분을 하고 있음을 알 수 있다.

만약 연도별로 실현된 수익률과 표준편차를 가지고 연도별로 최적의 포트폴리오를 구성한다면 다음과 같은 포트폴리오가 최적의 포트폴리오가 된다.

연도	S&P500	DAX	KOSPI	NIKKEI	HANGSENG	Gold
2021	93.65%	6.35%				
2022						100.00%
2023	38.89%	11.56%	2.67%	24.89%		21.98%
2024	40.77%	26.16%			0.66%	32.41%
2025	9.07%		44.15%			46.77%

평균-분산 최적화모형은 위와 같이 대다수 자산에는 투자비중이 배분되지 않고 일부 자산에만 투자비중이 집중되는 경우가 자주 일어난다. 현실 상황에서 평균분산모형을 통한 자산배분이 오히려 분산 투자를 거스르는 역설적인 상황이 초래된다.

자본자산가격결정모형(CAPM)에 따라 무위험자산을 추가하여 자본시장선(Capital Market Line; CML)을 도출하면 〈그림 3-4〉와 같이 나타난다.

〈그림 3-4〉 자본시장선

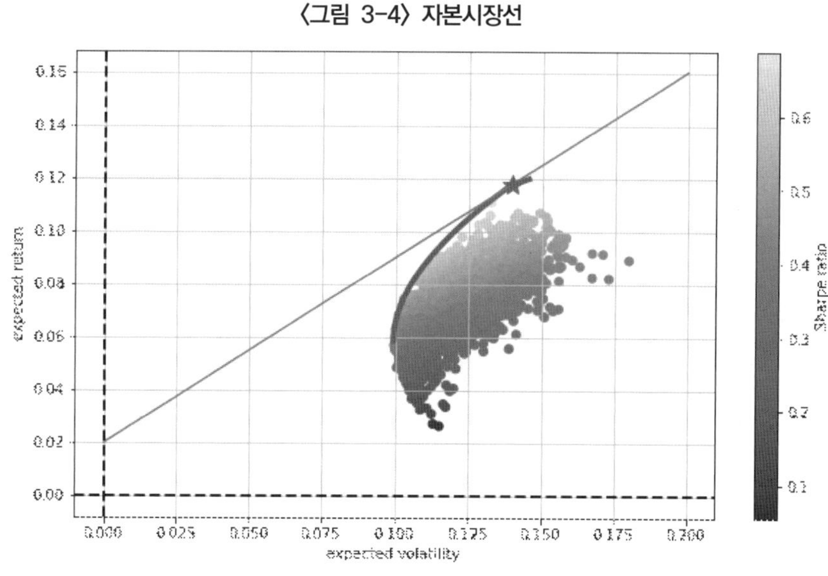

3) 블랙-리터만 모형

블랙-리터만 모형은 시장에서 관찰되는 포트폴리오를 효율적인 자산배분으로 가정하고 여기에 투자자의 미래전망을 가미하여 최적 배분안을 도출하는 방법이다.

〈그림 3-5〉 균형기대수익률과 시장전망의 결합 과정

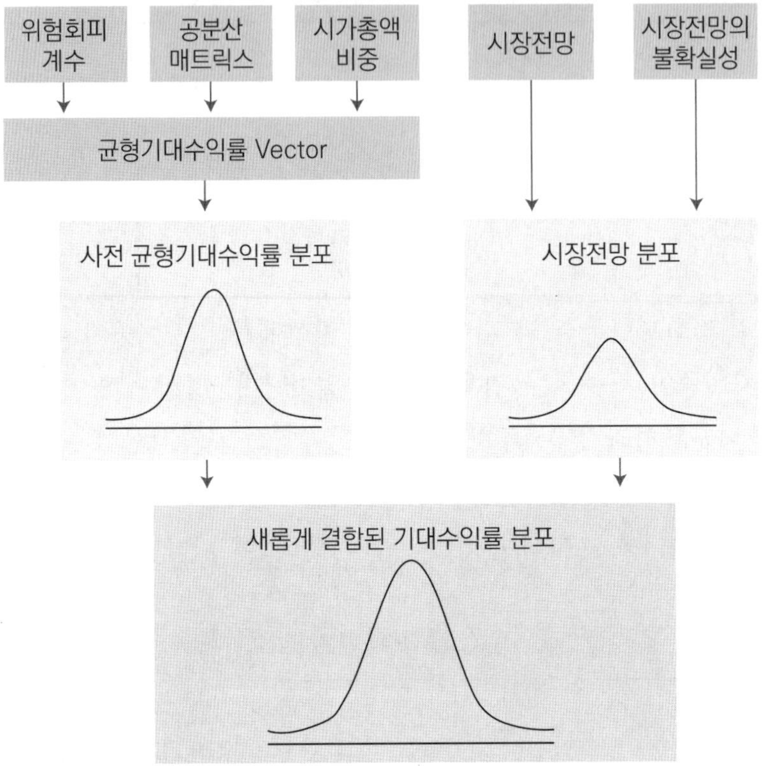

출처: Idzorek(2007)

블랙(Black)과 리터만(Litterman)은 기대수익률 등 투입변수 값에 따라 자산배분 결과가 지나치게 크게 바뀌는 문제점에 대처하여 기대수익률을 정확히 추정할 수 있는 방안을 제시했다. 이를 위해 이들은 시장포트폴리오에 내재된 균형기대수익률을 기초로 투자자의 시장전망을 반영한 기대수익률을 도출하고 이를 평균-분산 최적화 모형에 투입하는 모형을 제안했다. 이를 블랙-리터만(Black-Litterman) 모형이라고 부른다. 동 모형은 내재수익률 개념을 바탕으로 기대수익률을 산출함으로써 견고한 이론적 토대를 갖춘 데다 투자자의 시장전망을 자산배분 과정에 반영시킬 수 있는 장치를 가지고 있어 현재 많은 투자기관이 자산배분 업무에 활용하고 있다.

2 국제분산투자의 이해

2-1 국제분산투자의 필요성

전 세계를 투자대상으로 하는 자산배분 전략은 국내 투자대상만을 대상으로 하는 자산배분에 비하여 우수한 위험분산효과를 기대할 수 있다. 또한 국내에 국한된 투자보다 향상된 위험·수익 간의 조합으로 안정적인 수익기반을 제공할 수 있다.

서로 다른 국가들의 주식 및 채권 등 금융자산 간에는 거시경제정책의 불일치, 경기변동 주기의 차이 등으로 인해 상관계수가 현저히 낮아 국내자산만으로 포트폴리오를 구성하는 것보다 효과적인 분산투자가 가능해진다.

국제분산투자의 필요성은 포트폴리오의 위험을 낮추고 기대수익률을 높여서 보다 효율적인 포트폴리오를 구성하는 데 있다. 기대수익률이 일정할 경우 서로 간의 상관관계가 낮은 자산으로 포트폴리오를 구성하여 위험을 낮출 수 있다. 이러한 효율적인 포트폴리오는 투자대상에 분산투자함으로써 이루어질 수 있다. 따라서 투자대상을 국제자본시장까지 확대할 경우 더 효율적인 포트폴리오를 구성할 수 있는 것이다.

프라이빗뱅커로서 국제분산투자의 필요성은 우선적으로 고객의 재무목표에서 찾아야 할 것이다. 고객의 재무목표 달성을 위해 해외 자산을 일정 부분 취득해야 하는 경우가 있거나 분산투자의 효율성을 높이고자 하는 필요성이 우선 점검되어야 한다. 국제분산투자의 효과가 아무리 좋아도 고객의 재무목표 달성에 도움이 되지 않는다면 고려의 대상이 될 수 없다.

2-2 국제분산투자의 효과에 대한 연구

단일 유가증권에 투자하는 것보다 여러 유가증권 또는 투자자산에 나누어 투자하는 것이 더 나은 투자선택, 즉 효율적 투자선을 형성한다는 것이 마코위츠의 분산투자이론이다. 이를 바탕으로 투자대상을 국제자본시장으로 확대하여 시행할 경우 더 나은 효율적 투자선을 형성할 수 있음을 증명하려는 실증적 연구가 수많은 학자에 의해 이루어졌다. 연구 결과는 국제분산투자로 더 나은 효율적 투자선을 구성할 수 있다는 것으로, 국제분산투자의 효용을 입증하는 것으로 나타났다.

국제분산투자에 대한 기존의 실증분석 결과에 의하면 국내 유가증권 자산을 대상으로 하는 분산투자보다는 국제적으로 분산투자하는 것이 위험 감소 효과가 큰 것으로 나타났다. 위험이 같을 경우 해외자산을 포함한 국제 포트폴리오의 성과가 우월한 것으로 나타나 국제분산투자의 필요성은 많이 검증되어왔다.

그러나 이는 국제자본시장이 완전한 하나의 시장으로 존재한다는 가정을 바탕으로 이루어진 것으로 세계시장이 분할되어 있고 자유로운 투자를 막는 장벽들이 현실적으로 존재한다는 점에서 국제분산투자의 효용은 상당한 한계성을 가지는 것으로 인식해야 한다.

〈그림 3-6〉 국제분산투자에 의한 효율적 투자선

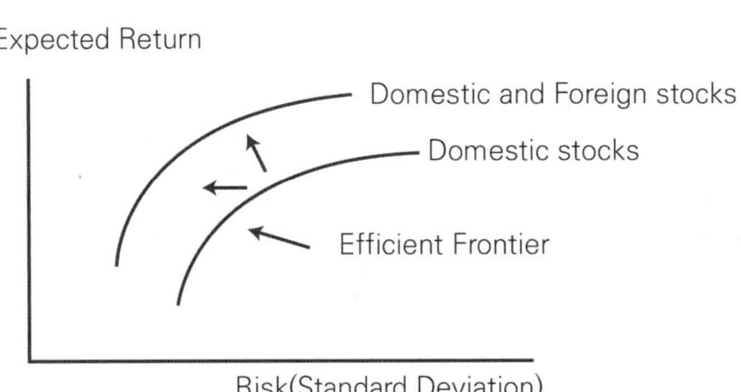

출처: Roger G. Ibbotson & Gary P. Brinson(1993)

여러 증권에 얼마만큼 분산투자하여야 비체계적 위험을 줄일 수 있는지를 브루노 솔닉(Bruno H. Solnik)이 미국 자료를 가지고 실증 분석하였다. 〈그림 3-7〉은 증권의 수를 증가시킴에 따라 위험이 얼마나 감소하는가를 보여주며, 미국의 주식만 대상으로 하는 경우와 국제주식을 대상으로 할 때를 비교하여 보여준다.

증권의 수가 약 20이 되면 증권의 수를 증가시키더라도 위험수준은 별다른 감소효과를 보이지 않는데, 이로써 증권의 수가 약 20일 때의 위험수준을 체계적 위험이라고 할 수 있다. 다시 말하면 비체계적 위험은 약 20종류의 증권에 분산투자함으로써 거의 제거할 수 있는 것이다. 또한 미국의 주식에만 투자할 때 체계적 위험은 약 27%인 반면 국제주식으로 확대하여 포트폴리오를 구성하면 11.7%로 감소한다는 사실도 확인할 수 있다. 이는 미국을 기준으로 할 때 국제분산투자에 의해 체계적 위험을 절반 이상 줄일 수 있음을 의미한다.

〈그림 3-7〉 주식 수 증가에 따른 위험의 변화

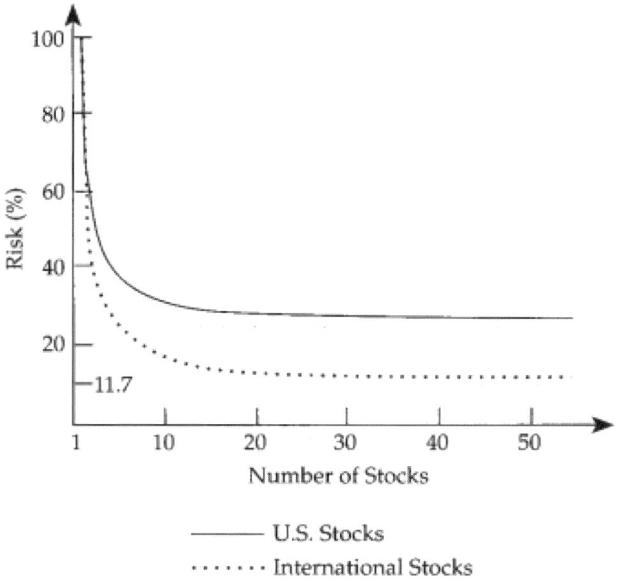

출처: Solnik, Bruno H.(1995)

국내에도 국제분산투자의 효과를 검증한 연구 결과가 많이 있다. 연구 결과는 대체로 동일한 위험하에서는 수익률이 제고되고 동일한 기대수익률하에서는 위험이 감소되는 국제분산투자의 효율성을 증명하였다.

2-3 국제분산투자의 문제점

국제분산투자는 많은 이점을 갖고 있음에도 여러 가지 위험, 특히 외환위험과 특정 국가 위험 등은 예측하기 어렵다. 이런 현실은 국제투자를 주저하게 하는 요인으로 작용한다. 국제분산투자는 투자에 대한 정보의 비용, 투자정보의 이용가능성, 각국의 외환 및 자본통제, 외환위험, 세금 등 국제자본시장이 가지는 구조적인 문제점을 지니고 있다.

먼저 외환위험은 특정 통화의 가치가 다른 통화에 대하여 획일적으로 변동한다면, 환율변동이 손실위험으로 연결될 수 있으므로 국제분산투자에 부정적인 요소가 된다. 예를 들어 원화의 가치만 상승하고 여타 모든 통화가치가 획일적으로 하락한다면 여러 나라의 증권을 보유함으로써 얻을 수 있었던 위험감소효과는 사라지게 된다.

특정 국가 위험은 투자대상국에 대한 고유위험 때문에 발생하는 위험을 말한다. 외국의 점령, 전쟁, 소요 및 무정부상태, 외국인투자자에게 가해지는 각종제한 조치 및 차별정책, 투자자금 압수 또는 회수의 금지 등 많은 요인으로 인해 발생하는데 대부분 정치적인 위험이다.

또한 정보수집의 문제도 있다. 외국 시장에 대한 정확한 정보수집이 어렵고 증권투자의 생명인 신속한 정보획득도 쉬운 일이 아니다. 공시된 정보라 할지라도 외국인으로서는 이해하기 힘든 용어나 회계처리기법이 있을 수 있으며, 각 국가 고유의 사고방식이나 생활양식을 완전히 이해하지 않고는 특정 사안이 어떠한 정보내용을 갖는지 파악하기가 어려운 면이 있다. 더욱이 투자대상국의 투자자들과 동시적이고 동질적인 정보를 얻기 위해서는 그들보다 더 많은 정보비용이 소요된다.

최근 인터넷 등 미디어 및 통신수단, 정보매체의 발달로 정보의 지역적, 공간적 제약은 급속히 사라지고 있으나 각국 시장의 제도적인 제한 등 물리적인 제약은 여전히 존재한다. 국제분산투자의 효율성은 이러한 제약요건의 정도에 따라 상당한 영향을 받을 수 있다.

2-4 해외투자 유형 및 현황

가. 해외투자 유형

해외투자는 해외자산에 자금을 투여하는 것을 말하며, 해외 직접투자와 해외 간접투자로 구분할 수 있다.

해외 직접투자는 해외 기업의 경영에 참여해 사업이익을 얻거나 기술제휴를 하기 위한 투자를 말한다. 외국 기업을 인수하거나, 외국에 기업을 세우거나, 외국기업 지분에 전략적으로 투자하거나, 장기자금을 대여하는 것 등을 말한다. 그리고 해외 간접투자는 외국 기업의 경영에 참여하는 것이 주목적이 아니고 이자나 배당소득, 자본이득 등을 목적으로 하는 투자를 말한다.

〈표 3-1〉 해외투자의 유형

<table>
<tr><td rowspan="3">해외
투자</td><td>해외 직접투자</td><td colspan="2">해외 기업 경영에 직접 참여할 목적으로 투자</td></tr>
<tr><td rowspan="2">해외 간접투자</td><td>해외유가증권
직접투자</td><td>자본이득, 이자, 배당수익을 위해
직접 자기 명의로 증권을 취득</td></tr>
<tr><td>해외펀드 투자</td><td>투자 전문가가 운용하는 해외펀드를 통한 투자</td></tr>
</table>

개인투자가가 해외 증권에 투자하는 방법은 해외 증권을 자기 명의로 직접 보유하거나 해외 펀드를 통해 간접 보유하는 방식이 있다. 해외 펀드는 운용주체 및 운용방식에 따라 역외펀드(off-shore fund)와 해외투자펀드, 해외 재간접펀드(Fund of Funds) 3가지 형태로 구분할 수 있다.

역외펀드는 해외자산운용사가 외국에 펀드를 만들어 전 세계 투자자의 자금을 모집하고 세계 곳곳에 투자하는 펀드를 말한다. 역외펀드는 여러 가지 세금 감면 혜택이 있는 지역(tax haven)에 설정되어 판매되는 경우가 많다. 해외투자펀드는 국내 금융투자업자가 직접 해외증권에 투자, 운용하는 펀드이다. 그리고 해외 재간접펀드는 기존 해외자산운용사들이 이미 만들어 운용하고 있는 펀드에 나누어 투자하는 펀드이다.

해외펀드는 투자하는 지역에 따라 글로벌투자·지역투자·국가투자 펀드 등으로 나눌 수 있고, 지역보다는 특정 산업에 주로 투자하는 섹터펀드도 있다.

글로벌투자 펀드는 전 세계 주식에 골고루 투자하는 형태로 주식의 경우 MSCI지수나 FT지수 등에 따라 투자하는 방식을 취한다. 지역투자 펀드는 특정 지역에 중점적으로 투자하는 펀드로 아시아, 동유럽, 라틴아메리카 등의 지역에 중점을 두는 펀드와 경제성장률이 높은 지역에 투자하는 펀드 등이 있다. 특정한 국가의 증권에 집중 투자하는 국가투자 펀드는 경제성장률이 높은 국가나 천연자원이 풍부한 나라의 주식에 투자하는 형태가 일반적이다. 그리고 섹터펀드는 국가나 지역을 구분하지 않고 특정한 산업이나 주제에 투자하는 해외 펀드이다. 섹터펀드가 성장하는 이유는 특정 국가나 지역을 중심으로 투자하는 해외펀드만으로는 부족한 포트폴리오의 분산효과를 보충해줄 수 있기 때문이다. 헬스케어 펀드, 물 펀드, 에너지 펀드, 4차 산업 관련 펀드 등이 있다.

나. 해외투자 현황

우리나라 해외펀드 투자규모는 2006년부터 폭발적으로 증가하였는데 국내시장에 비해 중국, 인도, 베트남 등 아시아 신흥시장 및 라틴아메리카와 동유럽 증시의 주식시장이 상대적으로 높은 수익을 시현함으로써 투자자들이 국내투자펀드 일변도의 포트폴리오를 변경하였다.

그러나 2008년 금융위기로 이들 지역에 투자한 펀드의 수익률이 급락하면서 많은 평가손실을 보기도 하였다. 국내 투자자들도 특정 지역이나 국가에 편중된 투자는 위험이 크다는 것을 인식하고 분산투자가 잘되어 있는 글로벌투자 펀드나 재간접펀드에 대한 투자비중을 확대하였다.

〈표 3-2〉 국내 펀드시장 동향(공모, 순자산 총액)

(단위: 억 원, %)

구분	금액			비중	
	국내	해외	합계	국내	해외
증권	2,470,153	1,688,569	4,158,722	59.40	40.60
주식	1,151,780	1,035,812	2,187,592	52.65	47.35
혼합주식	27,928	35,679	63,607	43.91	56.09
혼합채권	87,260	48,017	135,277	64.50	35.50
채권	1,171,558	89,203	1,260,761	92.92	7.08
재간접	31,626	479,858	511,484	6.18	93.82
단기금융	1,298,468	20,699	1,319,167	98.43	1.57
파생형	540,150	282,315	822,465	65.67	34.33
부동산	14,075	23,742	37,817	37.22	62.78
특별자산	96,135	3,940	100,075	96.06	3.94
혼합자산	24,536	14,270	38,806	63.23	36.77
합계	4,443,516	2,033,535	6,477,051	68.60	31.40

출처: 금융투자협회, 2025년 12월 30일 기준

2-5 ICAPM을 통한 적정 해외투자 규모 산정

해외투자의 적정 규모를 산출하기에 앞서 개인자산 전체 규모를 주식, 채권, 부동산, 현금 자산집단에 배분하는 자산배분(asset allocation)이 우선되어야 한다.

자산배분이 이루어진 다음에 주식의 경우 국내 주식과 해외 주식, 채권의 경우 국내 채권과 해외 채권, 부동산의 경우 국내 부동산과 해외 부동산으로 나눠 각각의 투자비중을 결정하여야 한다.

이러한 결정을 토대로 해외펀드를 선택해야 하며 좀 더 세부적으로는 지역별, 국가별 또는 섹터별 투자비중을 결정하여 해외펀드를 가입해야 할 것이다.

국제자본자산가격결정모형(International Capital Asset Pricing Model; ICAPM)은 국내자본시장을 대상으로 하는 자본자산가격결정모형(CAPM)을 국제적으로 적용한 모형이다. 즉, 자산의 가격이 국제적으로 통합된 자본시장에서 결정되면 자산에 대한 기대수익률은 세계시장포트폴리오와 같은 국제적으로 분산된 포트폴리오의 위험에 상응하여 정해진다.

국제자본시장이 통합되어 있다면 한 국가의 자본시장을 기준으로 유도한 일반적인 CAPM을 ICAPM으로 확대할 수 있다. 만약 자산의 가격이 국제적으로 통합된 시장에서 결정된다면 개별증권에 대한 기대수익률은 다음과 같다.

$$E(R_i) = R_f + \beta_i \times [E(R_M) - R_f]$$

$E(R_i)$: 자산i의 기대수익률

R_f : 세계 무위험자산의 수익률

$E(R_M)$: 세계 시장포트폴리오(M)의 기대수익률

β_i = 국제분산투자 시 자산i의 체계적 위험

해외자산과 국내자산으로 구성된 포트폴리오의 기대수익률과 표준편차는 다음과 같다.

$$E(R_P) = W_w \times E(R_w) + W_d \times E(R_d)$$

$$\sigma_P = \sqrt{W_w^2 \sigma_w^2 + W_d^2 \sigma_d^2 + 2 \times W_w W_d Cov_{w,d}}$$

$E(R_P)$: 포토폴리오의 기대수익률

W_w: 해외자산투자비율=1-Wd

$E(R_w)$: 해외자산 포트폴리오의 기대수익률

W_d : 국내자산투자비율=1-Ww

$E(R_d)$: 국내자산 포트폴리오의 기대수익률

σ_w: 해외자산 포트폴리오의 기대수익률 표준편차

σ_d: 국내자산 포트폴리오의 기대수익률 표준편차

$Cov_{w,d}$: 해외자산 포트폴리오와 국내자산 포트폴리오의 기대수익률 간 공분산

상기의 식에서 최적화 기법을 이용하여 적정 해외투자규모(Ww)를 찾아볼 수 있을 것이다. 해외투자 시 중요한 점은 단순히 과거 수익률이 높았다든지 다른 사람들이 많이 투자하고 있다든지 등에 주목할 것이 아니라 전체적인 포트폴리오 관리 차원에서 위험을 분산하고 수익률을 높일 수 있는 대안으로 접근해야 한다는 것이다.

전체적인 해외투자비중이 결정되었다면 지역별 또는 국가별 비중을 결정하는 단계로 이동한다. 허버트 그루벨(Herbert Grubel)은 국제분산투자가 이루어질 때 각국 투자비중을 결정하는 요인으로 국제자본시장의 불완전성 외에도 경제적 요인으로 투자대상국의 부의 총계, 이자율 차이의 크기, 국내 및 외국 투자수익률 간의 상관관계, 투자가의 선호체계 등 5가지를 들었다.

참고로 2025년 10월 말 USD 기준 거래소별 주식 시가총액을 보면 미주 지역이 50%, 아시아태평양 지역이 34%, 유럽 및 중동·아프리카 지역이 16% 내외의 비중을 나타내고 있다.

<표 3-3> 거래소별 시가총액 현황

(단위: 10억 달러, %)

지역	주요 거래소	시가총액	비중(전 세계)
미주	Nasdaq	35,673.18	24.03
	NYSE	32,197.06	21.69
	지역 합계	74,252.52	50.02
아시아-태평양	Japan Exchange Group Inc.	7,402.17	4.99
	Shanghai Stock Exchange	8,986.37	6.05
	Hong Kong Exchanges and Clearing	6,195.15	4.17
	Shenzhen Stock Exchange	5,580.51	3.76
	National Stock Exchange of India	5,268.26	3.55
	Korea Exchange	2,688.70	1.81
	지역 합계	50,144.98	33.78
유럽 및 중동 · 아프리카	Euronext	7,740.80	5.22
	Deutsche Boerse AG	2,755.35	1.86
	Saudi Exchange	2,585.11	1.74
	지역 합계	24,034.05	16.19
전체 합계		148,431.55	100.00

출처: WFE(World Federation of Exchanges), 2025년 10월 말 기준

2-6 국제분산투자 시 고려사항

가. 고객의 재무목표 점검

해외투자의 규모를 결정하기 전에 자산배분이 이루어져야 한다고 전술하였다. 자산배분을 위해서는 고객의 재무목표가 무엇인지 명확히 파악해야 한다.

고객의 재무목표가 무엇이냐에 따라 적정한 해외투자 규모 및 환위험 관리방안도 달라져야 할 것이다. 예를 들어 자녀를 미국에 유학시키기 위한 자금형성이 목표여서 글로벌국채펀드에 가입했다면 환위험에 노출시키는 것이 타당할 것이다. 달러화 표시 자산이 향후에 필요하기

때문이다.

근본적으로 해외투자의 목적이 분산투자에 있다는 사실도 잊지 말아야 한다. 국제분산투자의 필요성은 포트폴리오의 위험을 낮추고 기대수익률을 높여서 보다 효율적인 포트폴리오를 구성하는 데 있으며, 고객의 재무목표를 좀 더 효율적으로 달성하는 방안으로 활용하여야 한다.

나. 직접투자와 간접투자

해외투자의 경우 투자자의 명의로 계좌를 개설하여 직접 운용하는 직접투자와 전문성 및 경험이 풍부한 해외자산운용회사의 펀드에 가입하는 간접투자 방식이 있다. 해외 직접투자 시 정보 및 투자경험의 부족으로 어려움을 겪을 가능성이 크고 단기투자에 치중하기 쉬워 장기적으로는 간접투자 대비 운용실적이 저하될 가능성이 있다.

다만 간접투자의 경우라도 다음과 같은 내용을 사전에 점검할 필요가 있다.

① 자산운용사 개요(설립일, 운용규모, Contact Point 등)
② 투자철학 및 투자 스타일
③ 투자 프로세스
④ 투자 관련 조직체계 및 조직도
⑤ 과거의 운용실적(Historical Performance)
⑥ 위험관리조직(Risk Management system)
⑦ 컴플라이언스 조직(Compliance System)
⑧ 고객보고체계(Customer Reporting System)
⑨ 펀드매입 및 환매 과정(Subscription & Redemption Process)

다. 추적오차 관리

추적오차(tracking error)란 펀드의 수익률과 벤치마크 수익률 간의 편차를 나타내는데, 추적오차가 적을수록 펀드의 수익률이 벤치마크의 수익률과 유사하게 움직인다고 볼 수 있다.

추적오차가 큰 펀드는 강세장에서는 수익률을 벤치마크 대비 크게 초과 달성할 가능성이 크지만, 반대로 약세장에서는 벤치마크 대비 크게 미달할 가능성이 크다. 따라서 투자의 안정성이라는 관점에서 본다면 추적오차가 큰 펀드는 매입을 자제하는 것이 바람직하다. 다만 어느 정도의 추적오차가 적정 수준인지는 일괄적으로 이야기하기가 어려우며 지역(region), 자산종류(asset class), 부문(sector), 펀드의 속성 등에 따라 수준이 달라진다. 일반적으로 선진국 시장에 투자하는 펀드가 신흥시장에 투자하는 펀드보다 추적오차가 적으며, 가치주에 투자하는 펀드가 성장주에 투자하는 펀드보다 추적오차가 적은 것으로 나타나고 있다.

라. 환위험 관리

해외투자에 예상되는 위험은 투자대상 증권의 가격 변동에 따른 위험과 환위험으로 대별할 수 있다. 주식투자의 경우 그 자체의 변동성이 높게 나타남에 따라 투자수익에 대비한 환위험은 상대적으로 적게 나타나지만, 채권 투자의 경우 가격의 변동성이 상대적으로 낮기에 환율변동이 투자수익에 미치는 영향이 상대적으로 높게 나타난다.

우선, 해외 채권펀드는 특별한 목적이 없는 한 환헤지를 통해 위험을 관리하는 것이 바람직하다. 해외 채권투자는 우리나라와 외국의 금리차이를 노린 투자인데, 채권투자로 얻는 수익보다 환율 변동에 따른 손실이 훨씬 클 수 있기 때문이다.

해외 주식투자의 경우 환위험헤지 성과에 대해서는 일관된 평가가 없다. 순수한 투자수익만을 얻고자 환헤지를 해야 한다는 주장과 특정 국가의 성장성에 대한 투자이므로 환위험을 같이 가져가야 한다는 주장이 양립한다.

고객의 장기적인 투자목적에 따라 특정 지역이나 국가의 장기적인 성장성에 투자한다면 환위험을 적극적으로 헤지할 필요는 없다고 본다. 다만 가입시점에 적정 환율수준을 예측하기 어려우므로 적립식으로 투자하여 환율 변동 위험을 분산시키는 방법도 고려할 수 있다.

마. 기타 제약조건

최근 인터넷 등 미디어 및 통신수단, 정보매체의 발달로 정보의 지역적·공간적 제약은 급속히 사라지고 있다. 그렇지만 각국 시장의 제도적인 제한 등 물리적인 제약은 여전히 존재한다. 이러한 제약요건의 정도에 따라 국제분산투자의 효율성은 상당한 영향을 받을 수 있다. 환위험 외에 해외투자를 할 때의 제약요인을 정리하면 다음과 같다.

① 특정 국가 위험은 투자대상국에 대한 고유위험 때문에 발생하는 위험으로 외국의 점령, 전쟁, 소요 및 무정부상태, 외국인투자자에게 가해지는 각종제한 조치 및 차별정책, 투자자금 압수 또는 회수의 금지 등이 있으며 대부분 정치적인 위험이다.

② 외국 시장에 대한 정확한 정보수집이 어렵고 증권투자의 생명인 신속한 정보획득도 쉬운 일이 아니라는 문제가 있다. 아무리 공시된 정보라 할지라도 외국인으로서는 이해하기 힘든 용어나 회계처리기법이 있을 수 있으며, 각 국가 고유의 사고방식이나 생활양식을 완전히 이해하지 않고는 특정 사안이 어떠한 정보내용을 갖는지 파악하기가 어려운 면이 있다. 따라서 투자대상국의 투자자들과 동시적이고 동질적인 정보를 얻기 위해서는 그들보다 더 많은 정보비용이 소요된다.

③ 조세문제를 들 수 있다. 많은 나라에서 주식 배당금에 대해 조세를 부과하고 있으며 조세협약으로 이중과세를 방지하고 있다. 국가에 따라서는 해외에서 납부한 조세만큼 대출을 받을 수 있기도 하지만, 여전히 이런 절차는 복잡하고 비용이 많이 든다.

④ 해외펀드의 환매문제이다. 해외펀드는 국내펀드 환매보다 시간이 많이 소요된다. 경우에 따라서는 일정 기간 환매가 금지되는 펀드도 있다. 따라서 긴급한 자금의 운용에는 적합하지 않다. 환매 의사결정 당시의 주가지수와 실제 환매대금 지급 기준가 간에 괴리가 발생할 수도 있다.

3 고객의 목표수익률과 위험감수성향에 따른 자산배분

투자이론에서는 고객의 목표수익률과 위험감수성향에 적합한 자산배분을 도출하기 위해 무위험자산이 포함된 효율적인 투자선인 자본시장선을 도출하고, 투자자의 위험감수성향을 반영한 무차별곡선을 결합하여 최적의 포트폴리오를 도출한다. 그러나 현실적으로 투자자의 무차별곡선을 찾아낸다는 것은 어려운 일이다. 따라서 실무적인 차원에서는 고객의 목표수익률이 주어질 경우 여러 가지 포트폴리오 중에서 기준에 부합하는 포트폴리오를 선정한다. 이러한 방법에 대해 살펴보기로 하자.

3-1 고객의 목표수익률과 허용위험

가. 목표수익률

목표수익률(target rate of return)이란 고객의 가용한 투자자산을 가지고 재무목표를 달성하기 위해 필요한 수익률을 말한다. 재무목표와 재산 상황에 따라 목표수익률이 높게 계산될 수도 있고 낮아도 되는 경우가 있을 것이다. 그리고 다음과 같은 상황을 고려해야 할 수도 있다.

① 은퇴 후 은퇴자산이 소진되지 않을 인출률
② 자산의 실질 구매력이 유지되도록 장기 인플레이션율을 상회하는 수익률
③ 투자수익을 얻기 위해 지불해야 하는 비용

예를 들어 은퇴자산에서 매년 3%씩 인출해야 하고 전체 은퇴자산의 가치가 유지되도록 장기인플레이션율 2%를 넘어야 하며, 투자수익을 획득하는 데 0.2%의 비용이 발생한다면 목표수익률은 다음과 같이 계산된다.

$$\text{목표수익률} = 1.03 \times 1.02 \times 1.002 - 1 = 0.0527 = 5.27\%$$

나. 허용위험

고객의 허용위험은 두 가지 측면으로 고려할 수 있다.

먼저 고객의 위험감수성향에 따른 기대효용 비교다. 기대효용함수는 다음과 같이 계산할 수 있다.

$$U_P = E(R_P) - 0.5 \times R_A \times \sigma_P^2$$

U_P: 포트폴리오에 대한 투자자의 기대효용
$E(R_P)$: 포트폴리오 기대수익률
R_A: 투자자의 위험회피 계수
σ_P^2: 포트폴리오 수익률 분산

투자자의 위험회피 계수는 1에서 8까지 숫자로 나타내며, 숫자가 높을수록 위험을 회피하는 성향이 높다는 것을 의미한다. 위험회피 계수는 위험감수성향의 역으로 고객의

성향을 '매우 안정형, 안정형, 중립형, 공격형, 매우 공격형'의 5가지 유형으로 구분한다면, 다음과 같이 부여할 수 있다(개인별 성향에 따라 조정 가능).

고객 성향	매우 안정형	안정형	중립형	공격형	매우 공격형
위험회피 계수	7~8	6	4~5	3	1~2

예를 들어 다음과 같이 2개의 포트폴리오가 있고 고객의 위험감수성향은 중립형이어서 위험회피 계수를 4로 적용한 경우 고객의 기대효용을 계산해보자.

포트폴리오	고객의 예상치	
	기대수익률(%)	수익률 표준편차(%)
A	9.7	15
B	7.0	10

$$U_A = E(R_A) - 0.5 \times 4 \times \sigma_A^2 = 0.097 - 0.5 \times 4 \times (0.15)^2 = 0.052 = 5.2\%$$

$$U_B = E(R_B) - 0.5 \times 4 \times \sigma_B^2 = 0.07 - 0.5 \times 4 \times (0.1)^2 = 0.05 = 5.0\%$$

위의 계산 결과는 고객이 위험을 고려하더라도 포트폴리오 A를 B보다 더 선호하게 된다는 의미로 해석할 수 있다. 만약 고객의 위험회피 계수가 높으면 결과는 달라진다.

두 번째로 고려해야 하는 것은 부족 위험(shortfall risk)이다. 이는 포트폴리오의 투자수익률이 투자자가 용인하고자 하는 최소수익률에 못 미칠 확률을 의미한다. 만약 고객이 손실을 보는 것을 극도로 싫어한다면 최소수익률을 0%로 하고 포트폴리오가 최소수익률을 밑돌 확률을 계산하기 위해 표준정규변수 Z_α를 다음과 같이 계산한다.

$$Z_\alpha = \frac{r^* - E(R_P)}{\sigma_P}$$

r^* : 최소수익률

$E(R_P)$: 기대수익률

σ_P: 수익률 표준편차

고객의 허용위험 한도를 수치로 나타내서 원금손실 가능성 20% 이내(shortfall risk ≤ 20%)로 설정한다면 표준정규변수 Z_{α}가 −0.8416 이하로 나타나야 한다[엑셀에서 '= NORM.S.INV(0.2)'를 셀에 입력].

다음은 shortfall risk 수준에 따른 표준정규변수 값을 엑셀로 계산한 것이다.

shortfall risk	20% 이내	15% 이내	10% 이내	5% 이내	1% 이내
표준정규변수	-0.8416	-1.0364	-1.2816	-1.6449	-2.3263

3-2 자산별 추정

고객의 투자 가능한 자산을 토대로 투자대상 자산의 기대수익률, 위험과 자산수익률 간 상관계수를 추정해야 한다. 투자하려는 자산이 결정되면 시장에서 투자하려는 자산의 특성과 만기가 가장 유사한 것을 벤치마크로 선택한다. 예를 들어 정기예금, 국공채, 회사채, 주식에 투자하려는 경우 다음과 같이 벤치마크를 선정할 수 있다.

〈표 3-4〉 벤치마크의 선정

구분		1~3개월 미만	3~6개월 미만	6~12개월 미만	1~2년 미만	2~3년
예금		KORIBOR 1개월 지수	KORIBOR 3개월 지수	KORIBOR 6개월 지수	KORIBOR 1년 지수	KORIBOR 2년 지수
채권	국고채	국공채 1~3개월 지수	국공채 3~6개월 지수	국공채 6~12개월 지수	국공채 1~2년 지수	국공채 2~3년 지수
	회사채	회사채 1~3개월 지수	회사채 3~6개월 지수	회사채 6~12개월 지수	회사채 1~2년 지수	회사채 2~3년 지수
주식		코스피지수	코스피지수	코스피지수	코스피지수	코스피지수

각 유형별로 벤치마크를 선정하고 나면 각 자산의 미래수익률 분포에 대한 자료를 토대로 기대수익률과 위험(표준편차), 자산수익률 간 상관계수를 추정한 후 이를 자산배분시스템에 입력하여 목표수익률과 허용위험을 만족시키는 최적 자산배분안을 도출한다.

〈표 3-5〉 투자가능 자산별 연평균 기대수익률과 표준편차, 상관계수의 예시

자산	기대수익률(%)	표준편차(%)	상관계수			
			예금 2년	국고채 3년	회사채 3년	주식
예금 2년	2.50	0.00	1.0			
국고채 3년	2.90	0.50	0.9	1.0		
회사채 3년	4.00	3.00	0.6	0.7	1.0	
주식	9.00	16.00	0.2	0.3	0.5	1.0

3-3 전략적 자산배분

CPB는 향후의 경제전망, 투자기간의 자금수지계획, 보유 포트폴리오의 자산 종류별·만기별 비중, 자산별 기대수익률 등을 고려하여 설정한 목표수익률과 허용위험 한도를 충족시키는 최적의 자산배분안을 선택한다.

① 자산배분안의 기대수익률이 목표수익률 이상이어야 한다.

② 투자자의 위험감수성향에 적합한 포트폴리오여야 한다.

③ 투자기간의 예상수익률이 설정된 shortfall risk 기준을 만족시켜야 한다.

우선 전략적 자산배분의 자산별 비중을 다음과 같이 설정하였다고 가정한다.

〈표 3-6〉 전략적 자산배분의 자산별 비중 예시

자산 종류	A포트폴리오 비중(%)	B포트폴리오 비중(%)
예금 2년	10	
국고채 3년	20	
회사채 3년	35	55
주식	35	45
합계	100	100

〈표 3-6〉의 전략적 자산배분안이 결정되면 이에 대한 기대수익률과 위험은 〈표 3-5〉의 자료를 이용하여 다음과 같이 추정할 수 있다.

우선 전략적 자산배분안의 기대수익률은 개별자산 기대수익률을 배분비중으로 가중평균하여 계산할 수 있다. 다음은 포트폴리오의 기대수익률을 수식화한 것이다.

$$E(R_P) = \sum_{i=1}^{n} W_i \times E(R_i)$$

$E(R_P)$: 포트폴리오 기대수익률

$E(R_i)$: i자산의 기대수익률

n : 보유하고 있는 개별자산의 수

W_i : i자산의 투자비중

A포트폴리오의 기대수익률 = 0.1×2.5%+0.2×2.90%+0.35×4.0%+0.35×9.0%
= 5.38%

B포트폴리오의 기대수익률 = 0.55×4.0%+0.45×9.0% = 6.25%

전략적 자산배분안의 위험은 개별자산 수익률의 공분산이나 상관계수를 반영하여 계산하여야 한다. 다음은 포트폴리오 수익률의 위험(표준편차)을 수식화한 것이다.

$$\sigma_P = \sqrt{\sum_{i=1}^{n} W_i^2 \sigma_i^2 + \sum_{i=1}^{n}\sum_{j=1}^{n} W_i W_j \times Cov_{i,j}}$$

σ_P : 포트폴리오 수익률의 표준편차

W_i : i자산의 투자비중

W_j : j자산의 투자비중

σ_i : i자산수익률의 표준편차

$Cov_{i,j}$: i자산과 j자산 수익률의 공분산, $i \neq j$

공분산은 다음과 같이 상관계수로 나타낼 수 있다.

$$Cov_{i,j} = \sigma_i \times \sigma_j \times \rho_{i,j}$$

$Cov_{i,j}$: i자산과 j자산 수익률의 공분산

σ_i : i자산수익률의 표준편차

σ_j : j자산수익률의 표준편차

$\rho_{i,j}$: i자산수익률과 j자산수익률의 상관계수

따라서 포트폴리오 수익률의 위험(표준편차)을 다음과 같은 수식으로 나타낼 수 있다.

$$\sigma_P = \sqrt{\sum_{i=1}^{n} W_i^2 \sigma_i^2 + \sum_{i=1}^{n}\sum_{j=1}^{n} W_i \sigma_i \times W_j \sigma_j \times \rho_{i,j}}$$

σ_P: 포트폴리오 수익률의 표준편차

W_i : i자산의 투자비중

W_j : j자산의 투자비중

σ_i : i자산수익률의 표준편차

σ_j : j자산수익률의 표준편차

$\rho_{i,j}$: i자산과 j자산 수익률의 상관계수, $i \neq j$

B포트폴리오 수익률의 분산은 주식과 회사채의 상관계수 0.5를 반영하여 다음과 같이 계산된다.

$$\sigma_B^2 = (0.55 \times 0.03)^2 + (0.45 \times 0.16)^2 + 2 \times 0.55 \times 0.03 \times 0.45 \times 0.16 \times 0.5$$

$$= 0.006644$$

표준편차는 분산의 제곱근이며 B포트폴리오의 표준편차는 0.081512로 계산되어 8.1512%로 나타났다.

A포트폴리오의 분산은 계산식이 다소 복잡하지만 0.003884로 계산되며, 표준편차는 0.062318, 즉 6.2318%로 나타났다.

3-4 목표수익률과 적합성 판단

가. 목표수익률 달성 여부

목표수익률은 재무목표를 달성하는데 필요한 수익률로, 5.27%가 목표수익률이라고 가정하였다. A포트폴리오의 기대수익률이 5.38%이고 B포트폴리오의 기대수익률은 6.00%이므로 두 포트폴리오 모두 목표수익률을 상회하고 있다.

나. 허용위험 적합 여부

고객의 위험회피 계수가 4이고 shortfall risk는 20% 이내로 기준을 설정한 것으로 가정한다.

먼저 고객의 기대효용함수는 다음과 같이 계산할 수 있다.

$$U_A = E(R_A) - 0.5 \times 4 \times \sigma_A^2 = 0.0538 - 2 \times 0.003884 = 0.0460 = 4.60\%$$
$$U_B = E(R_B) - 0.5 \times 4 \times \sigma_B^2 = 0.0625 - 2 \times 0.006644 = 0.0492 = 4.92\%$$

기대효용함수로 평가한 결과는 고객이 B포트폴리오를 선호할 가능성이 높다는 것으로 나타났다.

두 번째로 자산배분된 포트폴리오의 수익률분포가 정규분포를 따른다면 설정된 허용위험 한도(원금손실 가능성이 20% 이내: shortfall risk≤20%) 기준을 만족하는지를 점검해야 한다.

엑셀에서 '=NORM.S.INV(0.2)'를 셀에 입력하면 −0.8416이란 값(소수점 4자리 기준)을 얻을 수 있다. 따라서 Z_α 값이 −0.8416 이하로 계산되어야 기준을 만족한다.

A포트폴리오의 Z_α 값 = (0-5.38%)/6.2318% = -0.8633
B포트폴리오의 Z_α 값 = (0-6.25%)/8.1512% = -0.7668

따라서 A포트폴리오는 shortfall risk 기준을 만족하지만, B포트폴리오는 만족하지 못한다.

A포트폴리오의 Z_α 값 −1.1675를 엑셀에 '=NORM.S.DIST(-0.8633,TRUE)'로 입력하면 0.193982라는 수치가 나타난다. 이는 원금손실 가능성이 19.3982%임을 의미한다.

B포트폴리오의 Z_α 값 −0.7668을 엑셀에 '=NORM.S.DIST(-0.7668,TRUE)'로 입력하면 0.221613이라는 수치가 나타난다. 이는 원금손실 가능성이 22.1613%임을 의미한다.

4 전략적 자산배분 사례

4-1 목표수익률과 허용위험에 따른 자산배분 사례

중소기업을 운영하고 있는 나삼청 씨는 10년 후 은퇴를 계획하고 있다. 은퇴자산으로 상가를 보유하고 있고 다음과 같이 주식과 채권펀드에 가입하고 있다. 은퇴 후 필요자금을 계산해보니 상가 임대료를 고려해도 은퇴 시점에 5억 원의 금융자산이 필요하다고 계산되었다. 나삼청 씨는 연간 원금손실 가능성을 20% 이내로 한정하길 원하는데, 다음과 같은 금융자산 배분이 적정한 수준인지 궁금해하고 있다.

〈표 3-7〉 금융자산배분 현황(예시)

자산	평가금액(천 원)	세후기대수익률(%)	표준편차(%)	상관계수
주식펀드	103,000	8	14	0.0
채권펀드	204,000	3	2	

먼저 나삼청 씨의 목표수익률을 구해본다. 현재 금융자산이 307,000천 원이며 10년 후 500,000천 원이 되어야 하므로 재무계산기나 엑셀로 목표수익률을 계산한다.

① 재무계산기로 계산

N=10, PV=-307000, PMT=0, FV=500000을 입력하고 이자율을 계산한다.

② 엑셀로 계산

RATE 함수를 이용해 계산한다. 괄호 안에 Nper, Pmt, Pv, Fv, Type 변수에 적절한 수치를 입력한다.

=RATE(10, 0, -307000, 500000, 0) = 4.9985%

소수점 셋째 자리에서 반올림하면 목표수익률은 대략 5.0%가 된다.

투자 비중과 기대수익률을 고려하여 현재 자산배분된 포트폴리오의 기대수익률을 구한다.

$$\text{포트폴리오 기대수익률} = \frac{103000}{307000} \times 8\% + \frac{204000}{307000} \times 3\% = 4.6775\%$$

현재의 포트폴리오 기대수익률은 4.6775%로 목표수익률 5.0%에 다소 미달한다. 따라서 자산 재배분이 필요하다.

목표수익률 5.0%를 달성하기 위한 자산배분은 다음과 같다.

주식펀드에 대한 투자비중을 A라고 할 때, 채권펀드에 대한 투자비중은 '1-A'가 된다.

따라서 다음과 같은 방정식을 충족하는 A값을 찾으면 된다.

$$A \times 8\% + (1 - A) \times 3\% = 5\%$$

A값은 0.4이다. 따라서 주식에 40%, 채권에 60% 투자하는 자산배분으로 목표수익률을 달성할 수 있는 포트폴리오를 구성할 수 있다.

다음은 포트폴리오의 위험을 계산한다. 새로 구성한 포트폴리오의 표준편차는 다음과 같이 계산한다.

$$\sigma_P = \sqrt{(0.4 \times 0.14)^2 + (0.6 \times 0.02)^2 + 2 \times 0.4 \times 0.14 \times 0.6 \times 0.02 \times 0} = 0.057271$$

포트폴리오 위험이 계산되었으므로 이를 가지고 'shortfall risk≤20%' 기준을 만족하는지를 점검해야 한다. Z_α 값이 –0.8416 이하로 나타나야 한다.

새로운 포트폴리오의 Z_α 값 = (0-5.00%)/5.7271% = -0.8730

계산 결과 새로운 포트폴리오의 Z_α 값이 –0.8416 이하로, shortfall risk 기준을 충족하는 것으로 나타났다.

새로운 포트폴리오가 목표수익률과 shortfall risk 기준을 충족하므로 다음과 같이 포트폴리오를 재구성한다. 채권펀드를 19,800천 원 환매하여 주식펀드에 추가 가입하면 된다.

〈표 3-8〉 포트폴리오 재배분(예시)

자산	재배분 전 평가금액(천 원)	새로운 투자비중(%)	새로운 투자금액(천 원)
주식펀드	103,000	40	122,800
채권펀드	204,000	60	184,200
합계	307,000		307,000

위의 사례에서는 목표수익률 5.0%를 달성하는 자산배분안이 허용위험 기준을 충족하기 때문에 문제가 없지만, 허용위험 기준을 충족하지 못할 경우 문제가 발생한다. 만약 고객이 새로운 자산배분을 불편해한다면 기존의 자산배분을 유지하되 재무목표 달성에 부족한 금액만큼 추가적인 저축이 필요할 수 있다.

4-2 국민연금의 자산배분 사례

국민연금은 2025년 10월 말 기준 1,427조 원이 운용되고 있는 기금으로, 세계 3대 연기금 중 하나다. 국민연금 기금은 국민연금기금운용위원회에서 정한 정책 및 운용계획에 따라 국민연금 재정의 장기적인 안정을 유지하기 위하여 관리 · 운용되고 있다.

이러한 대형 기금의 자산배분 정책은 해당 분야 전문가와 이해당사자가 참여하여 합리적으로 작성된 정책이므로 세부적인 내용을 파악하여 개인 자산배분에 벤치마크로 활용할 수 있다.

가. 중기 자산배분

1) 기금 운용을 위해 마련하는 5년 단위 중기 전략

기금규모 증가에 대비 수익성·안정성을 제고하기 위해 실물경제·금융시장 등에 대한 중기전망을 고려하여 5년 후의 목표수익률*과 위험한도**를 설정하고, 이를 달성하기 위한 자산군별 목표 비중을 결정한다.

* 목표수익률: '실질경제성장률 + 소비자물가상승률 ± 조정치'

** 위험한도: 'CVaR(α=0.05) -15% 이내'로 규정(기금운용지침)

2) 최적 자산배분안 도출

자산군별 기대수익률과 위험, 자산군 간 상관관계, 정책조건* 등을 기반으로 주어진 위험한도 내에서 최적 자산배분안을 도출한다.

* 정책조건: 기금운용의 정책방향을 반영하고, 특정한 자산에 편중 배분되는 문제를 해결하기 위해 일정한 조건을 설정.

나. 기금운용 계획

국민연금기금의 투자는 매년 마련되는 중기 자산배분 계획과 연간 기금운용 계획에 따라 이루어진다. 향후 5년간의 목표가 되는 중기 자산배분 계획은 연금재정의 장기 추계에 적용되는 예상 수익률과 기금의 자산 및 부채에 대한 전망치 등을 고려하여 수립된다. 그리고 연간 기금운용 계획은 국내외 투자 여건 및 포트폴리오 현황 등을 고려한 전략적 이행 목표로서 자산군별 목표 비중과 허용 범위 등을 제시하고 있다.

〈2026년도 목표 포트폴리오〉

(단위 : %, %p)

구분	2025년말(A)	2026년말(B)	증감(B-A)
국내주식	14.9	14.4	-0.5
해외주식	35.9	38.9	3.0
국내채권	26.5	23.7	-2.8
해외채권	8.0	8.0	-
대체투자	14.7	15.0	0.3
금융부문 계	100.0	100.0	-

* 국내채권 및 해외채권은 단기자금 포함 비중
* 2025년 말 목표 포트폴리오(A)는 2025년도 국민연금기금운용계획상 목표 포트폴리오

다. 외환관리정책

〈그림 3-8〉 환헤지 정책

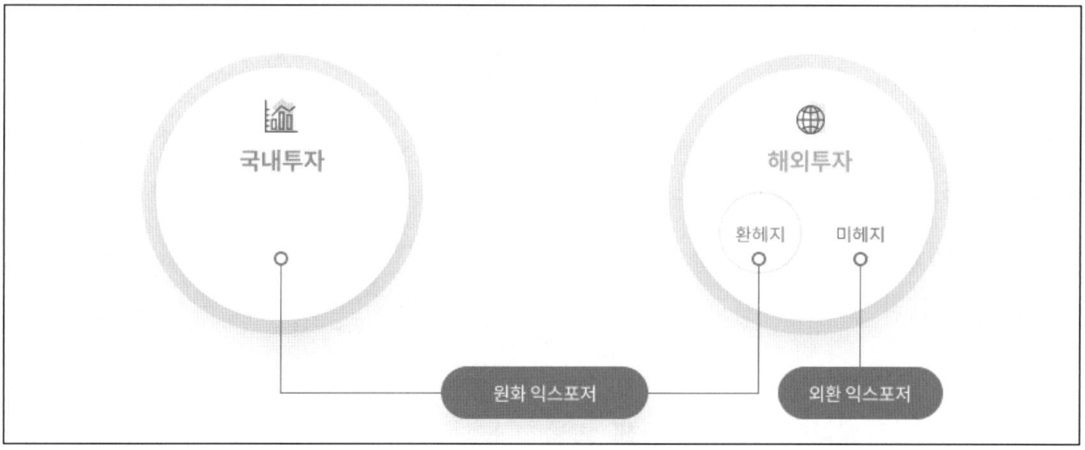

국내투자
해외투자
환헤지
미헤지
원화 익스포저
외환 익스포저

출처: 국민연금기금운용본부(http://fund.nps.or.kr)

* 해외자산 투자 시 전략적 환헤지 비율을 설정하여 관리, 기금운용본부는 외환익스포저의 규모를 허용범위 내에서 전술적으로 조정
* 환헤지 되지 않는 해외자산의 경우 특정 통화에 집중되지 않도록 전략적 통화구성 방안 마련

제2절 | 전술적 자산배분의 이해

1 전술적 자산배분의 개념

1-1 전술적 자산배분의 의미

효율적시장이론에서는 필요한 모든 정보가 주가에 이미 반영되어 있으므로 시장수익률을 넘어서기가 불가능하다고 주장한다. 그러나 현실적으로 주식시장은 경제의 작은 변화에도 민감하게 반응하여 폭등과 폭락을 반복한다. 장기적으로는 경제흐름을 따라가지만 중단기적으로는 저평가되거나 고평가될 수 있다.

전략적으로 결정한 자산배분 비중을 시장상황의 변화에 대응하여 능동적으로 대처하려는 자산배분을 전술적 자산배분(tactical asset allocation)이라 한다. 즉 전술적 자산배분은 자산가격이 시장상황의 변화에 따라서 일시적으로 고평가되거나 저평가될 수 있으므로 자산관리자가 이러한 상황변화를 포착하여 자산배분비율을 변경함으로써 시장수익률 대비 초과수익률을 획득하려는 것을 말한다. 전술적 자산배분의 기본 원칙은 상대적으로 저평가된 자산의 비중은 확대하고 고평가된 자산의 비중은 축소하는 것이다.

1-2 전술적 자산배분의 절차와 실행 방법

전술적 자산배분은 시장의 상황변화에 따른 자산가치의 변동을 평가하는 데에서 출발한다. 즉, 자본시장의 여건이 변동하였을 때 이에 따라 자산 유형의 기대수익률, 위험, 상관관계의 중단기적인 변화를 예측하고 이를 토대로 과소평가되거나 과대평가된 자산 유형을 파악할 수 있어야 한다.

다음으로 투자자의 위험허용수준이 변화가 없다는 전제하에 저평가된 자산집단을 매수하고 고평가된 자산집단을 매도하여 포트폴리오를 재구성한다. 즉, 전술적 자산배분에서 투자자의 위험허용 한도는 자본시장의 상황변화에 영향을 받지 않는다고 가정하고 자산 유형 간 상대적인 위험-수익 관계의 변화를 반영하여 포트폴리오를 조정한다.

전술적 자산배분을 실행하기 위해서 투자자는 특정한 가치평가모형이나 기술적 분석 등을 통해 과소평가되거나 과대평가된 자산군을 찾아내고, 이를 포트폴리오 구성에 지속적으로 반영할 수 있다. 그러나 이러한 경우 자산배분의 변경에 따른 비용과 번거로움이 너무 크므로 대부분의 경우 펀드매니저는 전략적 자산배분을 주기적으로 조정하거나 일정한 조정기준을 설정하고, 이에 따라 조정하게 된다. 즉, 전술적 자산배분은 변화하는 시장상황에 대응하고 이를 이용하기 위해 전략적 자산배분으로부터 주어진 비중을 일정 범위 내에서 조정하여 자산을 배분하는 절차를 따르게 된다.

예를 들어 자산배분의 효율성을 제고하기 위하여 자산별로 ±10%p 범위 내에서 전략적 자산배분안의 자산별 비중을 가감하여 전술적으로 운용하도록 규정할 수 있다.

1-3 소극적 투자관리와 적극적 투자관리

투자관리 전략은 크게 적극적 투자관리(active investment management)와 소극적 투자관리(passive investment management)로 나뉜다. 두 전략의 구분은 펀드관리에 투자자의 미래예측 능력과 증권분석 능력에 기초한 투기적 전략(speculative strategy)의 비중을 얼마만큼이나 허용할 것인가에 달려 있다.

소극적 투자관리를 선택하는 펀드관리자는 펀드관리에 투기적 전략의 비중을 포함시키지 않으려 하며, 이에 따라 미래에 대한 예측이나 구체적인 종목 선택의 필요성이 없어진다. 이때 자산배분의 목표는 가능한 한 많은 자산에 분산투자를 하는 것이며, 이를 통해 시장평균적인 위험-수익의 관계를 추구한다. 반면 적극적 투자관리에서는 펀드관리자의 우월한 미래예측 및 증권분석 능력을 토대로 과소평가된 자산에 대한 투자비중을 늘리고 과대평가된 자산에 대한 투자비중을 줄이는 자산배분을 수행하여, 이를 통해 시장평균을 넘어서는 위험-수익의 관계를 얻으려 한다.

적극적 투자관리를 택할 것이냐 소극적 투자관리를 택할 것이냐는 투자대상의 특성에 좌우된다. 잘 발달된 선진 증권시장에서 활발하게 거래되는 증권들은 시장가격이 효율적으로 형성되어 있다고 생각할 수 있다. 따라서 이러한 증권들에 대한 투자는 투자자가 아주 특별한 정보나 투자기법을 가지고 있지 못한 경우에 소극적 자산배분을 취하는 것이 효과적일 것이다. 반면 부동산이나 잘 정비되어 있지 않은 후진 증권시장에서 거래되는 증권들의 경우에는 가격 형성이 비효율적일 수 있다. 따라서 이러한 경우에는 적극적 투자관리가 효과적일 수 있다.

가. 소극적 투자관리 전략

1) 단순한 매입·보유 전략

단순한 매입·보유 전략(buy-and-hold strategy)은 특정 종목이나 포트폴리오를 선택하고자 하는 노력 없이 무작위적으로 선택한 종목을 매입하여 보유하는 투자전략이다. 무작위적인 분산투자를 통하여 포트폴리오를 구성하고 구성종목수를 늘리면, 시장 전체의 평균적 위험(체계적 위험)을 부담하고 그 대가로 시장의 평균수익을 얻을 수 있다. 이러한 사고는 마코위츠 이래로 발달해온 포트폴리오이론에 기반을 두고 있다.

2) 인덱스펀드

인덱스펀드(index fund)는 특정한 기준 포트폴리오(benchmark portfolio)의 투자성과와 유사한 성과를 얻을 수 있도록 구성된 포트폴리오를 말한다. 예를 들어 우리 시장의 경우 KOSPI나 KOSPI200 등을 기준 포트폴리오로 삼고 이들의 투자 성과를 모방하도록 포트폴리오를 구성할 수 있다. 지수펀드를 이용한 투자는 대개의 경우 국공채와 단기화폐시장펀드 등으로 구성되는 무위험자산펀드와 주식으로 구성된 지수펀드의 결합을 통하여 이루어진다.

3) 상장지수펀드

상장지수펀드(exchange traded fund; ETF)는 인덱스펀드 중에서 거래소에 상장(listing)하여 주식처럼 거래되는 펀드이다. ETF는 거래소에 상장되어서 개별주식처럼 매매되기 때문에 거래 횟수에 제한 없이 언제든 실시간으로 사고팔 수 있다. 펀드에 가입하거나 환매할 필요가 없는 것이다. 펀드 보유에 따르는 비용을 절감할 수 있고, 또한 펀드이기 때문에 위험분산효과를 충분히 누릴 수 있다는 장점이 있다. 그러나 매매가 쉬운 만큼 단기 투자 유혹에 빠질 수도 있다.

나. 적극적 투자관리 전략

적극적 투자관리를 이용하는 투자자들은 자본시장이 비효율적이라고 생각한다. 이들은 미래의 시장움직임을 예측하고 잘못 평가되고 있는 종목들을 선택하여 시장의 평균보다 더 나은 성과를 얻을 수 있다고 생각한다. 적극적 투자관리의 대표적인 방법으로는 미래 시장상황에 대한 우월한 예측능력을 이용한 시장예측(market timing) 전략과 개별종목의 가격움직임에 관한 분석과 예측을 하여 잘못 평가되어 있는 종목을 식별하는 종목선택(security selection)을 생각할 수 있다.

1) 시장예측 전략

시장예측 전략은 각 자산의 미래성과를 예측하여 우월한 성과가 예상되는 자산에 자금을 배분하는 투자전략으로, 전술적 자산배분이라는 포괄적인 개념으로 불리기도 한다. 이 전략은 자산들(주식과 채권 등) 간에 이루어질 수도 있고, 특정 자산 내에서 하부섹터별(주식 중에서 산업별 분류: 철강, 자동차, 반도체 등)로 이루어질 수도 있다. 예를 들어 주식으로 구성된 지수펀드와 무위험자산에 투자한다고 할 때 주식시장의 수익률이 무위험자산의 수익률보다 높을 것으로 예상하는 경우 인덱스펀드 비중을 확대하고, 반대로 주식시장의 수익률이 무위험자산의 수익률보다 낮을 것으로 예측하는 경우에는 무위험자산 비중을 확대하여 투자한다. 투자자는 기술적 분석이나 기본적 분석을 활용하여 각 자산에 대한 적절한 투자시점을 찾아낸다.

2) 종목선택

적극적 투자관리에서 시장예측 전략 못지않게 중요한 역할을 하는 것이 사거나 팔 종목을 선정하는 것이다. 투자자는 미래수익률 분포에 대한 예측이나 과거자료를 이용하여 개별 종목들의 기대수익률과 위험, 그리고 종목들 간의 상관관계를 추정한다. 이러한 분석자료를 바탕으로 추정된 각 종목의 내재가치와 시장가격을 비교하여 과대평가되었거나 과소평가되어 있는 종목을 찾아낸다. 이러한 분석에 사용되어온 전통적 분석방법으로 기본적 분석과 기술적 분석이 있다.

2 스타일 투자 전략

2-1 스타일 투자 개요

스타일 투자는 투자 의사결정을 할 때 투자 종목의 특성에 따라 대형주·소형주·성장주·가치주 등과 같이 여러 스타일로 나누고, 각 유형에 따라 투자를 달리하는 것을 말한다.

효율적시장이론에서는 필요한 모든 정보가 주가에 이미 반영되어 있으므로 시장수익률을 넘어서는 개별 종목의 선택은 불가능하다고 주장한다. 그러나 많은 연구자가 실제 시장데이터를 가지고 분석해본 결과 특정 섹터의 주식은 상당 기간 시장수익률을 웃돌기도 한다는 결론을 내리고, 주식의 기대수익이 위험뿐만 아니라 다양한 요소의 영향을 받는다고 주장하였다.

이러한 주장에 힘입어 시장을 거시경제 및 경기순환 주기에 따라 유사한 특성을 갖는 그룹으로 세분화하고, 이와 같이 세분화된 섹터에 투자하는 스타일 투자 전략이 등장하게 되었다.

2-2 주식의 스타일 투자

가. 주식펀드의 스타일

주식펀드의 스타일은 보통 투자하는 지역과 종목의 특성, 시가총액의 크기에 따라 구분한다. 지역에 따라서는 크게 국내 주식과 해외 주식으로 나누며, 해외 주식은 다시 선진국·신흥시장(이머징 마켓)·아시아 등으로 구분할 수 있다.

종목의 특성에 따라서는 가치주와 성장주, 그리고 중간 형태인 혼합형으로 나눈다.

시가총액의 크기에 따라서는 대형주와 중소형주, 그리고 중간인 혼합형으로 구분한다. 또 이 3가지 기준을 서로 결합하여 '국내-대형-가치주펀드', '아시아-대형-성장주펀드' 등 여러 스타일의 펀드가 만들어진다.

나. 대형주·중형주·소형주 펀드

주식형 펀드는 주로 투자하는 종목의 시가총액을 기준으로 대형주, 중형주, 소형주 등 3개로 나눌 수 있다. 대형주·중형주·소형주를 나누는 기준은 우리나라 유가증권 시장에서의 시가총액 비중이다. 대형주는 종목별 시가총액이 상위 100위 이내, 중형주는 101~300위, 소형주는 301위 이하에 해당하는 종목을 의미한다.

하지만 우리나라 주식시장에서는 대형주의 시가총액 비중이 90%에 달하기 때문에 중형주와 소형주를 구분하여 투자하기 어려워서 대형주와 중·소형주 펀드로 구분하는 것이 보통이다. 일반적으로 대형주는 유동 주식수가 많고 주식 분포가 고르며 기관투자가들이 많이 가지고 있어 주가의 변동 폭이 중·소형주에 비해 작은 편이다.

미국의 경우 장기적인 투자성과는 대형주보다 소형주가 높은 것으로 나타난다. 모닝스타(Morningstar Ibbotson)의 자료에 따르면 1926년부터 2012년까지 소형주의 연평균 수익률은 12.28%에 달하였으나 대형주의 연평균 수익률은 10.08%였다. 대형주는 이미 성장한 기업이어서 성장률이 소형주에 미치지 못하였기 때문으로 해석된다.

그러나 2002년에서 2012년 사이의 변동성을 수익률의 표준편차로 살펴보면 소형주는 19.28%인 반면 대형주는 15.54%로 수익률 변동은 대형주가 훨씬 작았다. 따라서 소형주에서 높은 수익률이 나오는 것은 높은 위험에 기인한 것이라고 주장하는 학자들도 있다.

다. 가치주·성장주 펀드

주식형 펀드라도 어떤 스타일의 종목을 주로 편입하느냐에 따라 성장주 펀드와 가치주 펀드로 분류된다. 가치주에 자산의 많은 부분을 투자함으로써 수익률의 전체적인 특성이 가치주그룹과 유사하게 나타나는 펀드를 가치주 펀드, 성장주그룹과 유사하게 나타나는 펀드를 성장주 펀드라 부른다.

가치주(value stock)는 실적이나 자산가치에 비해 시장가치가 상대적으로 저평가됨으로써 내재가치보다 낮은 가격에 거래되는 주식을 말한다. 가치주는 보통 자산가치 우량주 정도로 해석되지만 미국을 중심으로 가치주에 대한 투자가 늘어나면서 새로운 투자형태로 관심을 끌기 시작하였다. 가치주에 대한 인식이 변화하면서 그 개념 역시 확대되고 있다. 즉, 비록 고성장은 아닐지라도 안정적인 성장세를 유지하면서 고배당을 실시해 주주를 중시하는 기업의 주식을 가리키는 용어로 자리 잡고 있다.

성장주(growth stock)는 성장률이 시장평균 성장률을 웃도는 기업의 주식을 말한다.

현재는 그다지 성장을 보이고 있지는 않지만 장래 신제품이나 신기술 등이 수익에 기여할 가능성이 있는 기업의 주식도 성장주라고 할 수 있다. 성장주의 요건으로는 기업의 재무구조가 양호하고 동일 업계에서의 시장점유율이 우월하며 영업실적이 지속적으로 증가하는 것을 들 수 있다.

가치주와 성장주를 나누는 기준은 사용자마다 다르며, 미국을 대표하는 S&P500이나 러셀(Russell), 다우존스(Dow Jones) 등 거의 모든 지수산출 회사가 가치주와 성장주를 구분하여 별도의 지수를 발표해왔다. FTSE Russell사가 만드는 미국의 성장주지수와 가치주지수를 산출하는 방법은 다음과 같다.

〈표 3-9〉 성장주지수와 가치주지수 산출 예(FTSE Russell)

	GROWTH		VALUE
Step 1	50% 과거 5년간 주당 매출성장률	50% 2년간 성장 예상치	Book to price ratio
Step 2	50% growth score		50% growth score
Step 3	Value probability 0 = growth, 1 = value		

출처: www.ftse.com

먼저 성장요소는 과거 5년간 주당 매출성장률, 법인 브로커들(Institutional Brokers' Estimate System; IBES)이 예측한 매출의 중기(2년) 성장률로 구성된다. 가치요소는 주당 장부가치 대비 시장가치로 우리나라에서 사용되는 PBR(price to book value ratio)과 같은 맥락이다.

한 주식에 대해 성장요소와 가치요소를 따져 0에 가까우면 성장주, 1에 가까우면 가치주로 분류한다. 어떤 주식을 확실한 가치주라거나 확실한 성장주로 구분하기보다 확률적으로 가치요소가 많은 주식, 성장요소가 많은 주식으로 분류하는 것이다. 가치주라고 하더라도 주가가 많이 오르면 가치요소가 희석되며, 성장주였는데 예상되는 성장률이 둔화되면 더 이상 성장주가 아닐 수 있는 것이다.

외국의 경우 펀드가 올리는 주요한 초과수익의 원천은 스타일 순환으로 보고 있다.

일반적으로 경기가 침체되면 가치형이 성장형보다 높은 수익률을 나타내고, 경기가 호전되면 성장형이 가치형보다 우월한 성과를 보인다. 다음은 1975년부터 2025년까지 MSCI 미국 성장주 지수와 가치주 지수의 연간 수익률을 분석한 결과이다.

〈그림 3-9〉 MSCI 미국 성장주-가치주 연간 수익률

출처: www.msci.com

50년간의 자료를 보면 1975년부터 2008년까지는 성장주와 가치주의 수익률이 순환하는 것으로 보이지만 2009년부터 2025년까지는 성장주의 수익률이 가치주의 수익률을 압도적으로 상회하는 성과를 나타냈다. 경기가 호황일 경우 성장주의 수익률이 월등히 높아 성장주보다 더 나은 성과를 보이는 것을 찾기 힘들어 보인다. 그래도 2016년과 2022년은 가치주 성과가 성장주를 능가한 경우도 있어 경기 침체 시 가치주가 성장주보다 나은 성과를 보이는 것은 아직 유효하여 보인다.

2-3 채권의 스타일 투자

채권펀드의 스타일은 크게 지역, 잔존만기, 신용등급에 따라 구분된다. 지역에 따라서는 크게 국내와 해외 채권펀드로 나누며, 해외 채권펀드는 다시 선진국·신흥시장(이머징마켓)·아시아 등으로 구분할 수 있다.

잔존만기에 따라서는 단기·중기·장기 펀드로 구분할 수 있으며, 신용등급에 따라서는 국공채·투자등급회사채·투기등급회사채로 구분할 수 있다.

또 전환사채와 신주인수권부사채 등 옵션부사채에 투자하는 펀드스타일도 존재한다.

〈그림 3-10〉 스타일에 따른 채권펀드 구분

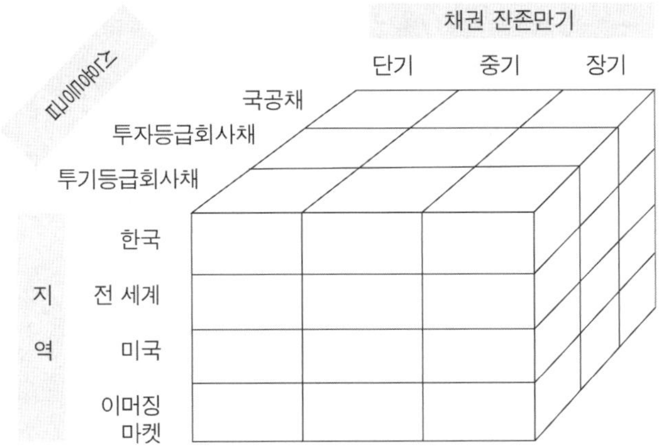

제3절 | 모니터링과 자산재배분

1 고객 상황 변화 점검

모니터링 단계에서는 고객이 가지고 있는 재무목표, 투자기간 및 투자자금과 관련된 사항 그리고 위험감수성향 등 재무적 상황에 변화가 있었는지 점검하는 것이 매우 중요하다.

1-1 목표 변화 점검하기

고객의 상황 변화를 점검할 때 가장 우선되어야 할 것은 재무목표의 변화이다. 시간이 경과하여 자녀 학자금 마련이나 자녀 결혼자금 마련 등의 재무목표가 달성되었다면 재무목표의 다른 니즈가 있는지를 확인한다. 그럼으로써 예컨대 은퇴주거용 토지 장만하기, 작은 규모의 주택으로 이전하기 등 부부의 노후준비를 위한 구체적인 목표를 재설정하거나 추가하여 재무목표를 수정하여야 한다. 이때는 재무목표의 중요성에 따라 우선순위를 부여하여 투자 사후관리를 하여야 한다.

1-2 투자기간 변화 점검하기

고객과의 상담을 통해 재무목표의 변화를 확인하였다면, 기존의 재무목표 투자기간을 조정할 필요는 없는지를 확인하여 현실적인 투자기간을 고려한 후 조정한다. 새로운 재무목표가 설정되었다면 이에 적절한 투자기간을 설정한다. 투자기간의 변화를 확인하여 조정할 때는 재무목표가 장기인지 단기인지에 따라 투자기간이 달라지고 자산배분이 조정되기 때문에 반드시 점검한다.

1-3 투자자금 관련 변화 점검하기

고객의 재무상황을 분석할 때 다음과 같은 여러 가지 투자자금의 특성이 어떻게 변화했는지를 확인하는 것이 매우 중요하다.

가. 유동성 확보

고객이 가까운 시일 내에 큰 금액의 지출을 해야 하거나 비상자금 확보 등 위험관리가 부족하다고 판단되면, 원금 손실 없이 단기간에 현금화할 수 있는 예적금이나 MMF계좌 등 유동성 자산의 비중을 높일 필요가 있다. 따라서 고객의 유동성자금이 어느 정도인지를 확인해야 한다. 위험관리를 위해서는 월 생활비 3~6배 정도의 유동성자금을 확보하는 것이 바람직하므로 이를 고려해야 한다.

나. 투자자산 규모

포트폴리오전략을 활용하여 투자위험을 분산시키기 위해서는 고객의 총자산 규모와 투자자산 규모의 변화 정도를 확인하는 것이 매우 중요하다. 주식, 채권, 펀드, 부동산, 무위험자산 등 자산별 자산배분전략과 국내 투자와 해외 투자 등 국제분산투자 전략을 동시에 활용하여야 한다.

다. 기존 투자자산의 투자수익률

기존의 투자설계에 의해 고객의 투자자산이 어느 정도 수익률을 달성하였는지를 확인해야 한다. 기존 투자자산의 투자수익률에 따라 향후 투자를 공격적으로 할 것인지 아니면 방어적으로 할 것인지를 설정할 수 있으며, 포트폴리오 전략을 어떻게 수정할 것인가에 대한 전략을 수립할 수 있기 때문이다. 또 투자수익률이 현저하게 낮은 경우에는 포트폴리오의 전폭적인 재조정을 통해 수익률 상승을 도모해야 하므로, 이를 확인하는 것은 모니터링 단계에서 핵심적인 부분 중 하나이다.

1-4 위험감내도 변화 점검하기

포트폴리오 투자설계는 고객의 특성에 따라 달라지는데, 고객의 특성 중 가장 고려해야 하는 부분 중 하나가 위험감수성향이다. 고객의 위험감수성향이 어떠한지에 따라 투자 포트폴리오가 달라져야 하기 때문이다. 또한 고객의 위험감수성향은 고객의 연령 또는 생애주기, 기본적인 환경의 변화 등에 따라 지속적으로 변화할 수 있는 요소이기 때문에 처음 투자설계를 시작했을 때에 비해 어떻게 변화했는지를 점검할 필요가 있다. 마찬가지로 위험감수능력과 인지된 위험의 변화도 점검한다.

2 자산재배분 방법

2-1 자산재배분의 필요성

투자 초기 시점에 자산배분을 통해서 최적의 포트폴리오를 구축하였다고 하자. 하지만 투자기간이 종료되는 시점까지 초기 시점에 구축한 포트폴리오를 그대로 유지하는 경우는 드물다. 시간이 지남에 따라 고객이나 시장의 상황이 변하기 마련이다. 포트폴리오 구성 시점에 예상하지 못했던 많은 사건이나 정보가 추가되는 것이다. 이러한 새로운 사건이나 정보를 반영하여 포트폴리오를 재조정(rebalancing)해야 한다.

2-2 포트폴리오 재조정 방법

포트폴리오를 재조정하는 방법에는 여러 가지가 있다. 매일, 매주, 매월, 매 분기, 매년 등과 같이 일정 기간마다 재조정하는 방법, 위험자산의 시장가격이 일정 비율 변했을 때 조정하는 방법, 포트폴리오 자산의 구성비중이 모형에서 요구하는 값으로부터 일정 수준 이상 벗어나면 재조정하는 방법 등이다.

예를 들어 초기 시점에 주식 50%, 채권 40%, 현금 10%로 포트폴리오를 구성하였는데 시간이 흘러 새로운 사건이나 정보가 생성되면서 각 자산군의 가격이 변하여 포트폴리오의 구성비가 주식 80%, 채권 15%, 현금 5%로 변하였다고 하자. 물론 투자자의 최고 관심사는 포트폴리오의 수익률일 것이다. 포트폴리오 구성비의 변화만 상정하였기 때문에 포트폴리오의 전체 수익률이 증가하였는지, 감소하였는지는 알 수 없다. 포트폴리오 재조정은 시간이 지남에 따라 포트폴리오 전체 수익률과 포트폴리오의 구성비가 변화함에 따라 이루어지는데, 무엇보다 포트폴리오 구성비의 변화를 기준으로 이루어진다. 위 예에서 주식비중이 증가하였다는 것은 상대적으로 주가의 상승이 주도적이었다는 것을 의미한다.

그에 따라 포트폴리오 전체 수익률이 증가하였을 수도 있지만, 포트폴리오 구성비의 변화로 말미암아 포트폴리오 전체의 위험이 증가하였을 수도 있다. 그러면 현금 유동성위험도 증가할 수 있다. 이렇게 증가한 포트폴리오의 위험을 원래 수준으로 돌려놓기 위해서 주식을 매도하여 애초 포트폴리오 자산구성비로 회복시키는 것이 바람직하다. 다만 포트폴리오 재조정은 비용이 발생하기 때문에 너무 빈번하게 재조정하는 것은 바람직하지 않다.

2-3 포트폴리오 리밸런싱과 포트폴리오 업그레이딩

고객과 상담 이후 설정한 자산배분이 당시에는 최적인 것으로 판단되는 포트폴리오였다 하더라도, 시간이 경과함에 따라 경제 및 고객의 상황이 변화하여 기존 포트폴리오보다 더 나은 포트폴리오가 존재할 수 있다. 또는 새로운 상품의 출현으로 고객에게 새로운 투자기회가 주어져 새로운 포트폴리오를 구성하여야 할 필요가 있을 수도 있다.

이렇듯 포트폴리오 수정이란 포트폴리오를 구성한 후 미래 투자상황에 대한 예측이 잘못되었거나 새로운 상황이 전개됨에 따라 기존 포트폴리오를 변경해야 하는 경우, 보다 개선된 방향으로 포트폴리오를 변경하는 것을 말한다.

포트폴리오 수정에는 포트폴리오 리밸런싱과 포트폴리오 업그레이딩이 있다.

가. 포트폴리오 리밸런싱

포트폴리오 리밸런싱(portfolio rebalancing)이란 상황변화가 있을 경우 포트폴리오가 갖는 원래의 특성을 그대로 유지하고자 하는 것으로, 주로 투자비율을 원래대로 환원시키는 방법을 사용한다. 이것은 포트폴리오를 구성하는 자산들의 가격이 변동하여 포트폴리오 구성비율이 달라졌거나 포트폴리오의 위험과 수익 특성에 영향을 미칠 수 있는 새로운 정보가 존재할 때 이루어진다. 예를 들어 주식과 채권에 50:50으로 투자한 경우 개별자산의 상대적 가격변동으로 인해 주식과 채권이 60:40이 되었다면, 투자비율이 높아진 주식을 매도하고 투자비율이 낮아진 채권을 매도하여 50:50을 유지함으로써 원래의 포트폴리오 구성과 동일한 투자비율이 되도록 하는 것이다.

포트폴리오 리밸런싱은 첫째 원래 의도하지 않았던 투자의 집중현상을 회피하여 비체계적 위험을 줄여주고, 둘째 원래 의도하였던 수준의 체계적 위험을 다시 회복하여 가격변동에 따른 자본이득을 충실하게 실현할 수 있도록 해주는 장점이 있다.

리밸런싱은 사후관리의 중요한 과정으로, 펀드 또는 자산배분을 재조정하는 것을 말한다. 리밸런싱은 자산 리밸런싱과 시간 리밸런싱으로 나눌 수 있다.

1) 자산 리밸런싱

자산 리밸런싱은 개별 펀드의 리밸런싱으로 교체투자의 성격이 강하다. 투자하고 있는 펀드나 포트폴리오의 상태를 진단하고 투자펀드 자체에 이상 징후가 있거나 포트폴리오의 균형에 문제가 생겼을 때 실시한다. 펀드 교체투자는 가입펀드를 정기적으로 모니터링한 결과를 바탕으로 실행해야 한다.

1년 이상의 장기성과가 동일 유형의 펀드에 비해 계속 부진한 펀드, 환매가 증가하여 규모가 계속 감소하는 펀드, 동일 유형 펀드에 비해 변동성 위험이 높아진 펀드, 보유하고 있는 다른 펀드와 상관성이 높아진 펀드, 매매회전율이 급격히 높아진 펀드, 펀드매니저의 교체가 발생하거나 교체가 잦은 펀드, 펀드 운용사의 평판이나 재무안정성 등에 문제가 발생한 펀드 등의 경우에는 자산 리밸런싱을 고려해야 한다.

교체투자나 자산 리밸런싱은 될 수 있으면 한 번에 하는 것보다는 시간을 두고 분할 환매한 후 신규투자대상 펀드를 분할하여 매입하는 방법으로 실행하는 것이 바람직하다.

2) 시간 리밸런싱

시간 리밸런싱은 정기적 또는 비정기적으로 펀드별 투자비중을 재조정하는 것을 말한다. 재조정 과정을 통해 포트폴리오의 완성도가 높아지므로 매우 중요한 과정이다. 포트폴리오 리밸런싱은 최초에 투자한 자산별 투자 비중을 조정하는 것으로, 고평가된 자산의 비중은 축소하고 저평가된 자산의 비중은 확대하는 등의 과정을 통해 기대수익률의 달성 가능성을 높이는 것이다. 그에 비해 시간 리밸런싱은 정기적으로 실행할 수도 있고, 특별한 사유가 발생할 경우 비정기적으로 실행할 수도 있다.

정기적으로 실행하는 방법은 투자자가 사전에 정한 3개월, 6개월, 1년 등의 기간마다 포트폴리오 자산의 투자비중을 최초 투자비율에 맞춰 재조정하는 것이다. 정기적인 리밸런싱은 장기적으로 안정적인 수익률을 추구할 수 있도록 도와준다. 특히 포트폴리오 자산 간에 상관관계가 낮을 때 더 큰 효과를 발휘한다.

반면 비정기적인 리밸런싱은 투자기간 중 투자자의 재무구조 변화, 소득이나 지출 패턴 변화, 자산 불균형, 목표수익률 달성 등의 사유가 발생했을 때 포트폴리오를 조정하는 것을 말한다.

나. 포트폴리오 업그레이딩

포트폴리오 업그레이딩(portfolio upgrading)은 포트폴리오의 위험에 비해 상대적으로 높은 기대수익을 얻거나, 기대수익에 비해 상대적으로 낮은 위험을 부담하도록 포트폴리오의 구성을 변경하는 것이다. 실무적으로는 성과가 좋은 증권을 찾기보다는 큰 손실을 초래한 증권을 찾아서 그 증권을 포트폴리오에서 제거하는 방법을 사용한다. 예를 들어 〈그림 3-10〉에서 고객의 현재 포트폴리오(A)를 새로운 효율적 포트폴리오 중 동일한 수익에서 위험이 낮은 포트폴리오 B로 이동하거나, 동일한 위험에서 수익이 높은 포트폴리오 C로 이동할 방법을 찾는 것이다.

〈그림 3-11〉 포트폴리오 업그레이딩

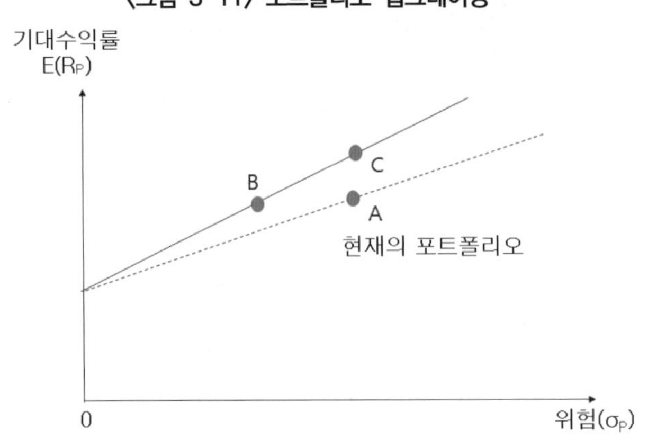

주·요·내·용·종·합·정·리

01 전략적 자산배분은 객관적인 경제 분석을 근거로 장기적인 자산배분 목표를 설정하는 과정으로, 포트폴리오의 목표수익률과 허용위험을 반영하여 여러 자산에 대한 투자비율을 결정하는 것을 말한다.

02 전술적 자산배분은 자산 가격이 시장상황의 변화에 따라 일시적으로 과소평가되거나 과대평가될 수 있다고 보고, 이러한 상황 변화를 반영하여 투자비율을 변경하는 전략을 말한다.

03 포트폴리오의 기대수익률은 개별자산의 기대수익률을 배분비중으로 가중평균하면 계산할 수 있다. 포트폴리오의 위험은 개별자산 수익률의 공분산이나 상관계수를 반영하여 계산하여야 한다.

04 CAPM이론에 따르면 투자자의 위험감수성향에 따라 무위험자산과 포트폴리오M의 조합을 달리하여 투자하는 것이 최적의 자산배분이 된다. 그런데 이렇게 최적화된 자산배분은 특정 자산에 집중 투자되는 단점을 가지게 되어 분산투자를 거스르는 역설적인 상황이 초래된다.

05 블랙-리터만 모형은 시장에서 관찰되는 포트폴리오를 효율적인 자산배분으로 가정하고, 여기에 투자자의 미래전망을 가미하여 최적 배분안을 도출하는 방법이다.

06 전 세계를 투자대상으로 하는 자산배분 전략은 국내 투자대상만을 대상으로 하는 자산배분에 비하여 우수한 위험분산효과를 기대할 수 있으며, 국내에 국한된 투자보다 향상된 위험-수익 간의 조합을 구성하여 안정적인 수익기반을 제공할 수 있다.

07 설정한 목표수익률과 허용위험 한도를 충족시키는 최적의 자산배분안을 선택한다.

08 소극적 투자관리는 가능한 한 많은 자산에 분산투자를 하여 시장평균적인 위험-수익의 관계를 추구한다. 적극적 투자관리는 과소평가된 자산에 대한 투자비중을 늘리고 과대평가된 자산에 대한 투자비중을 줄이는 자산배분을 수행하여 시장평균 이상의 위험-수익 관계를 얻으려 한다.

09 모니터링 단계에서는 고객이 가지고 있는 재무목표, 투자기간 및 투자자금과 관련된 사항 그리고 위험감수성향 등 재무적 상황에 변화가 있었는지 점검하는 것이 매우 중요하다.

10 포트폴리오 리밸런싱이란 상황변화가 있을 경우 포트폴리오가 갖는 원래의 특성을 그대로 유지하고자 하는 것으로, 주로 투자비율을 원래대로 환원시키는 방법을 사용한다.

연·습·문·제

01 **다음과 같은 포트폴리오가 있을 때 기대수익률과 수익률 표준편차는 어떻게 되는가?**

자산	투자비중(%)	세후기대수익률(%)	수익률 표준편차(%)	상관계수
부동산	40	5	4	0.00
주식	60	10	15	

① 기대수익률 8.0%, 표준편차 10.60%
② 기대수익률 8.0%, 표준편차 9.14%
③ 기대수익률 7.5%, 표준편차 10.60%
④ 기대수익률 8.0%, 표준편차 8.50%
⑤ 기대수익률 7.5%, 표준편차 9.14%

02 **다음과 같이 2개의 포트폴리오가 있고 홍철수 고객의 위험회피 계수는 2이며 양승진 고객의 위험회피 계수는 8이라고 할 때 고객의 기대효용을 적절히 설명한 것은?**

포트폴리오	고객의 예상치	
	기대수익률(%)	수익률 표준편차(%)
A	9.5	16
B	7.0	10

① 두 고객 모두 포트폴리오 A의 기대효용이 크다.
② 두 고객 모두 포트폴리오 B의 기대효용이 크다.
③ 홍철수 고객은 포트폴리오 B의 기대효용이 크며, 양승진 고객은 포트폴리오 A의 기대효용이 크다.
④ 홍철수 고객은 포트폴리오 A의 기대효용이 크며, 양승진 고객은 포트폴리오 B의 기대효용이 크다.
⑤ 위험회피 계수가 작을수록 위험을 회피하는 성향이 높다는 것을 의미한다.

연·습·문·제

03 **수익률의 분포가 정규분포 형태를 나타낸다고 가정할 때, A포트폴리오의 평균수익률이 10%이고 수익률의 표준편차가 14%라면 원금손실 가능성을 반영한 Z_α 값은 얼마인가?**

① -0.50
② -0.625
③ -0.7143
④ -1.0
⑤ -1.2347

04 **다음 자료를 기반으로 목표수익률 5%를 정확히 달성할 수 있는 자산배분(안)은 어떻게 되는가?**

자산	세후기대수익률
주식	8%
채권	3%

① 주식 20%, 채권 80%
② 주식 30%, 채권 70%
③ 주식 40%, 채권 60%
④ 주식 50%, 채권 50%
⑤ 주식 60%, 채권 40%

05 **전술적 자산배분에 대한 설명이 적절하지 않은 것은?**

① 전술적 자산배분은 자산가격이 시장상황의 변화에 따라 일시적으로 고평가되거나 저평가될 수 있다고 본다.
② 전술적 자산배분의 기본 원칙은 상대적으로 저평가된 자산의 비중은 확대하고 고평가된 자산의 비중은 축소하는 것이다.
③ 소극적 투자관리를 선택하는 펀드관리자는 가능한 한 많은 자산에 분산투자를 하려 하며, 이를 통해 시장평균적인 위험-수익의 관계를 추구한다.
④ 적극적 투자관리에서는 펀드관리자의 우월한 미래예측 및 증권분석 능력을 토대로 시장평균 이상의 위험-수익의 관계를 얻으려 한다.
⑤ 가치주는 실적이나 자산가치에 비해 시장가치가 상대적으로 저평가됨으로써 내재가치대비 낮은 가격에 거래되는 주식을 말하며, 가치주로 분류되면 그 분류는 변하지 않는다.

정·답·및·해·설

01 ▸ ② 기대수익률 8.0%, 표준편차 9.14%

포트폴리오의 기대수익률 = 0.4×5.0%+0.6×10.0% = 8.0%

$\sigma_P = \sqrt{0.4^2 0.04^2 + 0.6^2 0.15^2 + 2 \times 0.4 \times 0.04 \times 0.6 \times 0.15 \times 0.0} = 0.0914$

02 ▸ ④

포트폴리오	고객의 예상치	
	기대수익률(%)	수익률 표준편차(%)
A	9.5	16
B	7.0	10

홍철수 고객의 기대효용

$U_A = E(R_A) - 0.5 \times 2 \times \sigma_A^2 = 0.095 - 0.5 \times 2 \times (0.16)^2 = 0.0694 = 6.94\%$

$U_B = E(R_B) - 0.5 \times 2 \times \sigma_B^2 = 0.07 - 0.5 \times 2 \times (0.1)^2 = 0.06 = 6.0\%$

양승진 고객의 기대효용

$U_A = E(R_A) - 0.5 \times 8 \times \sigma_A^2 = 0.095 - 0.5 \times 8 \times (0.16)^2 = -0.0074 = -0.74\%$

$U_B = E(R_B) - 0.5 \times 8 \times \sigma_B^2 = 0.07 - 0.5 \times 8 \times (0.1)^2 = 0.03 = 3.0\%$

따라서 홍철수 고객은 포트폴리오 A의 기대효용이 크며, 양승진 고객은 포트폴리오 B의 기대효용이 크다. 위험회피 계수가 클수록 위험을 회피하는 성향이 높다는 것을 의미한다.

03 ▸ ③ (0-0.1)/0.14 = -0.7143

04 ▸ ③ 주식펀드에 대한 투자비중을 A라고 할 때, 채권펀드에 대한 투자비중은 '1-A'가 된다. 따라서 다음과 같은 방정식을 충족하는 A값을 찾으면 된다.

$A \times 8\% + (1-A) \times 3\% = 5\%$

A값은 0.4이다. 따라서 주식에 40%, 채권에 60% 투자하는 자산배분으로 목표수익률을 달성하는 포트폴리오를 구성할 수 있다.

05 ▸ ⑤ 가치주라고 하더라도 주가가 많이 오르게 되면 가치요소가 희석되어 가치주로 분류되지 않을 수 있다.

제4장

포트폴리오 투자성과 평가

제4장 포트폴리오 투자성과 평가

학습개요

투자성과 평가 기본요소에서는 성과 평가에 필요한 기본요소를 살펴본다.
벤치마크의 이해 및 활용에서는 벤치마크의 개념을 이해하고, 이를 성과 평가에 어떻게 활용하는지 살펴본다.
투자성과 분석에서는 자산배분과 증권선택 효과에 대해 살펴본다.
투자성과 평가에서는 위험조정 성과 평가에 대해 살펴본다.

학습목표

- 투자설명서와 자산운용보고서를 이해하고 설명할 수 있다.
- 보유기간수익률, 시간가중수익률, 금액가중수익률을 이해할 수 있다.
- 분산과 표준편차, 하방편차, 왜도, 첨도, 최대하락폭, 추적오차를 이해할 수 있다.
- 벤치마크의 개념과 활용, 특성과 종류를 이해할 수 있다.
- 자산배분효과와 증권선택효과를 이해하고 설명할 수 있다.
- 위험조정 성과 평가 척도인 샤프지수, 트레이너지수, 젠센의 알파, 정보비율 등을 이해할 수 있다.

제1절 | 투자성과 평가 기본요소

1 자료 수집

고객의 자산은 개별자산에 직접 투자되기보다 집합투자기구(펀드)를 통해 간접 투자되는 경우가 일반적이다. 금융투자상품에 간접 투자하는 경우 투자설명서와 자산운용보고서를 통해 투자성과 평가에 필요한 기본 자료를 수집할 수 있다.

1-1 투자설명서

펀드 판매회사는 투자자에게 집합투자기구의 매수를 권유할 때 반드시 투자설명서(간이투자설명서 포함)를 교부하고, 이에 대해 설명하도록 하고 있다. 투자설명서에는 펀드의 투자목적, 투자대상, 투자전략 등이 기술되어 있어 펀드의 특성을 이해할 수 있는 중요한 자료다. 투자설명서를 통해 해당 펀드가 투자자의 투자목적과 투자성향에 맞는 펀드인지를 파악할 수 있다. 또한 투자설명서에는 펀드 매입과 환매 시 평가액의 산정기준까지 작성되어 있어 펀드투자자에게 매우 중요한 정보라 할 수 있다.

투자설명서의 항목과 세부항목은 〈표 4-1〉와 같다.

〈표 4-1〉 투자설명서 항목

구성항목	세부항목
공통사항	- 용어의 정의, 공시서류 작성의 일반원칙 - 투자결정 시 유의사항 안내
집합투자증권의 모집·매출에 관한 사항	- 집합투자기구의 명칭 및 종류, 형태 - 모집예정금액 및 절차 - 집합투자기구의 인수, 상장 및 매매에 관한 사항
집합투자기구에 관한 사항	- 집합투자기구의 연혁, 신탁계약기간 - 집합투자업자와 운용전문인력 - 집합투자기구의 구조, 투자목적, 투자대상 집합투자기구의 투자전략, 위험관리 및 수익구조 - 집합투자기구의 투자위험 - 매입, 환매, 전환기준 - 기준가격 산정기준 및 집합투자재산의 평가 - 보수 및 수수료에 관한 사항 - 이익 배분 및 과세에 관한 사항
집합투자기구의 재무 및 운용실적 등에 관한 사항	- 재무정보 - 연도별 설정 및 환매현황 - 집합투자기구의 운용실적
집합투자기구의 관련회사에 관한 사항	- 집합투자업자에 관한 사항 - 운용 관련 업무 수탁회사에 등에 관한 사항 - 집합투자기구 관계회사에 대한 사항 (신탁회사, 일반사무관리회사, 집합투자기구 평가회사, 채권평가회사)
기타 투자자 보호를 위해 필요한 사항	- 투자자의 권리에 관한 사항 - 집합투자기구의 해지 및 공시에 관한 사항 - 이해관계인 등과의 거래에 관한 사항 등

출처: 금융감독원, 기업공시서식 작성기준(2018. 07. 10 개정) - 제4부 집합투자기구 공시기준

1-2 간이투자설명서

간이투자설명서는 투자설명서 중 중요한 사항만 발췌하여 기재한 것으로, 간이투자설명서만 확인하더라도 투자설명서의 내용을 대략적으로 파악할 수 있다. 간이투자설명서를 보고 해당 펀드에 대해 개략적으로 파악한 후 투자설명서를 통해 세부적인 내용을 확인한다. 간이투자설명서는 3개의 큰 항목으로 구성되어 있으며, 각 세부항목은 다음과 같다.

〈표 4-2〉 간이투자설명서 항목

구성항목	세부항목
집합투자기구의 개요	- 집합투자기구의 명칭, 특징, 분류 - 집합투자업자, 모집예정기간, 모집예정금액, 펀드존속기간 - 보수 및 수수료, 기준가격 산정 및 매입·환매 절차
집합투자기구의 투자정보	- 집합투자기구의 투자목적, 투자전략, 수익구조 등 - 운용전문인력, 투자실적추이 - 주요 투자위험 및 투자위험 등급 분류, 위험관리
집합투자기구의 기타 정보	- 과세, 전환절차 및 방법 - 요약 재무정보

출처: 금융감독원, 기업공시서식 작성기준(2018. 07. 10 개정) - 제25장 간이투자설명서

1-3 자산운용보고서

자산운용보고서는 펀드의 운용결과에 대해서 집합투자업자가 펀드투자자에게 제공하는 보고서다. 투자자의 눈높이에 맞게 알기 쉬운 용어를 사용하여, 간단하고 명료하게 기재하여, 이해를 돕기 위해 그래프, 표, 그림 등을 이용하여 작성할 수 있다.

자산운용보고서는 자산운용사가 신탁업자의 확인을 받아 판매회사를 통하여 3개월마다 1회 이상 투자자에게 제공하여야 한다. 자산운용보고서의 내용을 정기적으로 점검하여 펀드가 제대로 운용되고 있는지, 펀드매니저가 변경되지는 않았는지, 그리고 시장상황에 대한 펀드매니저의 대응전략과 향후 시장전망에 대한 펀드매니저의 관점 등을 확인할 수 있다.

자산운용보고서에는 펀드의 개요, 자산·부채·포트폴리오 현황, 운용전문인력(펀드매니저)에 관한 내용이 들어가며 금융투자협회의 표준서식이 있다. 하지만 자산운용보고서 표준서식은 권고안이며 자산운용사는 법령, 금융위원회규정 및 시행세칙 등에서 정하는 범위를 벗어나지 않는 경우 서식(표나 그림 등을 포함한다)을 적절히 변경하여 작성할 수 있다.

금융투자협회의 표준서식(작성항목)은 〈표 4-3〉과 같다.

〈표 4-3〉 자산운용보고서 표준서식(금융투자협회)

작성항목	세부항목
제1장 펀드의 개요	- 기본정보: 펀드의 명칭과 종류, 자산운용사, 관계회사(판매사, 신탁회사 등), 최초설정일, 운용기간, 상품의 특징, 위험등급 등 - 재산 현황: 자산총액, 부채총액, 순자산총액 및 기준가격 - 펀드의 구성: 모자형, 종류형 등
제2장 운용경과 및 수익률 현황	- 운용경과: 시장상황, 운용성과 분석, 주요 투자대상 자산손익사항, 주된 투자대상에 대한 시장 전망 등 - 수익률 현황: 최근 기간수익률과 비교지수 수익률 - 추적오차: 인덱스투자형의 경우 추적오차 기재
제3장 자산현황	- 자산구성 현황 및 업종별·국가별 투자비중 - 환헤지에 관한 사항 - 주요 자산보유 현황: 보유비중 상위 10개 종목의 보유내역 등
제4장 투자운용인력 현황	- 투자운용인력 및 변경내역
제5장 비용현황	- 총보수비용 비율 - 보수 및 비용지급 현황
제6장 투자자산 매매내역	- 매매주식규모 및 회전율 - 최근 3분기 매매회전율 추이
제7장 고유재산 투자사항	- 자산운용사의 고유재산 투자에 관한 사항

출처: 금융투자협회, 금융투자회사의 영업 및 업무에 관한 규정 시행세칙(2018. 10. 16) - (별지 제 9호) 집합투자기구 자산운용보고서

2 수익률의 측정

수익률은 일정 기간에 발생한 투자손익의 투자원본 대비 비율로 투자성과를 측정하는 가장 보편적인 지표이다. 국제투자성과기준(Global Investment Performance Standards; Gips)에서는 수익률 측정에 대해 다음과 같은 가이드라인을 설정하고 있다.

① 모든 수익률은 기간 중 발생한 실제 거래비용을 공제한 후 계산

② 실현 및 미실현 손익과 소득을 포함한 시간가중수익률을 사용

③ 외부현금흐름을 조정하는 시간가중수익률을 사용

④ 기간수익률은 반드시 기하학적으로 연결

⑤ 컴포지트(유형)의 수익률을 계산하는 경우에는 외부현금흐름을 모두 반영하여 개별 포트폴리오 수익률을 자산가중하는 방법으로 계산

2-1 보유기간수익률

보유기간수익률(Holding Period Return; HPR)은 투자성과측정의 가장 단순한 방법으로 보유 기간의 투자원본 대비 총수익을 측정하는 지표이다. 총수익은 이자나 배당에 의한 수입인 소득이익(income gain)과 자산가치 변화에서 오는 자본이익(capital gain)의 합으로 측정된다. 보유기간수익률의 계산식은 다음과 같다.

$$HPR = \frac{(MV_1 - MV_0) + \text{소득}}{MV_0}$$

MV_0 : 초기 투자원금

MV_1 : 1기 말 투자자산가치

투자기간이 1년이 아닌 경우 다른 투자대안과 비교 등의 편의를 위해 보유기간수익률을 1년 단위 성과로 연율화하는 경우가 많은데 해당 기간에 실현된 소득이익과 기간 초 및 기간 말의 자산가치가 주어졌을 때 연율화 계산식은 다음과 같다.

$$\text{연간 } HPR = (1 + \frac{(MV_n - MV_0) + \sum_{i=0}^{n} \text{소득}_i}{MV_0})^{1/n} - 1$$

MV_0 : 초기 투자원금

n : 총 투자연수

MV_n : n기 말 투자자산가치

예제 1

1억 원을 2년 동안 주식에 투자하여 2년 말에 배당금 2백만 원을 수령하였고 기말 자산가치는 1억 1천만 원이었다고 하자. 이 경우 연간 보유기간 수익률은 얼마인가?

$$\text{연간 } HPR = (1 + \frac{\text{1억 1천만 원} - \text{1억 원} + \text{2백만 원}}{\text{1억 원}})^{1/2} - 1$$

$$= (1.12)^{1/2} - 1 \approx 0.0583 \approx 5.83\%$$

수익률의 연율화는 1년보다 긴 기간을 연율화하는 경우와 1년보다 짧은 기간을 연율화하는 경우로 나눌 수 있다. 1년보다 긴 기간을 연율화한 것은 이미 실현된 성과를 1년 단위 성과로 환산한 것이므로 과거 투자성과를 비교하고 판단할 때 유용한 지표가 될 수 있다. 반면 1년보다 짧은 기간을 연율화한 것은 아직 실현되지 않은 미래성과를 1년보다 짧은 기간에 실현된 성과가 남은 기간에도 지속될 것으로 가정하고 1년 투자성과를 예측한 것으로 볼 수 있어, 특히 변동성이 큰 투자에 적용할 때 많은 주의가 요구된다. 결과적으로는 부적합한 지표가 될 수 있다는 점을 주의해야 한다.

예제 2

1억 원을 6개월 동안 주식에 투자하여 1억 1천만 원이 된 경우 연간 보유기간 수익률은 얼마인가?

$$\text{연간 } HPR = \left(1 + \frac{\text{1억 1천만 원} - \text{1억 원}}{\text{1억 원}}\right)^{1/0.5} - 1$$

$$= (1.1)^2 - 1 = 0.21 = 21\%$$

2-2 시간가중수익률

시간가중수익률(Time Weighted Rate of return; TWR)은 초기투자금액 1단위에 대한 투자기간의 복리수익률을 의미한다. 이를 계산하기 위해서는 투자 도중에 투자자금의 유입 또는 유출이 발생하여 투자금액이 변화한 경우 투자금액에 영향을 준 요인을 제거해주어야 한다. 이를 위해 투자금액 변화시점을 기준으로 투자금액 변화 이전과 이후 수익률을 각각 계산하고, 이를 기하학적으로 연결하여 시간가중수익률을 계산한다. 대부분 금융투자상품의 기준가격에는 시간가중수익률 개념이 적용된다. 투자금액 변화에 매니저의 의사결정이 영향을 미치는 것이 아니므로 이를 제거한 성과를 산출하기 위함이다. 시간가중수익률은 펀드매니저가 통제할 수 없는 펀드의 자금 입출금 효과를 배제하여 펀드매니저의 운용능력을 측정하는 지표로 적합하다.

투자기간에 총 n번의 투자금액 변화가 발생했을 때, 시간가중수익률 계산식은 다음과 같다.

$$TWR_T = (1+r_1) \times (1+r_2) \cdots (1+r_n) - 1$$

TWR_T : 해당기간 총 시간가중수익률

$r_1, r_2, \cdots, r_n$: 입출금이 일어난 기간 수익률

연간 시간가중수익률은 연간 보유기간수익률을 구하는 방식과 동일하게 계산할 수 있다.

$$\text{연간 } TWR = (1 + TWR_T)^{1/n} - 1$$

n : 총 투자연수

예제 3

3년에 걸친 주식형 펀드의 기준가가 다음과 같을 때 연간 시간가중수익률은 얼마인가?

연도	기준가	기간 수익률(%)
0	1,000	
1	1,100	+10
2	1,320	+20
3	1,188	-10

$TWR_T = (1+0.1) \times (1+0.2) \times (1-0.1) - 1 = 0.188$

$\text{연간 } TWR = (1+0.188)^{1/3} - 1 \approx 0.0591 \approx 5.91\%$

2-3 금액가중수익률

금액가중수익률(Money Weighted Rate of return; MWR)은 투자기간에 투자된 평균투자금액의 복리수익률을 의미한다. 금액가중수익률은 펀드매니저의 운용능력뿐만 아니라 투자자의 자금 입출금 효과까지 모두 반영한 수익률이다. 금액가중수익률은 내부수익률(Internal Rate of Return; IRR)이라고도 하며 투자기간에 발생한 모든 현금흐름의 현재가치 합(Net Present Value; NPV)을 0으로 만들어주는 복리수익률과 같다.

투자기간 T 동안 t(i) 시점에 총 n번의 현금흐름이 발생했을 때, 금액가중수익률 계산식은 다음과 같다.

$$0 = -MV_0 + \frac{CF_1}{(1+r)^1} + \frac{CF_1}{(1+r)^1} + \cdots + \frac{MV_n}{(1+r)^n}$$

r : 내부수익률 또는 금액가중수익률

MV_0 : 초기 투자원금

MV_n : 기말 투자자산 가치

CF_t : 기간 중 현금흐름

예제 4

3년에 걸친 주식형 펀드의 기준가와 입금 내역이 다음과 같을 때 금액가중수익률은 얼마인가?

연도	기준가	기간 수익률(%)	입금	잔고좌수	평가금액
0	1,000		10,000,000	10,000,000	10,000,000
1	1,100	+10	11,000,000	20,000,000	22,000,000
2	1,320	+20	132,000,000	120,000,000	158,400,000
3	1,188	−10		120,000,000	142,560,000

금액가중수익률은 내부수익률로 시행착오법(trial and error)을 통해 산출된다. 따라서 일반 계산기로는 산출하기 어렵다. 재무계산기나 엑셀의 IRR함수를 통해 계산한다. 다음은 '예제 4'의 내부수익률을 재무계산기로 구하는 방법이다.

CF0 = −10,000,000
CF1 = −11,000,000, F01 = 1,
CF2 = −132,000,000, F02 = 1
CF3 = 142,560,000, F03 = 1
IRR CPT

위와 같이 현금흐름을 입력하고 내부수익률을 구하면 −5.75%의 수익률이 계산된다.

2-4 시간가중수익률과 금액가중수익률

투자기간 중 투자한 원금에 변동이 없다면 시간가중수익률과 금액가중수익률은 동일하다. 하지만 '예제 3' 및 '예제 4'와 같이 시간에 따라 투자금액이 변하는 경우 두 가지 수익률 간에는 차이가 발생한다.

일반적으로 펀드의 수익률은 시간가중수익률로 계산한다. 따라서 투자자산의 규모가 클 때와 작을 때를 구분하지 않고 단순히 투자기간을 중심으로 산정한다. 시간가중수익률을 사용하는 이유는 펀드 운용사의 성과를 그 책임에 맞춰 평가하기 위한 것이다. 추가자금을 납입하거나 투자자금을 회수할 때 현금흐름이 발생하는데 그 현금흐름의 발생 시점은 자산운용사가 정하는 것이 아니라 투자자가 정한다. 즉, 펀드로 자금이 유입되거나 유출된 데 따른 성과변화는 결국 펀드를 운용하는 회사의 결정에 따른 것이 아니다. 따라서 그러한 현금흐름 발생 효과를 제거하고 수익률을 계산하는 것이 합리적이다.

반면 현금흐름의 발생 시점을 자산운용사가 정하는 경우가 있다. 예를 들어 부동산 펀드나 사모투자전문회사(PEF)의 경우 보통 투자자는 약정금액을 정하고, 펀드매니저가 투자를 요청할 경우 투자자금을 납입하게 된다. 이러한 과정에서 현금흐름의 발생 시점은 펀드매니저에 의해 결정된다. 현금흐름의 발생 시점을 결정하는 책임을 가진 펀드매니저의 책임을 충분히 반영하기 위해 수익률은 금액가중수익률 방법으로 계산해야 한다.

'예제 3'의 시간가중수익률은 +5.91%인 반면 '예제 4'에서 계산된 금액가중수익률은 −5.75%로 나타난다. 금액가중수익률이 음수로 나타난 이유는 투자수익이 발생하는 경우에는 소규모 금액이 투자되었고, 대규모 금액이 투자되었는데 투자손실이 발생하여 전체적으로 투자금액 변화가 투자성과에 비우호적으로 작용한 결과이다.

〈표 4-4〉 시간가중수익률과 금액가중수익률

구분	시간가중수익률	금액가중수익률
특징	운용자의 운용능력을 평가하기 위한 수익률이며, 투자금액이 고려되지 않는 방법	투자자가 투자기간 및 금액을 고려하여 획득한 수익성을 나타내며, 미래에 발생한 수익의 현가와 투자액을 일치시키는 할인율을 의미
관점	펀드매니저 관점의 수익률: 펀드매니저의 운용능력을 가장 정확하게 반영	투자자 관점의 수익률: 투자자의 실제수익을 가장 적절하게 반영
계산방법	기간수익률을 기하학적으로 연결	내부수익률(IRR) 계산
주의사항	벤치마크나 동일유형 간 상대적 비교가 가능	벤치마크나 동일유형 간 비교가 어려움

3 위험의 측정

위험을 측정하기 위한 지표는 많이 있지만, 무엇이 최선의 위험측정지표인가에 대해서는 여전히 많은 논란이 있다. 하지만 아직까지는 최선의 위험측정지표로 단일 지표가 제시되지 못하고 있다. 이런 한계가 있다는 전제하에 현재 고려되는 다양한 위험측정지표를 살펴보자.

3-1 분산과 표준편차

수익률의 분산과 표준편차는 대표적인 위험 측정치이며, 수익률의 변동성을 나타낸다. 수익률 R에 대하여 과거 T기 동안의 과거 자료가 주어지면, 수익률(R)의 분산(variance)은 다음과 같이 구해진다. 여기서 μ_R은 수익률의 평균을 의미한다.

$$\text{수익률 분산}\ \sigma_R^2 = \frac{(R_1-\mu_R)^2+(R_2-\mu_R)^2+\cdots+(R_n-\mu_R)^2}{n-1}$$

표준편차는 분산의 제곱근을 구한 것으로, 다음과 같다.

$$\text{수익률 표준편차}\ \sigma_R = \sqrt{\sigma_R^2}$$

과거 수익률을 측정한 기간이 일간단위나 월간단위라면 연간단위로 다음과 같이 변환할 수 있다. 일간 표준편차를 연간 표준편차로 변환하는 경우 주식시장 개장일 기준으로 1년에 246일임을 고려한 것이다.

$$\begin{aligned}\text{연간 표준편차}(\sigma) &= \text{일간 표준편차}(\sigma)\times\sqrt{246}\\ &= \text{월간 표준편차}(\sigma)\times\sqrt{12} = \text{분기 표준편차}(\sigma)\times\sqrt{4}\end{aligned}$$

분산이나 표준편차는 위험을 나타내는 지표이므로 클수록 위험이 높다는 의미다. 동일한 기대수익률을 나타내는 두 상품이 있는 경우 수익률의 분산이나 표준편차가 낮은 상품이 높은 상품을 지배하게 된다.

일반적으로 수익률의 분포는 종모양의 정규분포를 따른다고 가정한다. 하지만 다양한 투자자산의 실제 수익률 분포는 종모양이 아닌 경우도 많고 수익률 끝쪽의 꼬리 부분이 정규분포보다 두꺼운 경우도 많아 실제 적용이나 해석에 많은 주의가 요구된다.

〈표 4-5〉는 변동성이 최종 투자성과에 미치는 영향을 예시한다. 평균수익률이 동일하더라도 변동성에 따라 실현되는 최종 투자성과는 상당한 차이를 보일 수 있다. 일반적으로 변동성이 클수록 최종 투자성과에 부정적인 영향을 미친다.

〈표 4-5〉 변동성이 최종 투자성과에 미치는 영향(예시)

기간	투자 A		투자 B	
	기간성과(%)	누적성과(%)	기간성과(%)	누적성과(%)
1	8.00	8.00	-8.00	-8.00
2	12.00	20.96	32.00	21.44
3	8.00	30.64	-10.00	9.30
4	14.00	48.93	40.00	53.01
5	8.00	60.84	-4.00	46.89
평균	10.00		10.00	
표준편차	2.83		24.00	

앞의 예에서 나타난 것처럼 변동성(표준편차)이 클수록 최종 투자성과에 부정적인 영향을 미치므로 변동성을 위험지표로 사용하는 것은 대체로 타당하다고 할 수 있다. 하지만 경우에 따라 변동성 지표만을 고려하는 경우 위험에 대해 적절하지 못한 판단을 할 수 있다.

다음과 같은 지표를 갖는 2개의 투자전략을 고려해보자.

〈표 4-6〉 투자전략의 지표(예시)

	투자전략 1	투자전략 2
기대수익률(%)	4.0	6.0
표준편차(%)	0.0	2.0
최대수익률(%)	4.0	8.0
최저수익률(%)	4.0	4.0

표준편차 기준 투자전략 1의 변동성은 0.0%이고 투자전략 2의 변동성은 2.0%여서 투자전략 1이 투자전략 2 대비 안전한 전략인 것으로 판단할 수 있다. 하지만 이는 적절하지

않은 판단이 된다. 최저수익률이 투자전략 1과 2 모두 4.0%로 동일한 반면, 최대수익률은 투자전략 2가 8.0%로 투자전략 1보다 4.0%p 높아 투자전략 2가 투자전략 1보다 항상 우위를 갖기 때문이다. 이와 같이 비선형적인 수익구조를 갖는 투자대안을 비교할 때 변동성 척도를 단일 위험지표로 고려하는 데에는 주의가 요구된다.

3-2 하방편차

하방편차(downside deviation)는 최소허용수익률(Minimum Acceptable Return; MAR) 미만의 수익률만을 고려하여 계산한 변동성 지표로 손실의 표준편차라고 할 수 있다. 표준편차는 평균을 기준으로 위와 아래의 수익률 편차를 계산한 것인데, 투자자 입장에서 양의 수익률 편차가 큰 것은 문제가 되지 않고 음의 수익률의 편차가 큰 것이 문제가 된다. 최소허용수익률이 0%라면 하방편차는 수익률이 음인 경우의 표준편차를 계산한 것이다.

3-3 왜도

왜도(skewness)는 수익률 분포의 평균에 대한 비대칭성 정도를 측정하는 지표이다. 정규분포의 왜도 값은 0이다. 수익률 분포가 양의 왜도(positive skew)를 갖는 경우에는 양의 수익률 쪽 꼬리가 길고, 음의 왜도(negative skew)를 갖는 경우에는 음의 수익률 쪽 꼬리가 길다.

〈그림 4-1〉 왜도의 예

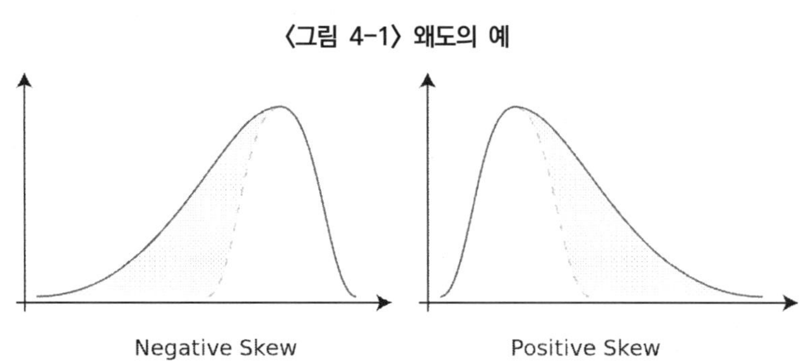

3-4 첨도

첨도(kurtosis)는 확률분포의 뾰족한 정도를 나타내는 척도다. 관측치들이 중심에 얼마만큼 집중적으로 몰려 있는가를 측정할 때 사용된다. 자료를 평균이 0이고 표준편차가 1인 Z점수로 변환한 경우 첨도는 다음과 같이 산출된다.

$$r_2 = \frac{\sum_{i=1}^{N} z_i^d}{N} - 3$$

첨도값이 0에 가까우면 분포가 정규분포에 가깝다. 0보다 작을 경우(K〈0)에는 정규분포보다 더 완만하게 납작한 분포로 판단할 수 있으며, 첨도 값이 0보다 큰 양수(K〉0)이면 정규분포보다 더 뾰족한 분포로 생각할 수 있다.

경우에 따라 위의 수식에서 3을 빼지 않은 수치로 첨도를 표시할 수도 있다. 이 경우 3을 기준으로 판단하면 된다.

3-5 최대하락폭

최대하락폭(Maximum drawdown; MDD)은 투자기간 중 고점 대비 하락폭이 가장 큰 기간의 손실률을 의미한다. 최대하락폭은 다음과 같이 계산된다.

$$MDD = \frac{(\text{최젓값} - \text{최댓값})}{\text{최댓값}} \times 100$$

최대하락폭(MDD)은 대부분의 투자자에게 중요한 관심사인 자본 보존에 초점을 맞추기 때문에 주식펀드와 같은 포트폴리오의 상대 위험을 평가하는 데 사용되는 지표다. 예를 들어, 2개의 펀드가 동일한 평균 초과 수익, 추적오차 및 변동성을 가진다 하더라도 벤치마크와 비교할 때 최대하락폭은 매우 다를 수 있다. 최대하락폭은 새로운 최고치가 달성되기 전에 포트폴리오의 가치 중 최댓값에서 최솟값(peak-to-trough) 감소를 측정한다. 그러나 큰 손실의 빈도를 고려하지 않고 가장 큰 손실의 크기만 측정한다는 점에 유의해야 한다.

최대하락폭의 개념을 예로 살펴보자. 어느 펀드의 기준가가 1,000원에서 1,500원으로 상승한 다음 800원으로 하락하였다가 1,200원으로 회복한 후 다시 700원으로 급락한 다음 1,600원으로 상승하였다고 가정한다.

이 경우 최대하락폭은 '(700 - 1,500)/1,500 = -53.33%'이다.

기준가 1,500원의 초기 최댓값은 최대하락폭 계산에 사용된다. 기준가 800원의 중간 저점과 기준가 1,200원의 중간 고점은 사용되지 않는다.

3-6 추적오차

추적오차는 주식 포트폴리오의 수익률과 벤치마크 수익률 간의 의도하지 않은 차이를 말한다. 즉 포트폴리오 수익률이 벤치마크 수익률을 따라가지 못하는 정도를 나타내므로, 예기치 못한 이익이나 손실을 발생시킬 수 있는 가능성을 의미한다. 추적오차의 표준편차 계산식은 다음과 같다.

$$\sigma_{TE} = \sqrt{\frac{\sum_{t=1}^{T}(r_t - BM_t)^2}{T}}$$

σ_{TE}: 추적오차의 표준편차

r_t : t시점에서 투자수익률

BM_t : t시점에서 벤치마크 수익률

추적오차가 커지면 펀드매니저가 주식포트폴리오를 벤치마크(시장)와 달리 특정 종목에 집중적으로 투자한 결과로 바람직하지 못하다는 평가가 가능하다.

3-7 사례 분석

실제 주식시장이 어떠한 수익률 분포를 나타내는지 사례를 통해 알아보기로 한다.

야후 파이낸스에서 2000년 1월 4일부터 2024년 1월 31일까지 S&P500, DAX, 코스피, 니케이225, HSCEI, 나스닥지수의 일간 수익률을 분석하였다.

〈그림 4-2〉 일간 수익률 누적 그래프

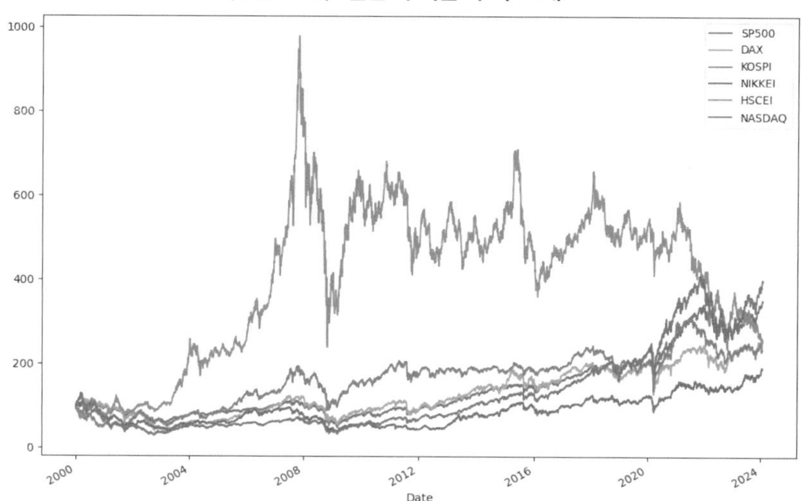

총 5,243일간 수익률이 분포한 구간을 도수분포표로 나타내면 다음과 같다.

〈그림 4-3〉 일간 수익률 도수분포도

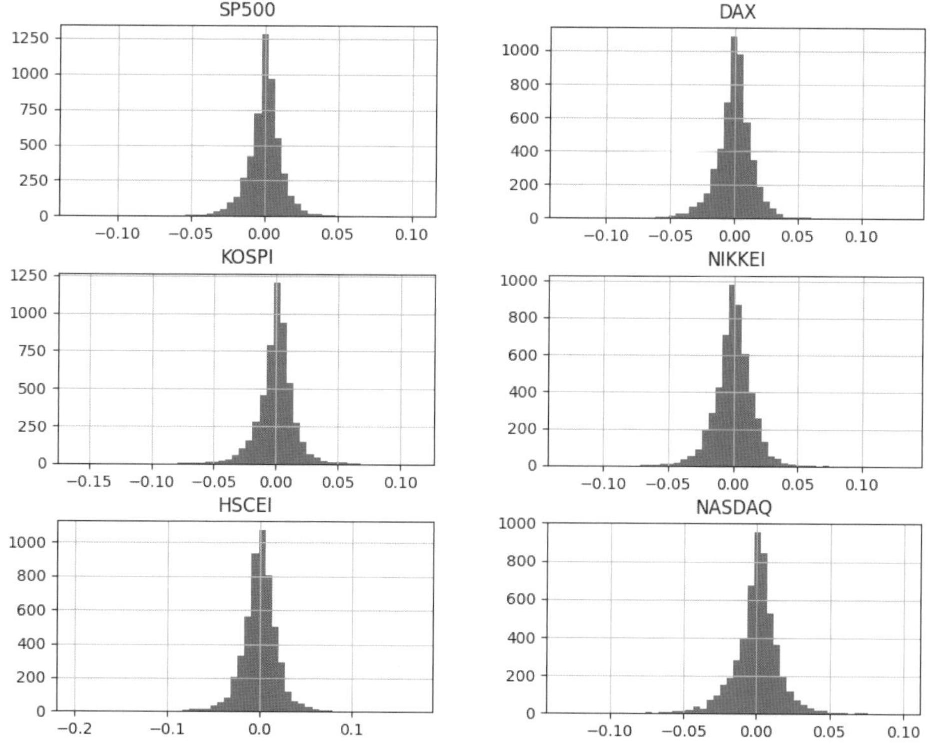

각 지수의 통계수치는 다음과 같다. 왜도는 모두 음수여서 음의 수익률 꼬리가 긴 것으로 나타났고, 첨도도 0보다 커서 중간부분이 뾰족한 분포를 나타냈다.

〈표 4-7〉 지수별 통계수치

	S&P500	DAX	KOSPI	NIKKEI225	HSCEI	NASDAQ
최소수익률	-12.77%	-13.05%	-12.74%	-12.11%	-15.09%	-13.15%
최대수익률	10.96%	10.80%	11.54%	13.23%	15.61%	9.96%
평균수익률	0.024%	0.018%	0.016%	0.012%	0.018%	0.026%
표준편차	1.313%	1.538%	1.561%	1.557%	2.027%	1.664%
왜도	-0.450	-0.118	-0.596	-0.507	-0.011	-0.311
첨도	9.547	6.320	8.721	6.983	7.849	5.213

이러한 통계수치는 실제 주식시장 수익률 분포가 정규분포와는 많이 다르다는 것을 의미한다. 따라서 포트폴리오 관리자는 예상하지 못한 수익률이 나타날 수 있다는 점을 항상 고려해야 할 것이다. 〈그림 4-4〉는 S&P500의 수익률 분포가 정규분포와 다르다는 것을 분위수 대조도(quantile-quantile plots)로 나타낸 것이다. 〈그림 4-4〉에서 대각선은 정규분포라면 나타날 수 있는 수익률을 의미하는데, 점선은 실제 수익률 분포를 나타낸다. 실제 수익률 분포는 정규분포보다 훨씬 낮은 음의 수익률도 많이 나타날 수 있고 정규분포보다 훨씬 높은 양의 수익률도 많이 나타날 수 있음을 보여주고 있다. 이러한 현상은 DAX, KOSPI, NIKKEI225, HSCEI, NASDAQ지수에서도 동일하게 나타났다.

〈그림 4-4〉 S&P500l 지수 수익률 Q-Q Plot

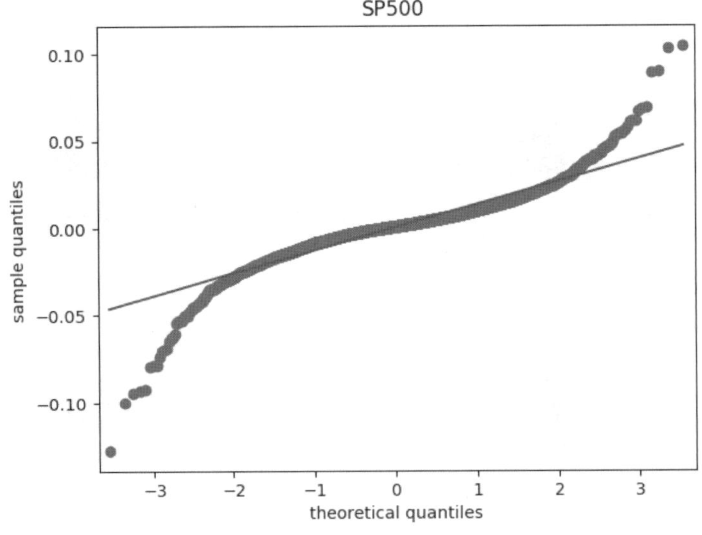

제2절 | 벤치마크의 이해 및 활용

1 벤치마크의 이해

1-1 벤치마크 개념

벤치마크(benchmark)는 증권, 펀드 또는 투자 관리자의 능력을 측정할 수 있는 기준이다. 일반적으로 광범위한 시장 및 시장 섹터 부문 주식 및 채권 지수가 이러한 목적으로 사용된다. 우리나라의 시가총액가중방식 지수인 KOSPI는 국내 상장주식을 대상으로 시가총액 크기를 기초로 상장주식에 가중치를 부여하여 산출되는 시장지수이다. 국내 주식시장의 상황을 파악하거나, 시장 인덱스펀드 또는 상장주식을 투자대상으로 하는 일반 액티브펀드의 벤치마크로 활용된다. 또한 기타 채권지수, 상품지수 등과 함께 국내 주식 자산군을 대표하여 자산배분에 활용되기도 한다.

적절한 벤치마크를 선정하고 성과평가에 활용하는 것이 중요한 이유는 특정 투자 프로세스의 위험요인을 파악하고 특정 매니저의 스타일을 고려한 벤치마크와의 상대평가를 통해 매니저의 실력을 공정하고 객관적으로 평가하고, 이를 통해 효과적인 모니터링 및 보수 책정 등의 기초로 활용할 수 있기 때문이다.

1-2 벤치마크 활용

가. 소극적 투자전략

벤치마크는 전체 시장의 일부 측면을 나타내는 여러 증권을 골고루 포함하도록 작성되었다. 개인투자자가 다양한 유가증권에 투자하는 것은 비용이 많이 들기 때문에 투자자가 벤치마크와 동일한 성과를 얻을 수 있도록 소극적(passive) 투자관리 펀드가 만들어졌다. 소극적 펀드의 경우 펀드매니저는 복제 전략을 사용하여 벤치마크 지수의 수익률을 일치시켜 투자자에게 저비용으로 시장에 투자할 수 있는 기회를 제공한다. 이러한 유형의 대표적인 펀드가 KOSPI200 지수를 벤치마크로 하는 상장지수펀드(Exchange Traded Fund; ETF)다. 해외에서는 S&P500지수를 0.09%의 관리 수수료로 복제하는 SPDR S&P500 ETF가 대표적이다.

나. 적극적 투자전략

적극적(active) 투자전략은 벤치마크 수익률을 넘어서는 투자실적을 올리고자 하는 투자전략이다. 효율적시장이론은 장기적으로 시장을 능가하는 것이 본질적으로 불가능하다고 주장한다. 그럼에도 일관되게 벤치마크를 능가하는 적극적인 매니저가 있다. 그러나 적극적(액티브) 투자전략은 오랜 기간 모니터링이 필요하며 소극적(패시브) 펀드에 비해 높은 펀드 운용보수가 부과된다. 최근에는 인공지능 양적 모델이 포트폴리오 관리 프로세스에 더 많은 자동화 기능을 제공하여 더 많은 변수를 통합하고 있고, 이에 따라 보다 저렴하고 성공적인 관리를 시도하고 있다.

다. 스마트 베타 전략

스마트 베타(Smart Beta) 전략은 소극적인 인덱스펀드(passive index funds)의 보완책으로 개발되었다. 스마트 베타는 시가총액으로 가중한 전통적 인덱스나 포트폴리오 대신 기업의 내재가치나 배당수익률, 변동성 등 비가격적 요소를 가중치로 활용해 지수를 구성하고 추종함으로써 보다 나은 위험대비 수익률을 창출하고자 하는 전략이다. 시장의 비효율성을 가정해 시장에서 초과수익 기회를 얻을 수 있다는 전통적인 적극적 자산운용과 인덱스의 수익률을 복제하는 소극적 자산운용의 중간적 성격을 가지고 있다.

2 벤치마크의 특성과 종류

2-1 벤치마크의 특성

벤치마크는 투자지침이나 평가기준이 되는 등 다양한 목적으로 활용되기 위하여 다음과 같은 속성을 가지고 있어야 한다(Bailey 등, 2007).

① 명확성(unambiguous): 벤치마크를 구성하는 종목과 비중이 정확하게 표시되어야 한다.

② 투자가능성(investable): 투자운용 시 벤치마크 내의 종목에 투자할 수 있어야 한다. 특히, 패시브(passive) 운용 시 벤치마크 구성 종목에 투자할 수 있어야 한다.

③ 측정가능성(measurable): 벤치마크의 수익률을 합리적인 빈도로 쉽게 계산할 수 있어야 한다.

④ 일치성(appropriate): 벤치마크는 펀드매니저의 투자 스타일이나 전문영역과 일치되어야 한다.

⑤ 투자의견 반영(reflective of current investment opinions): 펀드매니저는 벤치마크에 포함된 종목이나 위험요인 노출에 대해 현재 투자의견(긍정적, 부정적, 중립적 등)을 보유하고 있어야 한다. 즉, 구성 종목에 대한 상태를 판단할 수 있어야 한다.

⑥ 사전명시(specified in advance): 벤치마크는 평가기간 시작 이전에 명시되고 모든 관계자들에게 고지되어야 한다.

⑦ 매니저 동의(owned): 펀드매니저는 벤치마크의 구성과 성과에 대해 인지하고 책임져야 한다. 벤치마크는 매니저의 전체 투자 프로세스의 하나로서 내재될 것이 권장된다.

위 7가지 특성은 벤치마크를 활용하여 공정하고 적절한 성과 비교를 하는 데 필요한 직관적인 개념들을 좀 더 체계화한 개념으로 정리한 것으로 생각할 수 있다.

2-2 벤치마크의 종류

벤치마크는 투자대상 자산의 종류뿐만 아니라 투자전략, 투자 스타일, 고객의 특성 등 다양한 측면을 고려하여야 한다. 벤치마크의 종류는 다음과 같다

〈표 4-8〉 벤치마크의 종류

종류	설명	사례
시장지수 (market index)	- 자산유형에 소속된 모든 대상 종목을 포함한 것으로 가장 넓은 대상을 포함 - 운용에 특이한 제약조건이 없는 경우에 적합	KOSPI, 종합채권지수
섹터/스타일지수 (sector/style index)	- 자산유형 중 특정한 분야나 특정한 성격을 지닌 대상만을 포함 - 특정 분야에 집중 투자하는 경우에 적합	중소형주, 가치주, 국공채형, 회사채형
합성지수 (synthesized index)	- 2개 이상의 시장지수나 섹터지수를 합성하여 별도로 계산 - 복수의 자산 유형에 투자하는 경우에 적합	혼합형 펀드
정상포트폴리오 (normal portfolio)	- 일반적인 상황에서 구성하는 포트폴리오 - 채권형 벤치마크로 많이 활용	KOBI120, KOBI30
맞춤형지수 (customized index)	- 특정 펀드의 운용과 평가를 위한 포트폴리오 - 일반성이 적은 펀드를 평가하기 위함	특정 포트폴리오, 보험형(PI)펀드 평가용
동일유형지수 (peer group index)	- 평가 대상 펀드와 운용전략이 유사한 펀드들을 조합	유형지수, 업계동일유형

3 벤치마크 사례

다음은 집합투자기구 평가회사의 펀드 유형분류 기준과 방법에 대한 소개다. 펀드 유형분류의 목적은 유사한 운용자산 및 운용전략을 가진 펀드들을 동일한 유형으로 그룹화하여 유형 대비 개별펀드의 성과지표를 산출하고 이를 펀드평가의 기초데이터로 삼기 위함이다. 해당 펀드 유형의 특성에 알맞은 벤치마크를 설정하여 개별펀드의 상대적인 성과를 평가하여야 한다.

투자자도 투자한 펀드의 벤치마크를 알아야 펀드의 수익률이 발생한 이유를 정확하게 파악할 수 있다. 펀드의 수익률이 좋더라도 벤치마크 수익률이 더 높으면 펀드매니저가 잘한 것이 아니고, 펀드 수익률이 낮더라도 벤치마크 수익률보다 높으면 펀드매니저가 능력이 있는 것으로 평가할 수 있다.

〈표 4-9〉 공모펀드 유형분류

대분류	중분류	소분류
국내주식형	Active주식형	일반주식, 중소형주식, 섹터주식, 배당주식 등
	Passive주식형	KOSPI200인덱스, 주식ETF, 기타인덱스 등
국내채권형	국공채형	국공채단기, 국공채일반
	회사채형	회사채단기, 회사채일반
	일반채형	일반채단기, 일반채일반
	하이일드채권형	하이일드채권
MMF	MMF	MMF, MMF-ETF
국내혼합형	주식혼합형 등	주식혼합형, 채권혼합형, 자산배분형 등
국내대체투자형	부동산 등	부동산, ELF, 특별자산 등
해외주식형	국가별 해외주식형	중국, 브라질, 러시아, 미국, 일본, 인도 등
	섹터별 해외주식형	에너지, 기초소재, 경기 관련 소비재, 헬스케어, 정보기술 등
	권역별 해외주식형	글로벌, 유럽, 선진국, 신흥국, 아시아태평양 등
해외채권형	글로벌 채권형 등	글로벌채권, 북미채권, 아시아채권, 신흥국채권 등
해외혼합형	해외주식혼합형 등	해외주식혼합형, 해외채권혼합형, 해외자산배분형 등
해외대체투자형	해외부동산형 등	해외부동산, 해외특별투자 등

출처: 한국펀드평가(2018), KFR 유형분류 기준과 방법

공모펀드의 유형을 분류하는 기준은 〈표 4-10〉과 같다.

〈표 4-10〉 공모펀드 유형분류 기준

분류	분류 기준
국내주식형	국내주식 관련 위험자산의 최저투자한도가 60% 이상인 펀드
Active주식형	국내주식 관련 위험자산의 최저투자한도가 60% 이상이며, 적극적운용을 통해 시장수익률의 초과 달성을 추구하는 펀드
Passive주식형	국내 특정 지수를 추종하거나 복제전략을 사용하는 주식형 펀드
국내채권형	주식 관련 위험자산에 투자하지 않으면서 채권의 최저투자한도가 60% 이상인 펀드
국공채형	주식 관련 위험자산에 투자하지 않으면서 채권의 최저 투자한도가 60% 이상이며, 채권 내 국공채 투자비율이 60% 이상인 펀드
회사채형	주식 관련 위험자산에 투자하지 않으면서 채권의 최저 투자한도가 60% 이상이며, 채권 내 회사채 투자비율이 60% 이상인 펀드
하이일드채권형	투기등급(BB+ 이하) 채권에 주로 투자하는 국내 채권형펀드
MMF	단기 금융상품에 투자하는 펀드
국내혼합형	국내 채권과 주식에 주로 투자하는 펀드
국내대체투자형	부동산, 실물자산, 파생상품 등에 투자하는 펀드
해외주식형	해외 주식 관련 위험자산에 투자하는 펀드
섹터별 해외주식형	특정 섹터 관련 기업의 글로벌주식(위험자산)에 주로 투자하며, 해당 자산의 최저투자한도가 60% 이상인 펀드
권역별 해외주식형	특정 권역 글로벌주식(위험자산)에 주로 투자하며, 해당 자산의 최저투자한도가 60% 이상인 펀드
해외채권형	해외 관련 채권에 투자하는 펀드
해외혼합형	투자 대상을 국내로 한정짓지 않으며, 채권과 주식에 주로 투자하는 펀드
해외대체투자형	해외 실물자산이나 대체상품 등에 투자하는 펀드

출처: 한국펀드평가(2018), KFR 유형분류 기준과 방법

공모펀드의 유형이 분류되면 각 유형의 정의에 따라 벤치마크를 설정한다. 벤치마크는 일반적으로 각 유형을 대표할 수 있는 시장지수를 활용하며, 혼합 자산군 유형에 대해서는 여러 개의 시장지수를 적절히 가공한 형태로 해당 유형의 벤치마크 지수를 사용한다.

〈표 4-11〉 펀드의 유형별 벤치마크

대분류	중분류	벤치마크
국내주식형	Active주식형	KOSPI200
	Passive주식형	KOSPI200
국내채권형	국공채형	KIS국공채 종합채권지수
	회사채형	KIS회사채 종합채권지수
	일반채형	KIS종합채권지수
	하이일드채권형	KIS회사채BBB(공모무보증)지수
MMF	MMF	KIS-MMF지수
국내혼합형	주식혼합형 등	50% KOSPI200+ 50% KIS종합지수1Y이하
국내대체투자형	부동산 등	상업용 부동산지수 등
해외주식형	국가별 해외주식형	MSCI all country world free index
	섹터별 해외주식형	
	권역별 해외주식형	
해외채권형	글로벌 채권형 등	Merrill Lynch Global Broad Market Index(USD)
해외혼합형	해외주식혼합형 등	50% MSCI ACWI + 50% KIS종합1년지수
해외대체투자형	해외부동산형 등	Merrill Lynch U.S REITs Index 등

출처: 한국펀드평가(2025), KFR 유형분류 기준과 방법

4 벤치마크 대비 성과 측정

펀드매니저의 정상포트폴리오(normal portfolio)를 대표하는 적절한 벤치마크가 주어졌다면 펀드매니저의 포트폴리오 성과를 다음과 같이 분해할 수 있다(Bailey 등, 1990).

$$R_P = R_B + (R_P - R_B) = R_B + R_A$$

위의 식에서 R_P는 포트폴리오 수익률, R_B는 벤치마크 수익률, R_A는 벤치마크 대비 포트폴리오의 액티브 수익률이다. 추가적으로 시장지수 수익률을 R_M, 벤치마크와 시장지수 수익률 간 차이를 스타일 수익률 R_S라고 정의하면 위의 식은 다시 다음 식과 같이 표현할 수 있다.

$$R_P = R_M + (R_B - R_M) + R_A = R_M + R_S + R_A$$

위의 식에서 포트폴리오 성과는 시장지수 수익률, 스타일 수익률, 액티브 수익률 등 세 부분으로 분해되었다.

예제

펀드가 1개월간 총수익률 6%를 실현하였는데, 같은 기간 벤치마크 수익률은 5.5%, 시장지수 수익률은 4%인 경우 펀드매니저의 스타일과 액티브 운용이 성과에 기여한 부분을 구하라.

시장에서 파생된 성과: $R_M = 4\%$

스타일 기여 성과: $R_S = R_B - R_M = 5.5\% - 4\% = 1.5\%$

액티브 운용 기여 성과: $R_A = R_P - R_B = 6.0\% - 5.5\% = 0.5\%$

제3절 | 투자성과 분석

1 주식 투자성과 분석

주식이 포함된 포트폴리오 성과분석은 개별 포트폴리오에 대한 벤치마크 대비 성과분석이다. 성과분석 방법은 크게 수익률 기반 성과분석과 포트폴리오 기반 성과분석으로 나뉜다.

1-1 수익률 기반 성과분석

수익률 기반 성과분석은 펀드의 성과에 영향을 미치는 벤치마크와 다양한 요인(factor)을 이용하여 펀드의 성과를 분석하는 것이다. 펀드의 수익률과 각종 성과요인 간의 회귀분석을 통해서 성과분석을 수행하기 때문에 펀드의 수익률만 있으면 분석할 수 있다는 장점을 가진다. 그러나 시계열 자료를 활용한 회귀분석이어서 운용전략이 변경된 펀드는 적용하기 어렵고, 성과에 영향을 미치는 요인의 크기와 기여도를 정확하게 측정하는 데 한계가 있으며, 통계적으로 기본 자료들이 회귀분석의 기본가정을 충족하여야 한다는 한계점이 있다. 이러한 한계점 때문에 실무적 목적보다는 학술적 목적으로 주로 활용된다. 수익률 기반의 성과요인방법론으로 대표적인 것이 Treynor-Mazuy(1966), Henriksson-Merton(1984), Fama-French 3-factor model(1993) 등이다.

1-2 포트폴리오 기반 성과분석

포트폴리오 기반 성과분석은 펀드가 보유한 자산내역을 기반으로 성과의 원천을 규명하는 것이다. 수익률 기반 성과분석과는 달리 성과에 영향을 미치는 각 요인에 대한 크기와 기여도를 정확하게 측정할 수 있으며, 펀드의 운용 전략 변경에 따른 명확한 분석이 가능하다. 하지만 펀드의 보유내역과 매매내역이 필요하기 때문에 대량의 데이터가 요구된다. 여러 가지 방법론이 있지만 실무적으로는 BHB(Brinson, Hood and Beebower, 1986, 1992)와 리먼브러더스(Lehman Brothers) 모형의 활용빈도가 높다.

1-3 BHB 모형

BHB(Brinson, Hood and Beebower) 모형은 자산군 단위에서 운용성과를 분석하기 위한 이론이다. 시장상황에 따라 자산 편입비중을 전술적으로 조정한 효과를 측정하는 자산배분효과(asset allocation effect)와 각 자산 내에서 실제 자산을 투자함으로써 발생한 효과를 측정하는 증권선택효과(security selection effect)로 분해된다.

〈그림 4-5〉 BHB 성과분해모형(1986) 체계

자산배분 \ 증권선택	Actual	Passive
Actual	IV사분면: Actual/Actual 포트폴리오	II사분면: Actual/Passive 자산배분
Passive	III사분면: Passive/Actual 증권선택	I사분면: Passive/Passive 벤치마크

벤치마크 대비 초과수익률은

자산배분(Asset allocation)	II − I
증권선택(Security selection)	III − I
교차효과(Interaction)	IV − III − II + I
합계	IV − I

가. 자산배분효과

자산배분(asset allocation)효과는 해당 자산의 실제편입비중과 벤치마크 자산비중(정책배분)의 차이에 해당 자산의 벤치마크 수익률과 벤치마크 총수익률(전체)의 차이를 곱한 값이다. 즉, 시장상황에 따라 자산편입비중을 전술적으로 조정한 효과를 측정하여 나타낸다.

벤치마크 총수익률(전체 수익률)보다 수익률이 높았던 자산에 벤치마크 대비 비중을 초과 투자하였을 경우 자산배분효과는 양(+)의 값을 가지게 된다. 반면, 벤치마크 총수익률보다 수익률이 낮았던 자산에 벤치마크 대비 비중을 적게 가져간 경우에도 자산배분을 통해 초과수익에 긍정적인 효과를 미친 것으로 나타난다.

나. 증권선택효과

증권선택효과는 해당 자산의 실제편입비중에 실제수익률과 벤치마크수익률의 차이를 곱한 값의 합으로 효과를 측정하여 나타낸다. 벤치마크 대비 초과수익률 중 자산 내에서 성과가 좋은 종목을 얼마나 잘 선택했는지를 나타내는 성과요인이다. 예를 들어 포트폴리오 내 주식자산의 수익률이 KOSPI200 수익률보다 높은 경우, 성과가 우수한 종목을 KOSPI200 내 비중보다 높게 편입하여 얻은 효과로 해석할 수 있다.

2 채권 투자성과 분석

채권 포트폴리오의 수익률은 듀레이션효과, 커브선정효과, 섹터배분효과, 종목선정효과 등으로 구분한다. 성과요인을 구분하는 방법에 따라 리먼브러더스(Lehman Brothers) 모형, 티모시(Timothy) 모형 등 다양한 성과요인분석 모형이 존재한다.

2-1 리먼브러더스 모형

리먼브러더스(Lehman Brothers) 모형은 채권형 펀드의 성과요인분해 방법론으로, 초과수익의 원인을 커브선정효과, 섹터배분효과, 종목선정효과로 구분하고 있다.

가. 커브선정효과

커브선정(yield curve positioning)효과는 벤치마크의 듀레이션 구간수익률에 근거하여 각 듀레이션 구간에 효과적인 비중을 가져갔는지를 보여준다. 만약 벤치마크의 총수익률 대비 높은 수익률을 보인 듀레이션 구간에서 포트폴리오가 벤치마크보다 높은 비중을 가져갔다면 초과수익률에 긍정적인 기여를 한 것으로 볼 수 있다. 그리고 벤치마크의 총수익률 대비 저조한 수익률을 보인 듀레이션 구간에서 벤치마크보다 낮은 비중을 가져간 경우에도 초과수익률에 긍정적인 기여를 한 것이다.

나. 섹터배분효과

섹터배분(sector allocation)효과는 동일 듀레이션 구간 내에서 성과가 좋은 섹터에 효과적인 비중을 가져갔는지를 보여준다. 즉, 동일한 듀레이션 조건을 가지는 포트폴리오와 벤치마크 셀(cell) 사이의 초과성과에 대한 기여 정도를 측정하는 방법이다. 만약 동일한 듀레이션 구간에서 벤치마크 대비 높은 수익률을 보이는 섹터에 포트폴리오의 비중을 벤치마크보다 높게 가져갔다면 초과수익에 긍정적인 기여를 한 것으로 볼 수 있다.

다. 종목선정효과

종목선정(security selection)효과는 채권 매트릭스(matrix)상 모든 셀(cell)의 동일 듀레이션 구간/동일 섹터 벤치마크 대비 초과성과로 나타난다. 즉, 동일한 듀레이션 조건과 동일한 섹터 조건하에서 포트폴리오가 선정한 종목의 초과성과에 대한 기여 정도를 측정하는 방법이다.

2-2 티모시 모형

리먼브러더스 모형과 함께 티모시(Timothy) 모형도 펀드 내 채권포트폴리오의 성과요인 분해 방법론으로 자주 사용된다. 티모시 모형은 채권부문의 운용성과를 듀레이션 효과, 섹터배분효과, 만기배분효과, 종목선정효과로 구분하고 있다.

포트폴리오 수익률은 종목선정효과와 금리·듀레이션효과로 구분되며, 금리·듀레이션 효과는 다시 ① 섹터배분효과 ② 만기배분효과 ③ 듀레이션효과로 나뉜다.

섹터배분효과는 동일만기 국고채 금리 대비 분석대상 셀의 금리변동, 즉 섹터 스프레드의 변동에 따른 수익률 변동을 의미한다. 그리고 만기배분효과는 포트폴리오의 평균만기(듀레이션) 금리 대비 각 만기구간의 금리변동, 즉 만기별 금리변동에 따른 수익률 변동을 의미한다. 마지막으로 듀레이션효과는 섹터효과와 만기효과를 제어한 상태에서 포트폴리오 평균만기에 해당하는 수익률의 변동에 따른 수익률 변동을 의미한다.

3 포트폴리오 성과 분석

주식과 채권 등 여러 자산으로 구성된 포트폴리오의 성과를 분석하는 방법에 대해 살펴보기로 한다. 실무에서 가장 자주 사용되는 BHB 모형을 적용하여 자산배분효과와 증권선택효과를 계산해보자.

먼저 다음과 같은 포트폴리오 사례를 이용하여 분석하기로 한다.

〈표 4-12〉 포트폴리오 성과분석 기초자료

구분	포트폴리오		벤치마크	
	투자비중(%)	수익률(%)	투자비중(%)	수익률(%)
주식	45	6.30	30	6.00
채권	50	2.90	60	3.00
현금성자산	5	1.90	10	1.70
합계	100	4.38	100	3.77

〈표 4-12〉를 보면 먼저 포트폴리오는 주식 투자비중을 벤치마크보다 15% 더 늘렸고, 채권 투자비중은 10%, 현금자산은 5% 축소하였다. 벤치마크 수익률 대비 주식부문은 0.30%, 현금성자산 부문은 0.20% 나은 성과를 보였으나 채권부문은 0.10% 미달하는 성과를 나타냈다. 전체적으로 벤치마크보다 0.61% 나은 성과를 나타냈는데, 이를 자산배분효과와 증권선택효과로 분해해보기로 한다.

먼저 주식의 자산배분효과는 다음과 같이 계산할 수 있다.

주식의 자산배분효과 = (포트폴리오 투자비중 - 벤치마크 투자비중)
×(벤치마크 주식수익률 - 벤치마크 총수익률)
= (45% - 30%) × (6.00% - 3.77%) = 0.3345%

마찬가지로 채권과 현금성자산의 자산배분효과는 다음과 같이 계산할 수 있다.

채권의 자산배분효과 = (50% - 60%) × (3.00% - 3.77%) = 0.0770%
현금성자산의 자산배분효과 = (5% - 10%) × (1.70% - 3.77%) = 0.1035%

주식의 증권선택효과는 다음과 같이 계산한다.

주식의 증권선택효과 = (포트폴리오 수익률 - 벤치마크 수익률)×포트폴리오 투자비중
= (6.30% - 6.00%) × 45% = 0.1350%

마찬가지로 채권과 현금자산의 증권선택효과는 다음과 같이 계산할 수 있다.

채권의 증권선택효과 = (2.90% - 3.00%) × 50% = -0.0500%
현금성자산의 증권선택효과 = (1.90% - 1.70%) × 5% = 0.0100%

이를 종합하면 다음과 같다.

〈표 4-13〉 포트폴리오의 자산배분효과와 증권선택효과

구분	자산배분효과(%)	증권선택효과(%)
주식	0.3345	0.1350
채권	0.0770	-0.0500
현금성자산	0.1035	0.0100
합계	0.5150	0.0950

포트폴리오 수익률(4.38%)과 벤치마크 총수익률(3.77%)의 차이인 0.61%는 자산배분효과 0.515%와 증권선택효과 0.095%로 분해된다.

이러한 성과분석 결과에 대한 의미를 해석하면 〈표 4-14〉와 같다.

〈표 4-14〉 성과분석 결과 의미 해석

구분	상세 설명
자산배분 효과	- 모든 자산군이 양(+)의 자산배분효과를 보임. - 주식의 경우, 벤치마크 비중(30%)보다 많은 45%의 비중으로 운용하였는데, 해당 기간 주식자산의 벤치마크 수익률이 6.00%로 벤치마크 총수익률(3.77%)보다 높은 수익률을 거둠. 즉, 주식자산의 비중을 늘렸는데, 해당 기간 주식시장이 강세를 보이며 포트폴리오 전체 성과에 긍정적으로 작용한 것으로 분석됨. - 채권과 현금성자산은 벤치마크 대비 비중을 줄여서 운용하였는데, 각 자산이 포트폴리오 전체 벤치마크 수익률보다 낮은 벤치마크 수익률을 보임. 즉, 상대적으로 성과가 저조한 자산에 대해서 벤치마크 대비 비중을 줄임으로써 성과가 개선되었음을 의미함.
증권선택 효과	- 주식과 현금성자산이 양(+), 채권은 음(-)의 증권선택효과를 보임. - 주식의 경우 벤치마크 내 주식의 수익률은 6.00%인 반면, 포트폴리오 내 주식의 수익률은 6.30%임. 즉, 실제 포트폴리오 운용 시 벤치마크와 다른 포트폴리오를 구축함으로써 0.30%의 초과성과가 발생하였으며, 이는 포트폴리오 매니저가 주식에 대해서 증권선택능력이 있음을 의미함. - 반대로 채권은 벤치마크 대비 저조한 성과를 거두며, 채권에 대해 증권선택효과가 없음을 의미함. - 이러한 효과는 상쇄되며, 펀드(포트폴리오) 전체적으로는 0.095%의 증권선택효과가 나타남.

제4절 | 투자성과 평가

1 위험조정 성과평가

위험조정 성과평가는 실현된 투자성과를 이 성과를 얻기 위해 부담한 위험을 고려하여 평가한 것으로 다양한 위험조정 성과평가 지표가 존재한다. 다음에서는 현재 사용되는 다양한 위험조정 성과평가지표 중에서 실무적으로 자주 활용되는 지표에 대해 살펴보기로 한다.

1-1 샤프지수

샤프지수(Shape Ratio; SR)란 투자자가 한 단위의 위험을 부담함으로써 무위험자산에 투자했을 때와 비교해 어느 정도의 초과수익률을 보상받는가를 나타내는 지표이다. 샤프지수를 이용하여 여러 펀드의 자산운용성과를 비교한다. 샤프지수의 계산은 펀드가 무위험수익률 이상으로 달성한 초과수익률을 펀드 수익률의 표준편차(총위험)로 나누어서 계산한다. 이때 무위험수익률이란 CD금리, 단기국채금리 등을 의미한다. 샤프지수는 결국 펀드의 총위험 한 단위당 어느 정도의 초과수익률을 달성하였는가를 측정하는 척도이다. 동일한 유형의 여러 펀드 중에서 샤프지수가 높을수록 투자성과가 우수하다고 해석할 수 있다.

샤프지수의 계산식은 다음과 같다.

$$SR = \frac{R_p - R_f}{\sigma_p}$$

R_p: 펀드수익률

R_f: 무위험이자율

σ_p: 펀드수익률 표준편차(총위험)

1-2 수정샤프지수

펀드의 평균수익률이 무위험수익률의 평균보다 낮은 경우, 샤프지수로 성과를 측정하면 표준편차가 작을수록 샤프지수가 작아지는 문제가 발생한다. 즉, 다른 조건이 동일한 경우 수익률은 높을수록 그리고 위험은 낮을수록 좋은 성과를 나타내야 하는데, 초과수익률이 음의 값을 가지는 경우에는 오히려 반대로 나타난다.

이런 문제를 보완하기 위한 지표로서 수정샤프지수((Modified Sharpe Ratio)는 초과수익률이 양(+)인 경우 샤프지수와 같은 값을 갖게 되고, 반대로 음(-)인 경우 수익률은 높을수록 그리고 위험은 낮을수록 좋은 성과를 나타내기 위해 초과수익률에 표준편차를 곱한 값을 사용한다.

수정샤프지수의 계산식은 다음과 같다.

$$SR = \frac{R_p - R_f}{\sigma_p} \quad \text{if } R_P \geq R_f$$

$$= (R_p - R_f) \times \sigma_p \ \text{if } R_P < R_f$$

1-3 트레이너지수

트레이너(Treynor)는 분산투자가 가능한 경우 비체계적 위험은 투자수익에 기여할 수 없으며 체계적 위험만이 초과수익에 기여한다는 관점에서, 펀드의 위험으로 체계적 위험을 나타내는 베타를 위험조정 평가에 사용하였다.

트레이너지수(Treynor Ratio; TR)는 체계적 위험 한 단위당 어느 정도의 초과수익률을 보상받는가를 나타내는 지표로서 벤치마크가 서로 다른 펀드를 비교할 때 유용하다. 트레이너지수의 값이 클수록 펀드의 성과가 우월하며, 작을수록 성과가 저조한 것으로 평가한다. 계산식은 다음과 같다.

$$TR = \frac{R_P - R_f}{\beta_P}$$

β_p: 펀드의 베타

1-4 젠센의 알파

젠센의 알파(Jesens's alpha)는 사후적 증권시장선(ex-post security market line)을 이용한 벤치마크 대비 위험조정 성과평가 지표다. 자본자산가격결정모형(CAPM)에서 증권의 수익률은 시장포트폴리오의 수익률에만 연동되며 증권시장선(SML) 식은 다음과 같다.

$$E(R_i) = R_f + \beta_i \times [E(R_M) - R_f]$$

$E(R_i)$: 자산i의 기대수익률

R_f : 무위험이자율

$E(R_M)$: 시장포트폴리오(M)의 기대수익률

β_i : 자산i의 체계적 위험

위의 식을 다음과 같이 나타낼 수 있다.

$$E(R_i) - R_f = \beta_i \times [E(R_M) - R_f]$$

하지만 사후적으로는 다음의 경우가 일반적이다.

$$R_i - R_f = \alpha_i + \beta_i \times (R_M - R_f)$$

R_i : i자산의 실현수익률

R_M: 시장의 실현수익률

위 식에서 사후적으로 CAPM이 성립한다면 '$\alpha_i = 0$'이어야 하나 일반적으로는 '$\alpha_i \neq 0$'이다. 사후적으로 나타나는 알파는 체계적 위험을 보상하기 위해 필요한 수익률(CAPM의 기대수익률)과 실제 수익률의 차이로 볼 수 있으며, 투자포트폴리오의 평가에 적용하는 경우에는 펀드매니저의 역량과 연결할 수 있다.

위의 식을 알파를 기준으로 정리하면 다음과 같다.

$$\alpha_i = R_i - [R_f + \beta_i \times (R_M - R_f)]$$

젠센의 알파 값도 그 수치가 클수록 위험조정 성과가 우수한 것으로 판단한다. 펀드의 기대수익률보다 실현수익률이 높다는 의미이기 때문이다.

1-5 정보비율

정보비율(Information ratio; IR)은 샤프척도와 달리 벤치마크를 이용한 평가방법이다. 샤프척도는 펀드수익률이 무위험수익률 이상을 올려야 한다는 생각으로 1960년대에 개발된 매우 오래된 평가척도다. 1980년대에 들어와서 펀드는 무위험수익률이 아니라 벤치마크수익률을 기초로 평가해야 한다는 개념으로 평가방법이 발달했다. 즉 주식펀드가 어떠한 평가시점에서도 정기예금 이상의 수익률을 올려야 한다기보다는, KOSPI200 수익률보다 높은 수익률을 올리면 된다는 인식이 바로 정보비율의 철학이 된다.

따라서 펀드를 평가할 때 펀드의 수익률과 벤치마크수익률의 차이를 분자로 하고, 이 2가지 수익률의 차이가 얼마나 변동하였는가 하는 추적오차 표준편차를 분모로 하여 계산하면 정보비율이 산출된다. 정보비율이 높을수록 투자성과가 우수한 펀드라고 해석할 수 있다. 정보비율의 계산식은 다음과 같다.

$$IR = \frac{R_p - R_B}{\sigma(R_p - R_B)} \quad \text{또는} \quad IR = \frac{R_p - R_C}{\sigma(R_p - R_C)}$$

R_p: 펀드수익률

R_B: 벤치마크수익률

R_C: 유형수익률

위의 식에서 벤치마크수익률 대신에 유형수익률을 사용하면 펀드가 펀드평균 대비 초과수익률을 얼마나 안정적으로 유지하였는가 하는 평가로 바뀌게 된다. 즉 펀드가 모든 펀드들의 평균수익률보다 얼마나 높은 성과를 안정되게 보였는가를 평가할 수 있다.

정보비율의 문제점은 샤프지수와 마찬가지로 음(-)의 값을 가지는 경우 해석이 불가하다는 데 있다. 또 어느 정도 값이 높은 수준인가에 대한 이론적인 근거도 없다. 실무적으로는 미국의 경우 정보비율이 0.5 이상인 경우 '우수', 0.75 이상인 경우 '매우 우수', 1.0 이상인 경우 '탁월'로 판단하지만 절대적인 기준이 될 수는 없다. 특히 벤치마크와 다르게 운용함으로써 얻어지는 초과수익률이 펀드매니저의 정보능력 때문인지, 단순히 운(luck)에 의한 것인지 구분하는 것도 매우 어렵기 때문에 장기간으로 성과를 평가해야 하는 지표이다.

1-6 위험조정 성과평가 사례

두 펀드매니저의 과거 수익률, 변동성, 베타와 추적오차의 표준편차 및 동 기간 벤치마크의 수익률, 변동성이 〈표 4-15〉와 같을 때 샤프지수, 트레이너지수, 젠센알파, 정보비율을 구하고 이에 근거하여 두 펀드매니저를 평가해보기로 한다.

〈표 4-15〉 위험조정 성과평가 기초자료 예

구분	실현수익률(%)	수익률 표준편차(%)	베타	추적오차 표준편차(%)
펀드매니저 A	13.5	18.0	1.10	3.0
펀드매니저 B	14.5	22.0	1.25	4.5
벤치마크(시장)	12.0	16.0	1.00	
무위험이자율	2.0			

먼저 샤프지수를 계산해보면 다음과 같다.

$$SR_A = \frac{0.135 - 0.02}{0.18} = 0.6389$$

$$SR_B = \frac{0.145 - 0.02}{0.22} = 0.5682$$

$$SR_M = \frac{0.120 - 0.02}{0.16} = 0.6250$$

평가 결과 펀드매니저 A는 벤치마크 대비 샤프지수가 높은 것으로 계산되었지만, 펀드매니저 B는 벤치마크 대비 낮은 수치가 나타났다. 이는 펀드매니저 B가 감수한 위험 대비 초과수익률이 낮은 것으로 평가된다.

다음으로, 트레이너지수를 계산해보면 다음과 같다.

$$TR_A = \frac{0.135 - 0.02}{1.1} = 0.1045$$

$$TR_B = \frac{0.145 - 0.02}{1.25} = 0.1000$$

$$TR_M = \frac{0.120 - 0.02}{1} = 0.1000$$

트레이너지수로 평가한 결과 펀드매니저 A는 벤치마크 대비 높은 수치로 계산되었으며, 펀드매니저 B는 벤치마크와 같은 수치가 나타났다.

젠센알파를 계산해보면 다음과 같다.

$$\alpha_A = 13.5\% - [2\% + 1.1 \times (12.0\% - 2.0\%)] = 0.50\%$$
$$\alpha_B = 14.5\% - [2\% + 1.25 \times (12.0\% - 2.0\%)] = 0.00\%$$

젠센알파로 평가한 결과 펀드매니저 A는 베타를 고려한 기대수익률보다 +0.50% 알파를 달성하였지만 펀드매니저 B는 기대수익률 정도의 성과를 나타냈다.

마지막으로, 정보비율을 계산해보면 다음과 같다.

$$IR_A = \frac{(13.5\% - 12.0\%)}{3.0\%} = 0.500$$

$$IR_B = \frac{(14.5\% - 12.0\%)}{4.5\%} = 0.556$$

정보비율로 평가한 결과 펀드매니저 A보다 펀드매니저 B의 성과가 높게 나타났다.

종합적으로 판단해보면 펀드매니저 A가 3개 지표에서 펀드매니저 B보다 나은 성과를 나타냈고, 정보비율도 펀드매니저 B보다는 낮지만 수치상으로는 우수한 것으로 나타나 전반적으로 좋은 평가를 받을 수 있다.

펀드매니저 B의 경우 총위험을 반영한 샤프지수로 평가했을 때는 벤치마크에 미달하였지만 체계적 위험을 반영한 트레이너지수로 평가한 결과 벤치마크와 동일한 수치가 나왔다는 것은 체계적 위험에 포함되지 않은 비체계적 위험을 조금 더 부담한 결과로 해석할 수 있다. 정보비율로 평가하였을 때 펀드매니저 B의 성과가 높게 나타났지만 정보비율의 특성상 펀드매니저 B의 정보능력 때문인지, 아니면 운에 의한 것인지 구분하려면 장기간으로 성과를 평가해야 할 것이다.

이와 같이 위험조정 성과평가는 위험 대비 초과수익률을 평가하는 것이라고 볼 수 있다. 단순히 위험을 많이 부담하였다고 낮게 평가하는 것이 아니라 부담한 위험 대비 충분한 초과수익률을 획득하였는가를 평가하는 것이다.

2 투자성과 평가 시 추가 고려사항

펀드나 펀드매니저 또는 자산운용사를 평가할 때 정량적인 지표만 고려하는 것이 아니라 투자철학이나 운용전략과 같은 정성적인 평가도 같이 이뤄진다. 투자성과 평가 시 추가로 고려해야 하는 사항에 대한 사례를 통해 질적으로도 우수한 펀드나 펀드매니저를 선정하는 방법을 모색해보자.

2-1 펀드등급 결정 사례

다음은 펀드평가회사의 펀드등급 결정 사례이다.

펀드등급 산출 대상 및 등급에 대한 개요는 〈표 4-16〉과 같다.

〈표 4-16〉 펀드 등급 산출대상 및 등급 개요

구분	상세 설명
대상 펀드	공모펀드 중 운용펀드, 자펀드, 일반펀드
대상 유형	KFR 대표 유형에 대하여 해당 개별 펀드 등급을 산출
등급 주기	월 1회(매월 초 영업일)
등급 기간	1년/3년/5년 등급
등급 단계	5등급 단계로 가장 우수한 1등급부터 5등급까지 부여

출처: 한국펀드평가(2018), KFR 유형분류 기준과 방법

펀드 등급은 운용사성과, 펀드성과, 펀드성과의 지속성 등 3개의 요소로 나누어진다.

〈표 4-17〉 등급 요소별 의미 및 대상 지표

등급 요소	요소의 의미	대상 지표
운용사성과	**펀드 성과의 기반 요소 공유[1)]** - 운용철학 및 전략 - 리서치 조직(Buy-Side Analyst) - 리스크 조직 - 모델 포트폴리오(Model Portfolio)	**운용사의 수정샤프비율[2)]** - 월간수익률 기준 1년/3년/5년
펀드성과	**펀드매니저의 성과** - 매니저의 역량(Skill) - 운용전략 및 스타일	**펀드의 수정샤프비율[3)]** - 월간수익률 기준 1년/3년/5년
펀드성과의 지속성	펀드매니저의 성과 지속성	**펀드의 수정샤프비율 %순위의 변동성** - 주간수익률 기준 1년/3년/5년

주 1) 동일한 운용사의 펀드는 운용철학 및 리서치/리스크 조직 등 펀드 성과에 기반이 되는 요소를 공유함. 따라서 운용사 내 펀드는 유사한 성과를 보이며, 일시적으로 운용사성과와 괴리를 보인다 하더라도 향후 운용사성과로 회귀하게 될 것이라고 가정함.

2) 운용사의 수정샤프비율은 한국펀드평가의 유형분류방법론에 따름.

3) 매 분기별 펀드 수정샤프지수(주간수익률을 이용한 3개월 지표)의 동일유형 내 %순위를 이용하여, 펀드성과의 지속성(수정샤프비율 %순위의 변동성)을 산출함. 예를 들어 1년 성과지속성은 4개 분기의 수정샤프지수를 이용하여 산출함.

출처: 한국펀드평가(2018), KFR 유형분류 기준과 방법

펀드 등급은 등급 요소별 등급과 전체 등급 등 총 4개의 등급을 생성한다.

① 등급 요소별 등급은 대상 지표값을 한국펀드평가 표준화 방법론에 따라 표준점수(score)를 산출한 후 표준점수에 따라 %순위를 산출함.

② 전체 등급은 등급 요소별 표준점수를 가중평균(요소별 가중치)한 전체 표준점수에 따라 %순위를 산출함.

③ 요소별 가중치는 운용사성과 20%, 펀드성과 50%, 펀드성과의 지속성 30%임.

2-2 위탁운용사 선정 절차 및 평가항목

연기금과 같은 기관투자자가 위탁운용사를 선정하는 경우 정량평가와 정성평가를 병행하며, 대개 다음과 같은 절차를 따른다.

① 위탁운용사 선정 공고 및 참여의향서 접수
② 후보사 명단 통보 및 제안서 접수
③ 1차 심사(서면평가: 정량평가 및 정성평가) 및 결과 통보
④ 2차 심사(대면평가: 정성평가) 및 최종 선정결과 통보

정량평가와 정성평가 항목은 대체로 다음과 같이 구성된다.

〈표 4-18〉 정량평가와 정성평가 항목

구분	평가항목	세부항목
정량 평가	재무건전성	유동비율, 부채비율, 자기자본비율 등
	인적자원	운용인력의 평균 운용경력, 운용인력 1인당 운용펀드 수, 운용인력 1인당 운용순자산 등
	운용자산	순자산총액 X년 평균잔액 순자산총액 X년 평균증가율 등
	운용성과	BM 초과수익률, 위험조정수익률, 상대순위 등
정성 평가	경영안정성	자본금, 주주구성, 경영상 주요 변동사항 등
	인력 및 조직	운용능력, 경험 및 전문성, 보상시스템, 인력변동에 대한 대응 방안 등
	투자 프로세스 및 리서치과정	운용사의 운용철학 및 운용 스타일, 투자의사결정 체계, 리서치 체계, 운용전략 및 실행 방안
	내부통제	내부통제 프로세스 및 시스템, 컴플라이언스 조직의 독립성, 분쟁 및 소송 현황 등
	위험관리	위험관리 프로세스 및 시스템, 위기상황에 대한 대처능력 등

정량평가와 정성평가의 비중은 보통 각각 50%로 설정된다.

대개의 경우 정량평가 항목 중에서는 운용성과의 비중이 50% 이상으로 가장 높고, 정성평가 항목 중에서는 인력 및 조직과 투자 프로세스 및 리서치과정(운용역량)의 비중이 70% 이상으로 가장 높은 편이다. 위 평가항목들은 최초 선정 시뿐만 아니라 선정 후 정기평가에서도 위탁운용성과와 함께 지속적으로 평가되며 위탁운용사의 유지 또는 변경에 대한 의사결정의 주요 요소가 된다.

2-3 투자철학의 역할

앞에서 살펴본 것처럼 펀드의 등급 결정이나 연기금의 위탁운용사 선정과 같은 중요한 의사결정에서 반드시 점검하는 것이 펀드매니저나 자산운용사의 투자철학(investment philosophy)이다. 펀드매니저는 소속된 자산운용사의 운용철학 및 리서치/리스크 조직 등 펀드성과 기반을 상당 부분 공유한다. 따라서 개인투자자는 펀드를 선정할 때 자산운용사의 투자철학에 더 신경을 써야 한다. 경험 많은 투자자일수록 투자철학에 따라 펀드의 성과에 차이가 난다는 것을 알고 있다.

투자철학이란 투자의사결정을 이끄는 일련의 신념과 원칙이다. 투자철학은 펀드매니저나 자산운용사의 투자운용 특징을 나타낸다. 장기적으로 성공을 거둔 대부분의 펀드매니저는 지속적으로 투자철학을 개발하고 개선하며, 단기적으로 시장 상황이 변화하더라도 투자철학을 쉽게 바꾸지 않는다.

시장에서 대표적인 투자철학은 다음과 같다.

① 가치투자(value investing) 철학: 현재 주가가 저평가되어 있으며 언젠가는 재평가를 받아 상당히 오를 수 있는 주식에 투자하는 철학

② 성장투자(growth investing) 철학: 미래의 이익성장률이 높아 주가 상승 잠재력이 큰 기업의 주식에 주로 투자하는 철학

③ 기본적 투자(fundamentals investing) 철학: 수익이 뒷받침되어 기본적인 지표가 좋은 기업에 투자하는 철학

④ 기술적 투자(technical investing) 철학: 과거 시장 데이터를 조사하여 매수 및 매도 의사결정을 기술적 분석에 의존하는 투자철학

⑤ 사회책임투자(socially-responsible investing) 철학: 기업의 재무적 요소뿐만 아니라 ESG 요소, 즉 환경(Environmental)·사회(Social)·지배구조(Governance) 요소와 같이 기업의 지속가능성에 영향을 미치는 비재무적 요소를 동시에 고려하는 투자철학

다음은 글로벌 자산운용사의 투자철학 사례이다. 글로벌 자산운용사이다 보니 투자철학이 어느 한 분야로 명확하게 구분되지는 않지만, 대부분의 자산운용사는 이와 같이 기본적인 투자철학을 상세히 제시하고 있다.

J자산운용은 다음과 같은 세 가지 원칙하에 고객의 자산을 운용합니다.

폭넓고 깊이 있는 투자
J자산운용은 전문 지식을 바탕으로 주식, 채권, 현금 등 일반적인 금융 자산을 비롯하여 통화, 헤지펀드 등 대체투자자산에 이르는 다양한 상품을 투자자에게 제공하고 있습니다.

다양한 투자 전략
J자산운용은 주식시장에서 높은 성과를 거둘 수 있는 방법이 단 한 가지라고 생각하지 않습니다. 그러므로 J자산운용은 여러 시장에 걸쳐 다양하고 상호 보완적인 투자전략들을 제공합니다.

팀 중심의 체계적인 운용
J자산운용은 펀드를 운용함에 있어 팀 중심의 리서치, 주식 선별, 포트폴리오 구성 및 리스크 매니지먼트를 바탕으로 한 검증되고 투명하고 체계적인 투자 프로세스를 개발하였습니다. 또한 펀드매니저들의 책임하에 투자 전문가 개개인의 능력이 십분 발휘된 팀 중심의 운용 체제를 통해 J자산운용의 운용 방식을 일관되게 유지하기 위해 노력하고 있습니다.

투자성과는 펀드매니저에 따라 무작위적으로 나타나므로 펀드매니저 평가에서 투자철학의 중요성이 부각된다. 그럼에도 투자철학을 명확하게 설명할 수 있는 매니저가 드문 것이 현실이다. 많은 투자회사가 투자성과에 내재된 무작위성으로 인해 썩 좋지 않은 투자 프로세스를 가지고도 때때로 양의 사후알파(ex-post alpha)를 실현할 수 있다는 사실을 이용한다. 제대로 된 투자철학이 없어도 이러한 무작위성을 판매하는 사업전략이 성공적일 수 있는데, 그 이유는 실현된 알파가 성과의 무작위성(noise, 일종의 운)의 결과인지 사전알파(ex-ante alpha, 실력) 명제의 결과인지 투자자가 판별하기 어렵기 때문이다. 결과적으로 투자자는 과거 성과를 과도하게 중시함으로써 종종 미래 알파창출 가능성을 운에 의존하게 된다. 펀드매니저나 자산운용사를 평가할 때, 투자철학을 적절히 고려하는 것이 이러한 오류가능성을 극복하는 데 많은 도움을 준다.

Minahan(2006)은 투자철학을 다음과 같이 정의하였다.

① 증권의 가격결정 및 때때로 발생하는 가격결정 오류 메커니즘에 대한 신념(A set of beliefs regarding the security pricing and sometimes resulted mispricing mechanism)
② 가격결정 오류를 이용하는 데 펀드매니저가 가지는 경쟁우위에 대한 신념
③ 알파창출에 이용될 수 있는 위의 신념에 대한 알파가설(alpha thesis)

여기서 알파가설이란 펀드매니저가 양의 알파(plus alpha)를 창출할 수 있다고 판단하는 것 또는 도구를 말한다. 예를 들어 국민연금은 위탁운용사를 선정할 때 벤치마크 대비 목표 초과수익률과 이를 달성하기 위한 세부운용전략(목표달성방안), 포트폴리오 구성 방안을 제출받는데 바로 이 알파가설을 제시하라는 것이다.

위 정의에 더하여 건전한 투자철학(sound investment philosophy)이 갖추어야 할 필요조건은 다음과 같다.

① 자본시장 이론과 실증에 대한 알파가설의 위치(where it stands)
② 알파가설이 실제 사용되며, 긍정과 부정에 대해 끊임없이 확인되고 필요할 경우 조정될 것
③ 위의 조정이 알파가설의 전체적인 변화로 귀결되지 않을 정도로 충분한 핵심원리에 근거(deep enough core principles)할 것

건전한 투자철학은 다음과 같은 이유로 매니저의 알파 창출을 더욱 용이하게 한다.
① 알파가 창출되는 과정 또는 방법에 대한 명확한 가설 보유
② 성과의 근원에 대한 이해와 공정한 평가를 위해 상당한 노력 경주
③ 알파 창출 과정(alpha-generation process)이 시간의 경과에 따라 변화할 필요가 있는지에 대한 고찰

주·요·내·용·종·합·정·리

01 투자설명서는 펀드의 투자목적, 투자대상, 투자전략 등이 기술되어 있어 펀드의 특성을 이해할 수 있는 중요한 자료다. 자산운용보고서는 펀드의 운용결과에 대해서 집합투자업자가 펀드투자자에게 제공하는 보고서다.

02 시간가중수익률은 초기 투자금액 1단위에 대한 투자기간의 복리수익률을 의미한다. 금액가중수익률(Money Weighted Rate of return; MWR)은 투자기간에 투자된 평균투자금액의 복리수익률을 의미한다.

03 수익률의 분산과 표준편차는 대표적인 위험 측정치이며, 수익률의 변동성을 나타낸다. 그 외 위험측정치로 하방편차, 왜도, 첨도, 최대하락폭, 추적오차 등이 있다.

04 벤치마크는 증권, 펀드 또는 투자관리자의 능력을 측정할 수 있는 기준이다. 벤치마크를 활용하는 전략에는 소극적 투자전략과 적극적 투자전략이 있다.

05 벤치마크는 명확성, 투자가능성, 측정가능성, 일치성, 투자의견 반영, 사전명시, 매니저 동의 등의 속성을 가지고 있어야 한다.

06 주식이 포함된 포트폴리오 성과분석은 수익률 기반 성과분석과 포트폴리오 기반 성과분석으로 나뉜다. BHB 모형은 자산배분효과와 증권선택효과로 분해한다.

07 샤프지수란 투자자가 한 단위의 위험을 부담함으로써 무위험자산에 투자했을 때와 비교해 어느 정도의 초과 수익률을 보상받는가를 나타내는 지표다. 트레이너지수는 체계적 위험 한 단위당 어느 정도의 초과 수익률을 보상받는가를 나타내는 지표다. 젠센의 알파는 사후적 증권시장선을 이용한 벤치마크 대비 위험조정 성과평가 지표다. 정보비율은 샤프척도와 달리 벤치마크를 이용한 평가방법이다.

연·습·문·제

01 **4년에 걸친 주식형 펀드의 기준가가 다음과 같을 때 연간 시간가중수익률을 계산한 수치와 가장 가까운 것은?**

시기	TO	T1	T2	T3	T4
펀드 기준가(원)	1,000	1,200	1,080	1,296	1,166.4

① 3.54%
② 3.92%
③ 4.00%
④ 5.00%
⑤ 6.09%

02 **다음의 통계지표 중 확률분포의 뾰족한 정도를 나타내는 척도는?**

① 분산
② 표준편차
③ 왜도
④ 첨도
⑤ 하방편차

03 **펀드가 1개월간 총수익률 5%를 실현하였는데 같은 기간 벤치마크 수익률은 5.5%, 시장지수 수익률은 4%를 실현한 경우 펀드매니저의 스타일과 액티브 운용이 성과에 기여한 부분은 어느 정도인가?**

	스타일 기여 성과	액티브 운용 기여 성과
①	0.5%	1.0%
②	1.0%	0.5%
③	1.5%	-0.5%
④	5.0%	0.5%
⑤	5.5%	-0.5%

연·습·문·제

04 **다음과 같은 포트폴리오 운용결과에 대한 설명 중 적절하지 않은 것은?**

구분	포트폴리오		벤치마크	
	투자비중(%)	수익률(%)	투자비중(%)	수익률(%)
주식	45	9.00	30	8.00
채권	50	2.40	60	2.50
현금성자산	5	1.80	10	1.70
합계	100	5.34	100	4.07

① 주식부문의 자산배분효과는 양수다.
② 채권부문의 자산배분효과는 음수다.
③ 현금성자산부문의 자산배분효과는 양수다.
④ 주식부문의 증권선택효과는 양수다.
⑤ 채권부문의 증권선택효과는 음수다.

05 **A펀드의 1년간 실현수익률은 10%이고 벤치마크 수익률은 8%, A펀드의 베타는 1.2이며, 무위험이자율이 2%라고 할 때 A펀드의 젠센의 알파 값은 얼마인가?**

① -0.8%
② 0.0%
③ +0.8%
④ +1.6%
⑤ +2.0%

정 · 답 · 및 · 해 · 설

01 ② $TWR_T = (1+0.2) \times (1-0.1) \times (1+0.2) \times (1-0.1) - 1 = 0.1664$

연간 $TWR = (1+0.1664)^{1/4} - 1 \approx 0.0392 \approx 3.92\%$

02 ④ 첨도(kurtosis)는 확률분포의 뾰족한 정도를 나타내는 척도다.

03 ③ 시장에서 파생된 성과: $R_M = 4\%$

스타일 기여 성과: $R_S = R_B - R_M = 5.5\% - 4\% = 1.5\%$

액티브 운용 기여 성과: $R_A = R_P - R_B = 5.0\% - 5.5\% = -0.5\%$

04 ② 채권부문의 자산배분효과는 +0.157%로 양수다.

채권은 벤치마크 대비 비중을 줄여서 운용하였는데, 포트폴리오 전체 벤치마크 수익률보다 낮은 벤치마크 수익률을 보였다. 즉, 상대적으로 성과가 저조한 채권에 대해서 벤치마크 대비 비중을 줄임으로써 성과가 개선되었다고 평가할 수 있다.

05 ③ 젠센의 알파 = $10.0\% - [2\% + 1.2 \times (8.0\% - 2.0\%)] = +0.80\%$

참고문헌

- 금융감독원, 기업공시서식 작성기준(2018. 07. 10 개정).
- 금융투자협회, 금융투자회사의 영업 및 업무에 관한 규정 시행세칙(2018. 10. 16).
- 김민규·고득성·최병희(공저, 2017), 금융자산 투자설계(I), 한국금융연수원.
- 우재룡·박광수·이승희(공저, 2018), CFP 투자설계, 한국FPSB.
- 이준구·이창용(2017), 경제학 들어가기, 문우사.
- 국가통계포털, http://kosis.kr/index/index.do
- 하용현·서준식·정대용(공저, 2017), 금융자산 투자설계(II), 한국금융연수원.
- 하용현·서준식·정대용(공저, 2018), 금융자산 투자설계(II), 한국금융연수원.
- 한국거래소 홈페이지, http://www.krx.co.kr/main/main.jsp
- 한국은행(2013), 알기 쉬운 경제 이야기. 한국은행.
- 한국은행(2014), 알기 쉬운 경제지표해설. 한국은행.
- 한국투자성과위원회(2010. 01. 29). 「국제투자성과기준(GIPS) TG(Translation of GIPS)」.
- 한국펀드평가(2025), 『KFR 유형분류 기준과 방법』, 한국펀드평가.
- Bailey, Jeffery V., Thomas M. Richards, and David E. Tierney(1990), "Benchmark Portfolios and the Manager/Plan Sponsor Relationship," In Frank J. Fabozzi and T. DessaFabozzi, eds., Current Topics in Investment Management, New York: Harper Collins, 1990, pp.349-363.
- Bailey, Jeffery V., Thomas M. Richards, and David E. Tierney(2007), "Chapter 12 in Evaluating Portfolio Performance," In John L. Magi, Donald L. Tuttle, Dennis W. McLeavey, and Jerald E. Pinto, CFA Institute 2007, pp.717-782.
- Black, Fisher and Litterman, Robert(1990), "Asset Allocation: Combining Investor Views with Market Equilibrium", Goldman Sachs Fixed Income Research.
- Grinold, R. & Kroner, K. (2002). The equity risk premium: Analyzing the long-run prospects for the stock market, Investment Insights, 5(3), 7-33.
- Grubel, Herbert G.(1968), "Internationally diversified portfolios: welfare gains and capital flows," The American Economic Review, 58(5), 1299-1314.
- Idzorek, T. (2007), A step-by-step guide to the Black-Litterman model: Incorporating user-specified confidence levels, In Forecasting expected returns in the financial markets 17-38.

- Kapoor, J., L. Dlabay and J. Hughes(2012), Personal Finance(10th), New York: The McGraw Hill.
- Minahan, John R.(2006), “The Role of Investment Philosophy in Evaluating Investment Managers: A Consultant's Perspective on Distinguishing Alpha from Noise,” The Journal of Investing, Summer 2006, pp.6-11.
- NCS학습모듈, 금융·보험, 금융, 금융영업, PB영업, 한국산업인력공단.
- NCS학습모듈, 금융·보험, 금융, 자산운용, 주식채권운용, 한국산업인력공단.
- NCS학습모듈, 금융·보험, 금융, 자산운용, 펀드운용, 한국산업인력공단.
- Norman M. Boone and Linda S. Lubitz(2004), Creating an Investment Policy Statement, FPA Press.
- NPS 국민연금기금운용본부, http://fund.nps.or.kr/
- Roger G. Ibbotson & Gary P. Brinson(1993), “Global Investing,” McGraw-Hill, Inc.
- Ruiz de Vargas, S. & Breuer, W. (2018). Corporate Valuation in an International Context With the Global CAPM From a German Perspective.
- Sharpe, W. F. (1992). Asset allocation: Management style and performance measurement, Journal of portfolio Management, 18(2), 7-19.
- Singer, B. D. & Terhaar, K. (1997). Economic Foundations of Capital Market Returns.
- Solnik, Bruno H.(1995), “Why not diversify internationally rather than domestically?,” Financial analysts journal 51(1), 89-94.

집필자

이승희

- 서울과학종합대학원 경영학 박사
- 동양증권 파생상품리서치팀 팀장
- 도이치증권 Asia Index Arbitrage 이사
- 모간스탠리증권 서울지점 주식부 이사
- 현대증권 파생상품본부 부본부장
- 'AFPK · CFP 투자설계 · 개인재무설계사례집' 공저
- (현) 나사렛대학교 국제금융부동산학과 교수

포트폴리오 설계

초 판 1 쇄	2019년 4월 12일
6 판 1 쇄	2026년 2월 6일
발 행 인	이준수
발 행 처	한국금융연수원 출판미디어사업부
	03053 서울시 종로구 삼청로118
전 화	02) 3700-1500
팩 스	02) 3700-1530
홈 페 이 지	www.kbi.or.kr
등 록	1990년 4월 20일(제1-1040호)

ISBN 978-89-287-8291-8 13320 〈정가 : 20,000원〉

한국금융연수원 자격검정시험 안내

- 「국가공인자격」은 자격기본법에서 정한 기준과 절차에 따라 국가가 공인한 자격으로 신용분석사, 여신심사역, 국제금융역, 자산관리사(FP), 신용위험분석사(CRA), 외환전문역 I종, 외환전문역 II종 등 7개의 자격이 있습니다.
- 「자체인증자격」은 우리 원이 인정, 수여하는 자격으로 공개시험형 자체자격인 프라이빗 뱅커(CPB), 은행텔러, 영업점 컴플라이언스 오피서(은행)(보험)(증권), KBI 금융 DT 테스트, 자금세탁방지 업무능력 검정시험, KBI 금융 AI 리터러시 등 8개 자격이 있습니다.

구분	자 격 명 (공인/등록번호)	응시료	자격소개
국가공인자격	신용분석사 (제2024-1호) (2008-0438)	전과목 : 66,000원 1부 : 28,000원 2부 : 39,000원	금융회사의 여신관련 부서에서 기업에 대한 회계 및 비회계자료 분석을 통하여 종합적인 신용상황을 판단하고 신용등급을 결정하는 등 기업신용 평가업무를 담당하는 금융전문가
	여신심사역 (제2024-2호) (2008-0439)	전과목 : 66,000원 1부 : 28,000원 2부 : 39,000원	금융회사의 여신심사 담당자로서 경제상황과 기업의 재무, 비재무상태 등을 분석, 파악하여 적정한 대출심사 의견서 작성, 대출이율 및 대출기간 결정 등 대출실행 여부를 판단하고 자금의 효율적 운용, 대손 방지를 위한 제반조치, 여신의 법률적 검토, 사후관리업무 등 여신업무와 관련한 종합적인 업무를 수행하는 금융전문가
	국제금융역 (제2025-1호) (2008-0440)	전과목 : 66,000원 1부 : 33,000원 2부 : 33,000원	금융회사의 국제금융 관련 부서에서 국제금융시장의 동향파악, 분석 및 예측 등을 통하여 외화자금의 효율적 조달과 운용업무를 담당하고 이에 따른 리스크관리 등 국제금융 관련 업무를 수행하는 금융전문가
	신용위험분석사(CRA) (제2023-2호) (2008-0442)	1차 : 77,000원 2차 : 88,000원	금융회사 및 기업신용평가기관 등에서 개인과 기업에 대한 신용상태를 조사평가하고 신용위험을 측정 ·관리하는 여신전문가
	자산관리사(FP) (제2025-6호) (2008-0441)	전과목 : 55,000원 1부 : 28,000원 2부 : 28,000원	금융회사 영업부서의 PB(Private Banking) 팀에서 고객의 수입과 지출, 자산 및 부채현황, 가족상황 등 고객에 대한 각종 자료를 수집, 분석하여 고객이 원하는 Life Plan상의 재무목표를 달성할 수 있도록 종합적인 자산설계에 대한 상담과 실행을 지원하는 금융전문가
	외환전문역 I종 (제2025-2호) (2008-0436)	전과목 : 55,000원	금융회사의 외환업무 중 외국환 거래 법규 및 외환거래실무를 이해하고 고객의 외화 자산에 노출되는 각종 외환 리스크를 최소화시키는 등 주로 개인 외환과 관련된 업무를 수행하는 금융전문가
	외환전문역II종 (제2025-2호) (2008-0436)	전과목 : 55,000원	금융회사의 외환업무 중 수출입업무 및 이와 관련된 국제무역규칙을 이해하고 외환과 관련된 여신 업무를 수행하는 등 주로 기업 외환과 관련된 업무를 수행하는 금융전문가
자체인증자격	은행텔러 (2008-0437)	전과목 : 55,000원	창구에서 일어나는 제반업무에 대해 신속하고 친절한 업무수행과 정확한 업무처리로 고객에게 도움을 주고 상담을 통해 문제해결을 하도록 도와주는 금융전문가
	영업점 컴플라이언스오피서(은행) (2010-0118) (보험, 증권) (2013-0702,0703)	전과목 : 각 44,000원	금융회사의 영업점에서 준법관련 법규와 감독기관의 감독규정이 정한 내용과 취지를 충분히 이해하고 업무 수행과정에서 이를 준수하며, 영업점에서 발생 가능한 금융사고 및 민원사항이 발생하지 않도록 사전적 예방 차원에서 그 준수사항의 이행을 점검하는 금융전문가(은행, 보험, 증권 분야별로 자격이 구분됨)
	프라이빗뱅커 (CPB) (2018-004091)	1차: 110,000원 2차: 381,000원 (실무교육)	개인고액자산가의 자산 및 수익증대를 실현하기 위해 금융분야 전반에 걸쳐 종합적인 금융상담과 실행을 지원할 수 있는 최고급 수준의 금융자산설계전문가
	KBI 금융DT 테스트 (2021-001872)	전과목 : 44,000원	금융인 및 예비금융인을 대상으로 디지털금융 전반에 대한 기본지식과 업무활용능력 등 금융DT 관련 기본역량 평가
	자금세탁방지 업무능력 검정시험 (2023-004792)	전과목 : 66,000원	금융시스템을 이용한 자금세탁행위와 공중협박자금조달행위를 적발 및 예방할 수 있는 전문적인 업무역량 평가
	KBI 금융 AI 리터러시 (2025-005556)	전과목 : 55,000원	금융회사 임직원들이 AI에 대한 기술적 이해와 실무 활용 능력을 바탕으로 윤리적이고 책임 있는 AI 기반 금융서비스를 제공할 수 있는 역량 평가

소비자 알림사항

- 상기 "프라이빗뱅커(CPB)", "영업점컴플라이언스 오피서(은행)(보험)(증권)", "KBI 금융DT 테스트", "은행텔러", "자금세탁방지 업무능력 검정시험", "KBI 금융 AI 리터러시" 자격은 자격기본법 규정에 따라 등록한 민간자격으로, 국가로부터 인정받은 공인자격이 아닙니다.
- 민간자격 등록 및 공인 제도에 대한 상세내용은 민간자격정보서비스 (www.pqi.or.kr)의 '민간자격 소개'란을 참고하여 주십시오.

기타

- 응시료 환불 규정 : 접수기간 중 100%, 접수기간 종료 후 시험일 5일 전 18시까지 50% 환불/이후 환불 불가
- 자격 공인번호는 재공인시점에 따라 변경될 수 있으며, 응시료, 환불규정 등은 응시 시점에 따라 변경될 수 있으니 자격시험 응시 전 반드시 한국금융연수원 홈페이지에서 응시하고자 하는 자격시험에 관한 최신 정보를 확인하시기 바랍니다.
- 자격시험에 관한 자세한 사항은 한국금융연수원 홈페이지를 참조하시기 바랍니다.
- 주소 : 서울특별시 종로구 삼청로 118 / TEL : 02-3700-1500 / 홈페이지 : www.kbi.or.kr

KBI 금융 AI 리터러시 

2026 K-ALFA, AI와 금융을 잇는 새로운 문해력

01 개요

1. 목적

금융회사 임직원들이 AI에 대한 **기술적 이해와 실무활용 능력**을 바탕으로 윤리적이고 책임 있는 **AI 기반 금융서비스를 제공할 수 있는 역량을 평가하는 시험**

2. 응시대상

금융회사 임직원 및 예비 금융인

3. 활용

● **본점 및 영업점 직원 등 금융인**

똑똑한 고객과 상담해야 하는 당신, 금융회사 직원으로서 기본적으로 갖춰야 할 **AI에 대한 지식과 역량으로 무장**하세요!

● **금융회사의 인사담당자 및 인재개발 담당자**

직원 AI역량 증진, 신입직원 채용, AI 기반 금융서비스 기획 및 개발 관련 부서 등 **AI 활용도가 높은 부서의 인재 선발과 배치에 활용**해보세요!

● **취업준비생 등 예비금융인**

금융회사 취업을 준비해야 하는 당신, **AI리터러시를 인증** 받아, **공신력있게 나의 AX 역량을 어필**해보세요!

02 인증시험 과목

검정과목	세부 교과목	배점
AI에 대한 기초적 이해 (40점)	AI 개념 및 주요 AI 기술의 이해	25점 (20문항)
	금융 데이터의 이해	15점 (12문항)
금융 AI 활용 (25점)	금융 AI의 이해와 활용	25점 (20문항)
금융 AI 윤리, 규제와 리스크 관리 및 거버넌스 (35점)	AI 윤리 및 관련 법률	20점 (16문항)
	금융 AI 보안, 리스크 관리 및 거버넌스	15점 (12문항)
계		100점 (80문항)

한국금융연수원
KOREA BANKING INSTITUTE

03053 서울특별시 종로구 삼청로 118
Tel. 02-3700-1500 | www.kbi.or.kr

03 인증기준

1. 인증기준

100점 만점 중 60점 이상 득점 시 점수 구간에 따라 3개 등급 부여

2. 등급인증

등급명	부여기준	역량
AI-Gold	90점 이상	• 금융 AI 분야의 전문지식을 바탕으로 복합적인 문제를 해결하는 역량 보유
AI-Blue	80점~89점	• 금융 AI 분야의 실무지식을 활용하여 일상적인 업무를 효율적으로 수행하는 역량 보유
AI-Green	60점~79점	• 금융 AI 분야의 기본지식을 보유하고 금융 AI 관련 트렌드와 이슈를 이해하는 역량 보유

04 인증시험 운영

응시자격	제한없음	평가시간	90분
문제유형	객관식(4지선다형)	문항 수	80문항
응시료	• 55,000원 * 환불규정 : 접수기간 중 100%, 접수 종료 후부터 시험일 5일 전 18시까지 50% 환불 / 이후 환불 불가		

05 시험일정

회차	원서접수	시험일	합격자발표	실시지역
1회	5.19(화)~5.26(화)	6.27(토)	7.10(금)	서울,대전,대구,광주,부산
2회	9.8(화)~9.15(화)	10.17(토)	10.30(금)	

06 기타 주요내용

1. 시험참고 도서(2026. 3월 출간 예정)

● 「금융 AI 리터러시(I)」
● 「금융 AI 리터러시(II)」

2. 문의

● **시험 준비를 위한 연수과정 문의** : AI·디지털연수부
Tel 02-3700-1500 | **E-mail** aidtlearning@kbi.or.kr
● **인증시험 관련 문의** : 자격검정사업부
Tel 02-3700-1500 | **E-mail** certif@kbi.or.kr

3. 소비자 알림사항

● KBI 금융 AI 리터러시 시험은 자격기본법 규정에 따라 등록한 민간자격(등록번호 : 2025-005556호)으로 국가로부터 인정받은 공인자격이 아닙니다.
민간자격 등록 및 공인 제도에 대한 상세내용은 민간자격정보서비스(www.pqi.or.kr)의 '민간자격 소개'란을 참고하여 주십시오.

KBI 금융DT 테스트

6년간 은행 임직원 약 2만 명이 선택한 자격!

(누적 접수자 : 21,518명 / 누적취득자 : 9,367명)

01 개요

1. 목적

금융인 및 예비 금융인을 대상으로 **디지털금융 전반에 대한 기본 지식과 업무 활용 능력 등 금융DT 관련 기본 역량 평가**

지식	금융DT 분야의 **포괄적 기초지식**
기술	금융DT 분야의 **일상적 업무를 수행**하고 **일상적 문제를 해결**하는 데 필요한 기술
소양	금융DT 분야의 **트렌드와 이슈를 이해**하고 이를 **자신의 업무수행에 활용**

2. 활용

- **본점 및 영업점 직원 등 금융인**

  금융회사 직원이라면 누구나 **금융DT 마인드**를 함양하고, **빅데이터, 인공지능, 디지털 마케팅** 관련 지식과 역량을 확인해 보세요!

- **금융회사의 인사담당자 및 인재개발 담당자**

  직원 금융DT 역량 제고, 신입직원 채용 및 DT부서 선발과 배치에 대한 고민, 한번에 해결!

02 인증시험 과목

검정과목	세부 교과목		배점
디지털 금융의 이해 (30점)	DT의 이해	• 디지털전환의 이해 • 국내외 금융기관 디지털전환 사례 등	15점 (12문항)
	디지털 금융 트렌드	• 디지털금융 관련 법규·정책 • 국내외 정책 사례 및 현황 등	15점 (12문항)
디지털 금융의 활용 (70점)	디지털 금융 기술	• 디지털금융 기술*에 대한 지식 및 활용사례 등 *빅데이터, 블록체인, 클라우드 컴퓨팅, 인공지능, 코딩 등	50점 (40문항)
	디지털 마케팅	• 디지털마케팅 현황 및 수립전략 • 디지털마케팅 성공사례 등	20점 (16문항)
계			100점 (80문항)

03 인증기준

1. 인증기준

취득점수에 따른 등급인증

* KBI 금융DT 테스트는 2021년부터 인증시험 결과에 따라 등급을 부여합니다.

2. 등급인증

등급명	부여기준	역량
DT-Gold	90점 이상	• DT 역량과 디지털금융 업무 활용에 필요한 전문 지식 보유
DT-Blue	80점~89점	• DT 역량과 디지털금융 업무 수행에 필요한 실무 지식 보유
DT-Green	60점~79점	• DT 마인드와 디지털금융에 대한 기본 지식 보유

04 인증시험 운영

응시자격	제한없음	평가시간	90분
문제유형	객관식(4지선다형)	문항 수	80문항
응시료	• 44,000원 * 환불규정 : 접수기간 중 100%, 접수 종료 후부터 시험일 5일 전 18시까지 50% 환불 / 이후 환불 불가		

05 시험일정

회차	원서접수	시험일	합격자발표	실시지역
13회	6.16(화)~6.23(화)	7.25(토)	7.10(금)	서울,대전,대구,부산,광주,전주,제주
14회	10.6(화)~10.13(화)	11.14(토)	11.27(금)	

06 기타 주요내용

1. 시험참고 도서

- **「디지털금융의 이해와 활용」**
- **「블록체인, 디지털에 가치를 더하다」***
- **「빅데이터, 인공지능을 만나다」***

* 디지털금융기술 참고도서(참고도서 외 기타 DT관련 일반지식에서도 출제)

2. 문의

- **시험 준비를 위한 연수과정 문의** : AI·디지털연수부
  Tel 02-3700-1500 | **E-mail** aidtlearning@kbi.or.kr
- **인증시험 관련 문의** : 자격검정사업부
  Tel 02-3700-1500 | **E-mail** certif@kbi.or.kr

3. 소비자 알림사항

- KBI 금융 AI 리터러시 시험은 자격기본법 규정에 따라 등록한 민간자격(등록번호 : 2025-005556호)으로 국가로부터 인정받은 공인자격이 아닙니다.
  민간자격 등록 및 공인 제도에 대한 상세내용은 민간자격정보서비스(www.pqi.or.kr)의 '민간자격 소개'란을 참고하여 주십시오.

한국금융연수원
KOREA BANKING INSTITUTE

03053 서울특별시 종로구 삼청로 118
Tel. 02-3700-1500 | www.kbi.or.kr